Edition KWV

Die „Edition KWV" beinhaltet hochwertige Werke aus dem Bereich der Wirtschaftswissenschaften. Alle Werke in der Reihe erschienen ursprünglich im Kölner Wissenschaftsverlag, dessen Programm Springer Gabler 2018 übernommen hat.

Weitere Bände in der Reihe http://www.springer.com/series/16033

Türkan Ayan
(Hrsg.)

Einsteigen, Umsteigen, Aufsteigen

Personenbezogene und strukturelle Rahmenbedingungen für Berufe und Bildungschancen im Sozial- und Gesundheitssektor

Hrsg.
Türkan Ayan
Springer Fachmedien Wiesbaden GmbH
Wiesbaden, Deutschland

Bis 2018 erschien der Titel im Kölner Wissenschaftsverlag, Köln
Hochschule der Bundesagentur für Arbeit, 2013

Edition KWV
ISBN 978-3-658-24715-7   ISBN 978-3-658-24716-4   (eBook)
https://doi.org/10.1007/978-3-658-24716-4

Die Deutsche Nationalbibliothek verzeichnet diese Publikation in der Deutschen Nationalbibliografie; detaillierte bibliografische Daten sind im Internet über http://dnb.d-nb.de abrufbar.

Springer Gabler
© Springer Fachmedien Wiesbaden GmbH, ein Teil von Springer Nature 2013, Nachdruck 2019
Ursprünglich erschienen bei Kölner Wissenschaftsverlag, Köln, 2013
Das Werk einschließlich aller seiner Teile ist urheberrechtlich geschützt. Jede Verwertung, die nicht ausdrücklich vom Urheberrechtsgesetz zugelassen ist, bedarf der vorherigen Zustimmung des Verlags. Das gilt insbesondere für Vervielfältigungen, Bearbeitungen, Übersetzungen, Mikroverfilmungen und die Einspeicherung und Verarbeitung in elektronischen Systemen.
Die Wiedergabe von Gebrauchsnamen, Handelsnamen, Warenbezeichnungen usw. in diesem Werk berechtigt auch ohne besondere Kennzeichnung nicht zu der Annahme, dass solche Namen im Sinne der Warenzeichen- und Markenschutz-Gesetzgebung als frei zu betrachten wären und daher von jedermann benutzt werden dürften.
Der Verlag, die Autoren und die Herausgeber gehen davon aus, dass die Angaben und Informationen in diesem Werk zum Zeitpunkt der Veröffentlichung vollständig und korrekt sind. Weder der Verlag, noch die Autoren oder die Herausgeber übernehmen, ausdrücklich oder implizit, Gewähr für den Inhalt des Werkes, etwaige Fehler oder Äußerungen. Der Verlag bleibt im Hinblick auf geografische Zuordnungen und Gebietsbezeichnungen in veröffentlichten Karten und Institutionsadressen neutral.

Springer Gabler ist ein Imprint der eingetragenen Gesellschaft Springer Fachmedien Wiesbaden GmbH und ist ein Teil von Springer Nature
Die Anschrift der Gesellschaft ist: Abraham-Lincoln-Str. 46, 65189 Wiesbaden, Germany

Vorwort

Wettbewerb "Aufstieg durch Bildung - offene Hochschulen"

"Aufstieg durch Bildung – offene Hochschulen" lautet der Titel eines durch das Bundesministerium für Bildung und Forschung im Jahr 2011 ausgeschriebenen Wettbewerbs, der Teil einer Qualifizierungsinitiative ist. Bund und Länder wollen mit dieser Initiative die Bildungschancen aller Bürgerinnen und Bürger steigern. Die Qualifizierungsinitiative umfasst sämtliche Lern- und Lebensphasen. Neben dem Abbau bestehender Hürden innerhalb des deutschen Bildungssystems – insbesondere für nicht-traditionelle Studierende (etwa beruflich Qualifizierte ohne schulische Hochschulzugangsberechtigung) und weitere besondere Zielgruppen (u.a. Personen mit Familienpflichten, Migranten) – ist auch die nachhaltige Konzeption berufsbegleitender Studiengänge bzw. Studienmodule Schwerpunkt der ersten Förderphase bis März 2015.

Seit Oktober 2011 gehört auch das Verbundvorhaben "Berufsintegrierte Studiengänge zur Weiterqualifizierung im Sozial- und Gesundheitswesen" – "BEST WSG" zu den 26 Förderprojekten bundesweit. BEST WSG setzt sich aus den Verbundpartnern Fachhochschule der Diakonie (FHdD) mit Sitz in Bielefeld und der Hochschule der Bundesagentur für Arbeit (HdBA) mit Sitz in Mannheim zusammen. Die Fachhochschule der Diakonie erarbeitet in der Trias Hochschule, Sozialunternehmen und Weiterbildungsträger innovative Konzepte für berufsbegleitende Studiengänge für Arbeitnehmer im Sozial- und Gesundheitswesen. Die Hochschule der Bundesagentur für Arbeit leistet in der Erforschung personen- und strukturbezogener Rahmenbedingungen die entsprechende Begleitforschung.

Erste Forschungsarbeiten aus dem BEST WSG Verbund

In diesem Herausgeberband werden fünf Forschungsarbeiten aus dem ersten Projektjahr des Verbundvorhabens vorgestellt. Die ersten drei Artikel stammen aus dem Bereich der Begleitforschung der HdBA. Für die letzten zwei Artikel zeichnet die FHdD verantwortlich.

Eva Müller und Türkan Ayan (HdBA) stellen in ihrem Artikel "Die Anerkennung im Ausland erworbener Qualifikationen im Sozial- und Gesundheitswesen" die Ergebnisse einer qualitativen Befragung von Migrantinnen und Migranten vor, die ihren Berufs- oder Bildungsabschluss im Ausland erworben haben und diesen in Deutschland anerkennen lassen möchten. Schwerpunkte der Befragung sind die Erfahrungen der befragten Migrantinnen und Migranten mit der Anerkennungsberatung sowie dem Anerkennungsverfahren in Deutschland. Das Ziel der Studie besteht in der Identifikation möglicher Hürden für eine gelingende Integration in den deutschen Arbeitsmarkt.

Im Artikel "Aufstiegsbedingungen weiblicher Führungskräfte unter besonderer Berücksichtigung des Gesundheits- und Sozialwesens" von Stefanie Sosa y Fink (HdBA) werden Hintergründe der Unterrepräsentanz von Frauen in Führungspositionen benannt und Genderdifferenzen hinsichtlich Führung skizziert. Das Konstrukt der Aufstiegskompetenz von Frauen dient als theoretische Basis, um Befragungsergebnisse zusammenzufassen sowie die Bedingungen auf Seiten der sozialen Einrichtungen und auf Seiten interessierter Frauen zu pointieren, die sich aufstiegsförderlich- oder hinderlich auswirken können.

Jürgen Zieher (HdBA) bezieht sich in seinem Artikel "Experteneinschätzungen zur aktuellen Situation in den Bereichen Frühpädagogik und Pflege in Heidelberg" auf 34 Heidelberger Expertenmeinungen. Dabei geht es um die Themen Fachkräftesicherung, Altersstruktur und betriebliches Gesundheitsmanagement, Aus- und Weiterbildung sowie besondere Zielgruppen für Qualifizierungsmaßnahmen in Sozialunternehmen. Anhand dieser Einschätzungen werden aktuelle Barrieren und fördernde Faktoren zum Quereinstieg und zur Akademisierung in den beiden Bereichen identifiziert.

Katharina Loerbroks und Miriam Schäfer (FHdD) stellen in zwei Artikeln die Ergebnisse einer qualitativen Befragung von Stakeholdern im Sozial- und Gesundheitswesen vor. Im Artikel "Strategien zur Gewinnung und Bindung von Fachkräften im Sozial- und Gesundheitswesen" geht es vor allem um Personalentwicklungsstrategien zur Fachkräftesicherung und um die Attraktivität des Arbeitsfeldes allgemein. Im zweiten Artikel, "Implikationen für die Hochschule", stehen Qualifizierungsbedarfe im Sozial-und Gesundheitswesen im Vordergrund und die Frage, was Barrieren und Anreize für Berufstätige im Hinblick auf Weiterbildung und Studium sein können. Daraus leiten die Autorinnen Implikationen für eine offene Hochschule ab.

Herausforderungen der Begleitforschung
Auf diese Weise kommt das Verbundprojekt seinem Auftrag nach, mittels Begleitforschung, Erkenntnisse zu personenbezogenen und strukturellen Rahmenbedingungen relevanter Zielgruppen zu generieren. Dies betrifft den hochschulischen wie auch außerhochschulischen Kontext gleichermaßen. Hierbei hat sich neben der *Zielgruppenerschließung im Feld* zunächst auch die *Zielgruppenschärfung* als besonders große Herausforderung erwiesen. Im Rahmen der Zielgruppenschärfung werden die Personenkreise identifiziert, die im Sinne des Wettbewerbs als Zielgruppe für nichtlineare Phasenübertritte in Bildungssysteme in Frage kommen. Diesen Personen soll – sowohl mit Eintritt in den Hochschulbereich als auch während des Studiums (Weiterbildung) – eine strukturelle Durchlässigkeit bzw. Flexibilität ermöglicht werden. Nicht zu unterschätzen sind dabei die wichtigen *Stakeholder im Sozial- und Gesundheitswesen*. Neben Unternehmensvertretern sind auch Praktiker, Anleiter und Ausbilder von Bedeutung. Sei es, um bildungswillige Arbeitnehmer ideell wie materiell zu unterstützen, sei es als traditionell ausgebildete Kollegen, die durch neue Bildungsmodelle in eine andere Experten-Novizen-Rolle gebracht werden. Als Anleiter oder Ausbilder soll-

ten sie der Akademisierung und damit der Tendenz zu generalistischen Curricula Rechnung tragen.

Türkan Ayan, Projektleiterin an der HdBA
Michael Kriegel, Projektleiter an der FHdD

Mannheim im März 2013

Inhaltsverzeichnis

Die Anerkennung im Ausland erworbener Qualifikationen im Sozial-
und Gesundheitswesen. Eine hypothesengenerierende Pilotstudie unter Migranten.
Eva M. Müller, Türkan Ayan 1

Aufstiegsbedingungen weiblicher Führungskräfte unter besonderer
Berücksichtigung des Gesundheits- und Sozialwesens. Eine hypothesen-
generierende Interviewstudie.
Stefanie Sosa y Fink 41

Experteneinschätzungen zur aktuellen Situation in den Bereichen Frühpädagogik und Pflege in Heidelberg. Ergebnisse einer explorativen Befragung.
Jürgen Zieher 69

Strategien zur Gewinnung und Bindung von Fachkräften im Sozial-
und Gesundheitswesen. Ergebnisse einer Befragung zu Personalentwicklungskonzepten und zur Attraktivität des Arbeitsfeldes.
Miriam Schäfer, Katharina Loerbroks 109

Implikationen für die Hochschule: Qualifizierungsbedarfe, Barrieren und
Anreize, Zukunft von Hochschule. Ergebnisse einer ExpertInnenbefragung im
Sozial- und Gesundheitswesen
Katharina Loerbroks, Miriam Schäfer 147

Die Anerkennung im Ausland erworbener Qualifikationen im Sozial- und Gesundheitswesen. Eine hypothesengenerierende Pilotstudie unter Migranten.

Eva M. Müller, Türkan Ayan[1]

Inhaltsverzeichnis

1 Migranten in Deutschland – Ungenutzte Potenziale 2
   1.1 Fachkräftebedarf im Sozial- und Gesundheitsweisen – Chancen durch Migration? . 2
   1.2 Die Situation der Migranten auf dem deutschen Arbeitsmarkt 3
   1.3 Aufbau der Arbeit 5
2 Methodisches Vorgehen 6
   2.1 Qualitative Befragung 6
   2.2 Zielgruppengewinnung 8
   2.3 Fragebogendesign 9
3 Ergebnisdarstellung 12
   3.1 Stichprobenbeschreibung 12
   3.2 Sozialisation und Soziale Netzwerke – Auswirkungen auf den Prozess der Anerkennung 19
   3.3 Die Anerkennungsberatung in Deutschland – Erfahrungen von Migranten 23
   3.4 Das Anerkennungsverfahren – Bisherige Durchlässigkeit 27
4 Implikationen der Pilotstudie 30
   4.1 Verbesserungspotenziale der Anerkennungsberatung 30
   4.2 Verbesserungspotenziale der institutionellen Rahmenbedingungen im Anerkennungsverfahren 32
5 Chancen durch das neue Anerkennungsgesetz 33
Literaturverzeichnis 36

---

[1] Unter Mitarbeit von Christian Laux und Lucia Mihali.

1 Migranten in Deutschland – Ungenutzte Potenziale

1.1 Fachkräftebedarf im Sozial- und Gesundheitsweisen – Chancen durch Migration?

Nicht nur die Globalisierung, sondern vor allem auch der demografische Wandel wird sich in den kommenden Jahrzehnten auf dem Arbeitsmarkt bemerkbar machen. Zwar deuten die Vorausberechnungen darauf hin, dass die Bevölkerung absolut nur geringfügig sinken wird (vgl. Statistisches Bundesamt, 2009), für die Anzahl der Personen im erwerbsfähigen Alter wird jedoch ein starker Rückgang erwartet (vgl. Börsch-Supan & Wilke, 2009, S. 36ff.; Fuchs, Söhnlein & Weber, 2011). Weiterhin führt die voranschreitende Tertiarisierung der Wirtschaftsstruktur zu einer steigenden Nachfrage nach höher qualifizierten Arbeitskräften (Meißner & Becker, 2007, S. 394; Borrmann, Jungnickel & Keller, 2007, S. 127; Kolodziej, 2012, S. 17) und durch die zunehmende Alterung der Gesellschaft wird auch die Anzahl der Pflegebedürftigen weiterhin ansteigen (Bundesagentur für Arbeit, 2011, S. 5). Die statistischen Ämter des Bundes und der Länder prognostizieren einen Anstieg des Anteils pflegebedürftiger Menschen in Deutschland zwischen den Jahren 2005 und 2020 um mehr als ein Drittel (37%) und zwischen 2005 und 2030 sogar um 58% (vgl. Statistische Ämter des Bundes und der Länder, 2008, S. 24). Bis zum Jahr 2050 werden bereits doppelt so viele Menschen pflegebedürftig sein wie heute. Diese Entwicklung wird vor allem auch in der häuslichen Pflege Probleme aufwerfen, da sich das „für die häusliche Versorgung maßgebliche informelle Pflegepotenzial in der Gesellschaft [...] deutlich verringern [wird]" (Blinkert & Klie, 2008, S. 25).

Der steigende Bedarf an Pflegekräften spiegelt sich auch in den gemeldeten Stellen der Bundesagentur für Arbeit wider. Mit einem Anstieg an offenen Stellen von 41% zwischen den Jahren 2000 und 2010 übertrifft der Gesundheitssektor die gesamten Dienstleistungsberufe (Anstieg von 13%) deutlich. Die stärkste Nachfragesteigerung können hierbei die Gesundheits- und Krankenpfleger mit knapp 50% mehr Stellen verbuchen. Die Besetzung der Vakanzen bereitet jedoch bereits heute Schwierigkeiten. Insbesondere erweist sich die Suche nach Ärzten, Gesundheits- und Krankenpflegefachkräften sowie examinierten Altenpflegefachkräften als schwierig (vgl. Bundesagentur für Arbeit, 2011, S. 13ff.). Um den Bedarf zu decken, wird in der Pflege nicht selten fachfremdes Personal eingesetzt. Aber auch der Einsatz ungelernter oder angelernter Personen wird den zukünftigen Bedarf nicht abdecken können (vgl. Afentakis & Maier, 2010, S. 990). Umso erstaunlicher ist es, dass bereits im Jahr 2006 über 45% der Beschäftigten im Pflegebereich in Teilzeit oder geringfügig beschäftigt waren (vgl. Afentakis & Maier, 2010, S. 995). Afentakis und Maier (2010, S. 999) prognostizieren unter Berücksichtigung der Beschäftigtenstruktur des Jahres 2005 einen Fachkräftemangel im Pflegesektor ab dem Jahr 2018.

Unter den Dienstleistungsberufen wird jedoch nicht nur das Gesundheits-, sondern auch das Sozialwesen einem Engpass an Fachkräften gegenüberstehen (vgl. Kolodziej, 2012, S. 4, 17). So besteht für Eltern ab August 2013 ein Rechtsanspruch auf einen Krippe-Platz für ihre einjährigen Kinder, wodurch allein in Baden-Württemberg 7.500 Erzieherinnen und Erzieher benötigt werden (vgl. Weiterbildungsinitiative Frühpädagogische Fachkräfte, 2011).

Um diesem Fachkräftebedarf auch in Zukunft gerecht werden zu können und somit die Wettbewerbsfähigkeit Deutschlands sicherzustellen, ist neben der Förderung des inländischen Potenzials eine Zuwanderung qualifizierter Fachkräfte aus dem Ausland notwendig (vgl. Bundesregierung, 2011, S. 115f.; Brücker, 2010, S. 4; Kolodziej, 2012, S. 17). Durch die Öffnung des deutschen Arbeitsmarktes und eine Integration der Migranten[2] in diesen können sich Veränderungen in der Beschäftigungsstruktur ergeben, die mit einer Zunahme an Beschäftigungsverhältnissen im Dienstleistungsbereich – unter anderem auch im Gesundheitswesen – einhergehen (vgl. Baas & Brücker, 2011, S. 7). Trotz empirischer Belege, dass eine – nach gewissen Kriterien – gezielte Zuwanderung ein hohes Qualifikationsniveau und eine gute Integration in den Arbeitsmarkt mit sich bringt (vgl. Brücker, 2009, S. 12; Brücker, 2010, S. 10. Zum kanadischen Einwanderungsmodell vgl. Schmidtke, 2009), scheint in Deutschland diesbezüglich eine „politische Zurückhaltung bei der Flexibilisierung des deutschen Arbeitsmarktes auch Ausdruck eines gesellschaftlichen Unbehagens" (Englmann & Müller, 2007, S. 20) zu sein. Dies zeigt sich insbesondere auch bei einer EU-weiten Umfrage, in der lediglich 30% der Befragten in Deutschland dem Satz „Einwanderer leisten einen großen Beitrag für unser Land" zustimmten (vgl. Englmann & Müller, 2007, S. 20).

Auch die oft befürchteten negativen Effekte auf das Lohnniveau oder die Beschäftigungssituation Einheimischer durch eine verstärkte Integration ausländischer Fachkräfte in den Sozial- und Gesundheitssektor sind nicht zu erwarten (vgl. Brücker, 2009, S. 6). Vielmehr kann sich die Integration ausländischen Potenzials positiv auf den deutschen Arbeitsmarkt auswirken, da die Migranten u.a. wertvolle interkulturelle Kompetenzen mitbringen (vgl. Jurczek & Vollmer, 2008, S. 28; Brücker, 2009, S. 12). Es ist zu bedenken, dass durch eine Zuwanderung zwar einige Gruppen am heimischen Arbeitsmarkt schlechter gestellt werden können, aber die Wohlfahrt eines Landes auch in vielfältiger Weise positiv beeinflusst wird, sodass insgesamt mit einem positiven Gesamtergebnis zu rechnen ist (vgl. Brücker, 2010, S. 4). Voraussetzung hierfür ist jedoch eine vollständige Integration in den deutschen Arbeitsmarkt (vgl. Bundesregierung, 2011, S. 109).

1.2 Die Situation der Migranten auf dem deutschen Arbeitsmarkt

Viele Zuwanderer verfügen über eine gute berufliche Qualifizierung (vgl. Baas & Brücker, 2011, S. 5; Baas, 2010, S. 14), die jedoch aufgrund fehlender Bewertungsverfahren und

---

[2] Der Begriff „Migrant" wird in der vorliegenden Studie enger gefasst als die offizielle Definition des Statistischen Bundesamtes (vgl. Statistisches Bundesamt, 2011, S. 5f.). Als Zielgruppe werden nur Personen betrachtet, die ihre berufliche Qualifikation im Ausland erworben haben und folglich als Erwachsene nach Deutschland eingewandert sind.

Bewertungsmaßstäbe in Deutschland kaum genutzt werden (vgl. Maier & Rupprecht, 2011, S. 201f.; Bundesregierung, 2011, S. 115f., 409; Steinhardt, Hönekopp, Bräuninger, Radu & Straubhaar, 2005, S. V-VI). Baas (2010, S. 14f.) sowie Baas und Brücker (2011, S. 6) vermuten aufgrund des hohen Anteils an in Deutschland lebenden EU-8-Migranten mit unbekanntem Bildungsabschluss „erhebliche Probleme bei der Vergleichbarkeit von Bildungszertifikaten". Englmann und Müller (2007, S. 18) sprechen von einer „Lose-Lose-Situation" für die betroffenen Migranten, da diese durch eine mangelnde Integration eine Dequalifizierung erleiden und für die aufnehmende Gesellschaft sowie das Herkunftsland, die das vorhandene Humankapital nicht nutzen können. Hierbei geht es neben den im Ausland erworbenen formalen Qualifikationen auch um kulturelle und sprachliche Kompetenzen, die dem Arbeitsmarkt nicht zur Verfügung stehen (vgl. Kohn, 2011, S. 3).

Diese mangelnde Integration trifft jedoch keinesfalls nur auf neu zugewanderte Migranten zu, sondern ebenfalls auf Menschen mit Migrationshintergrund, die schon lange in Deutschland leben (vgl. Anger, Erdmann, Plünneke & Riesen, 2010, S. 5). Hinzu kommt, dass Migranten in Deutschland – unabhängig von ihrer Qualifikation – häufiger von Arbeitslosigkeit betroffen sind als Einheimische und zudem eine geringere Erwerbsbeteiligung aufweisen (vgl. Knuth & Brussig, 2010, S. 26; Färber, Arslan, Köhnen, & Parlar, 2008, S. 7; Baas, 2010, S. 16), was auf eine strukturelle Diskriminierung am Arbeitsmarkt hindeutet (vgl. Bundesregierung, 2011, S. 409). Es ist zu konstatieren, dass nicht nur geringqualifizierte Migranten überdurchschnittlich stark von Arbeitslosigkeit betroffen sind, sondern in Deutschland auch die Arbeitslosenquote hochqualifizierter Migranten im Vergleich zur einheimischen Bevölkerung sehr hoch ist (vgl. Anger et al., 2010, S. 119). Aufgrund dieser mangelnden Aussichten auf eine Integration in den deutschen Arbeitsmarkt verschiebt sich die Migration eher in Länder wie Irland oder Großbritannien (vgl. Baas, 2010, S. 16). Durch eine stärkere Anerkennung ausländischer Bildungsabschlüsse und dem Angebot von Nachqualifizierungsmaßnahmen kann dieses wertvolle Potenzial geschöpft werden (vgl. Anger et al., 2010, S. 124).

Es sind jedoch nicht nur die systembedingten Schwierigkeiten, mit denen Migranten auf dem deutschen Arbeitsmarkt konfrontiert sind. Vielmehr fehlt es Deutschland „politisch wie gesellschaftlich [...] an Wertschätzung der Zugewanderten. Sie erfahren in aller Regel nicht, dass sie willkommen sind und gebraucht werden. Integrationswille von Seiten der Migranten ist an die Voraussetzung gebunden, dass ihre Anwesenheit im Aufnahmeland auf Akzeptanz und Zustimmung und nicht vorrangig auf Duldung und Desinteresse beruht." (Süssmuth, 2006, S. 145). Konle-Seidl (2010) sieht die Ursachen dieser mangelhaften Integration im Anwerben meist geringqualifizierter Gastarbeiter in den 1960er und 1970er Jahren, die hauptsächlich in der Industrie beschäftigt waren und deren Arbeitsplätze durch den Strukturwandel weggefallen sind sowie im Familiennachzug in den 1980er und 1990er Jahren (vgl. Konle-Seidl, 2010, S. 39). Aber auch Neuzuwanderer werden trotz des Zuwanderungsgesetzes aus dem Jahr 2005 nicht effizient in den Arbeitsmarkt integriert. So gibt es zwar eine spezielle Migrationsberatung sowie Sprachkurse, „aber eine passgenaue Planung bzw. Maßnahmen für den deutschen Arbeitsmarkt sind kein flächendeckend angewandter Bestandteil der Aufnahme, sondern finden nur in wenigen Projekten statt" (Englmann & Müller, 2007, S. 22). Zudem sind die Migranten meist auf sich alleine gestellt, um ihre Chancen auf dem Arbeitsmarkt auszuloten (vgl. Englmann & Müller, 2007, S. 22). Das Bewusstsein, dass eine mangelnde Integration der Migranten nicht nur von diesen selbst, sondern auch von unzureichenden Rahmenbedingungen abhängen kann, entwickelte sich erst in den letzten Jahren. Englmann und Müller (2007) verweisen in diesem Zusammenhang auf den Integrationsgipfel des Jahres 2006 sowie den „Nationalen Integrationsplan" aus dem Jahr 2007 (vgl. Englmann & Müller, 2007, S. 19; Bundesregierung, 2007).

Am 1. April 2012 ist in Deutschland das Berufsqualifikationsfeststellungsgesetz (BQFG) in Kraft getreten. Ab diesem Zeitpunkt haben Personen mit einem im Ausland erworbenen Bildungsabschluss die Möglichkeit, diesen auf Gleichwertigkeit prüfen zu lassen. Das Herkunftsland spielt hierbei keine Rolle (vgl. zum BQFG Abschnitt 5). Vor in Kraft treten des BQFG waren EU Bürger/innen und Nicht-EU Bürger/innen keinesfalls gleichgestellt. Während EU Bürger/innen ein Recht auf eine Prüfung der Gleichwertigkeit besaßen und eine Teilanerkennung ihrer Abschlüsse verhältnismäßig leicht war, hatten Nicht-EU Bürger/innen kein grundlegendes Recht auf eine Gleichwertigkeitsprüfung. Zudem wurden meist nur die formalen Qualifikationen geprüft und die vorhandene Berufserfahrung außer Acht gelassen. Auch Maßnahmen zur Angleichung der Qualifikationen, mit dem Ziel einer Vollanerkennung, sind nicht gesetzlich vorgeschrieben (vgl. Englmann & Müller, 2007, S. 38). Umfangreiche Integrationsmaßnahmen gab es einzig für die Gruppe der Spätaussiedler, die kraft Gesetz die deutsche Staatsangehörigkeit erlangte (vgl. Vogel, 2010, S. 43).

Da eine Anerkennung der im Ausland erworbenen Berufs- und Bildungsabschlüsse die Voraussetzung für eine erfolgreiche Integration in den deutschen Arbeitsmarkt darstellt (vgl. Baas, 2010, S. 17), ist das Ziel der vorliegenden Studie, die bisherige Durchlässigkeit der beruflichen Anerkennung im Sozial- und Gesundheitswesen zu analysieren und Faktoren zu identifizieren, die einen Einfluss auf diesen Prozess haben. Neben den soziodemografischen Merkmalen werden die Erwerbsverläufe der Migranten, die sozialen Netzwerke, die Sprachkompetenzen (Kohn 2011, S. 3 weist darauf hin, dass es sich bei der deutschen Sprache meist sogar um die Dritt- oder Viertsprache handelt) sowie die Erfahrungen mit der Anerkennungsberatung und dem Anerkennungsverfahren erhoben.

1.3 Aufbau der Arbeit

Anschließend an die Einführung in die Thematik der Anerkennung ausländischer Bildungsabschlüsse in Deutschland werden im zweiten Kapitel die Grundsätze qualitativer Datenerhebungen – insbesondere das Telefoninterview – dargestellt, ehe in Kapitel drei auf die Ergebnisse der Pilotstudie eingegangen wird. Abschnitt 3.1 beschäftigt sich hierbei mit den soziodemografischen Merkmalen der Stichprobe, in 3.2 wird auf die sozialen Netzwerke sowie die Sprachkompetenzen der Migranten eingegangen und analysiert, inwiefern Zusammenhänge zwischen diesen Merkmalen und dem Anerkennungsverfahren bestehen. Die Kapitel 3.3 und 3.4 befassen sich mit der Anerkennungsberatung bzw. dem Anerkennungsverfahren in Deutschland mit dem Ziel, sowohl positive Aspekte als auch Verbesserungspotenziale zu identifizieren. Aus diesen Erkenntnissen werden im Kapitel vier Implikationen aus der Studie abgeleitet und im letzten Kapitel die Verbesserungspotenziale durch das BQFG diskutiert.

2 Methodisches Vorgehen

2.1 Qualitative Befragung

Qualitative und quantitative Forschungsmethoden werden in der Literatur meist im gegenseitigen Vergleich definiert. Während der quantitative Ansatz eher um eine möglichst objektive Messung bestimmter Merkmale und deren statistische Auswertung auf der Makroebene bemüht ist, interessiert sich die qualitative Forschung für die Realitätskonstruktion auf der Mikroebene und „operiert […] mit Verbalisierungen […] der Erfahrungswirklichkeit, die interpretativ ausgewertet werden" (Bortz & Döring, 2009, S. 296; vgl. auch Uhlendorf & Prengel, 2010, S. 146). Die Ansätze unterscheiden sich somit in der Art und Weise, in der sie versuchen, die Komplexität sozialer Wirklichkeit zu reduzieren (vgl. Kelle, 2010). Die qualitative Forschung verzichtet meist auf explizite Messungen und arbeitet eher mit Beschreibungen, wobei eine vergleichsweise ergebnisoffene und flexible Vorgehensweise bevorzugt wird. Aufgrund dieser offenen Form erhöhen sich die Chancen, bei qualitativen Datenerhebungen neuartige Informationen zu gewinnen bzw. neue Aspekte eines Themas zu erschließen. Qualitative und quantitative Forschung sind jedoch nicht als konkurrierende und gegensätzliche Richtungen, sondern als zwei Seiten eines Kontinuums zu betrachten, die im besten Fall in Kombination eingesetzt werden, um die vorhandenen Schwachstellen auszugleichen (vgl. Bortz & Döring, 2009, S. 302 u. 346; Mayring, 2001, S. 3).
Grundsätzlich sind bei der Auswahl der Forschungsmethode Gegenstand und Ziel des Forschungsvorhabens zu berücksichtigen und die jeweiligen Vor- und Nachteile gegeneinander abzuwägen. So ist ein Ziel der qualitativen Datenerhebung, die Wirklichkeit aus der Sicht des Untersuchungsobjektes abzubilden und hieraus mögliche Verhaltensmuster und deren Ursachen zu identifizieren. Die Ziele solcher Untersuchungen liegen im Beschreiben, der Interpretation und dem Verstehen von Zusammenhängen aus der Perspektive der untersuchten Akteure. Wenngleich durch quantitative Methoden die Repräsentativität der Ergebnisse gewährleistet werden kann, ist der Informationsgehalt und die Informationstiefe von qualitativen Erhebungen kaum zu erreichen (vgl. Bortz & Döring, 2009, S. 297). Charakteristisch für qualitativ-explorative Studien ist zudem, dass sie vorgefasste Konzepte und Hypothesen stärker in Frage stellen. Die Fragestellungen und die Auswahl der zu untersuchenden Variablen basieren hierbei nicht zwangsläufig auf einem bestimmten theoretischen Konzept, sondern sind von mehr oder weniger expliziten theoretischen Annahmen geleitet (vgl. auch

Kapitel 2.3) und können im Verlauf der Studie durch weitere Fragestellungen und neue Aspekte ergänzt werden. Im Vordergrund steht folglich das Aufstellen von Hypothesen und weniger deren Überprüfung (vgl. Bortz & Döring, 2009, S. 50; Mayring, 2001, S. 9).

Um eine möglichst realitätsnahe soziale Interaktion gewährleisten zu können und um auftretenden Missverständnissen vorzubeugen (vgl. Schulz & Ruddat, 2012, S. 3), wurde für die vorliegende Studie als Erhebungsmethode das teilstandardisierte Interview gewählt. Das sogenannte Leitfadeninterview ist die geläufigste qualitative Befragungsform. Durch die vorgegebene Struktur wird sowohl dem Anspruch einer theoriegeleiteten als auch einer offenen und explorativen Untersuchung Rechnung getragen (vgl. Bortz & Döring, 2009, S. 314). Die Teilstandardisierung der Fragen unterstützt hierbei die Vergleichbarkeit der Ergebnisse und somit auch eine strukturierte Auswertung. Ein weiterer Vorteil dieser Methode liegt in der flexiblen Handhabung des Interviewleitfadens, sodass bei Bedarf Fragen umformuliert und die Reihenfolge spontan angepasst werden können. Zudem ist es durch die persönliche Interaktion möglich, Hintergründe zu erfragen, Unklarheiten zu beseitigen und zusätzliche Informationen zu geben (vgl. Maehler, 2012). Dies erhöht die Realitätsnähe der Interviewsituation und kann zu einer offenen und ehrlichen Beantwortung der Fragen beitragen. Allerdings ist mit dieser Offenheit und Flexibilität auch eine große Verantwortung für die Interviewer verbunden. Neben kommunikativen Kompetenzen müssen sie Kenntnisse über ihre Rolle und die damit einhergehenden Einflussmöglichkeiten besitzen (vgl. Bortz & Döring, 2009, S. 310; Schulz & Ruddat, 2012, S. 3).

Laut Maehler (2012) eignen sich (telefonische) Interviews bei Untersuchungen von Migrantengruppen am besten, da mit diesen „die größten Ausschöpfungsquoten erreicht werden" (Maehler, 2012, S. 161). Zudem kann möglichen Interviewer-Effekten – hierunter wird die Verzerrung der Antworten durch Merkmale, Verhaltensweise etc. der Interviewer verstanden – entgegengewirkt werden, da Telefoninterviews im Vergleich zu face-to-face-Interviews weniger anfällig für diese Art der Verzerrungen sind (vgl. Maehler, 2012). Gleiches gilt für das Problem der „sozial erwünschten Antworten", das im Rahmen von Telefoninterviews geringer eingeschätzt wird (vgl. Maehler, 2012, S. 159). Auch die größere Anonymität der Interviewsituation kann zu ehrlicheren Antworten auf sensible Fragestellungen beitragen (vgl. Maehler, 2012, S. 159; Schulz & Ruddat, 2012, S. 6). Trotz dieser Vorteile ist nicht auszuschließen, dass die Ergebnisse durch unbewusstes Verhalten des Interviewers beeinflusst werden und folglich nicht den Anforderungen der Gütekriterien der Objektivität, Reliabilität und Validität entsprechen (vgl. Bortz & Döring, 2009, S. 326ff.). Zur Steigerung der Qualität der erhobenen Daten ist es daher notwendig, allgemeine Gesprächsregeln einzuhalten, eine angenehme Gesprächssituation zu schaffen und eigene Einstellungen und Bewertungen zu unterlassen (vgl. Schulz & Ruddat, 2012, S. 8f.).

In der vorliegenden Studie wurden die Interviews vorwiegend telefonisch durchgeführt, um die genannten Vorteile auszuschöpfen sowie eine zeit- und kostensparende Datenerhebung zu gewährleisten. Lediglich in einigen wenigen Fällen, in denen es der ausdrückliche Wunsch des Teilnehmers war, fanden die Gespräche persönlich (face-to-face) statt. Alle

Interviewer wurden vorab in ihre Rolle eingewiesen. Hierbei wurde insbesondere betont, dass es nicht darum geht, die neue Gesetzeslage zu erläutern oder beratend tätig zu werden, sondern die Befragten anzuregen, sich zu öffnen und ihre „Geschichte" zu erzählen.

Mit der Zielgruppe der Migranten standen den Vorteilen einer telefonischen Befragung – wie eine geringere Hemmschwelle und ein ehrlicheres Antwortverhalten – vor allem sprachliche Barrieren gegenüber. Einige der interviewten Migranten äußerten ihre Sorgen über mögliche Verständnis- und Sprachschwierigkeiten, die sie bei einem längeren Telefongespräch befürchteten. Es ist davon auszugehen, dass diese Sprachbarrieren auch der Grund für das Nichtzustandekommen einiger Interviews waren. Eine wichtige Aufgabe der Interviewer bestand folglich darin, den Teilnehmern diese Sorgen zu nehmen, sie zu ermutigen, Verständnisfragen zu stellen und bei Bedarf die Fragen zu wiederholen oder umzuformulieren. Vor allem diese Fähigkeit des Interviewers, sich auf das Gegenüber einzustellen und den Gesprächsverlauf sowie das Sprachniveau auf den Interviewpartner anzupassen, trägt entscheidend zur Validität der erhobenen Daten bei (vgl. Bortz & Döring, 2009, S. 327).

2.2   Zielgruppengewinnung

Die Stichprobe der vorliegenden qualitativen Pilotbefragung umfasst 30 Teilnehmerinnen und Teilnehmer, die einen im Ausland erworbenen Berufsabschluss im Sozial- und Gesundheitssektor vorweisen, in diesem Bereich im Ausland gearbeitet oder sich in Deutschland beruflich umorientiert und an einer Weiterbildung in diesen Wirtschaftszweigen teilgenommen haben. Die Rekrutierung der Migranten erfolgte im Zeitraum von Januar bis Juni 2012 in mehreren Etappen. Um die Anerkennungsberatung sowie das Anerkennungsverfahren in Deutschland aus Sicht der Betroffenen analysieren zu können, wurden Migranten befragt, die eigene Erfahrungen in diesen Bereichen gesammelt haben. Zur Stichprobengewinnung sind gezielt Kontaktpersonen angesprochen worden, die entweder selbst in der Migrationsberatung tätig sind oder durch ihre Position und Tätigkeit Kontakte zu Migrations- und Integrationsberatungsstellen vermitteln können.

Um die Bereitschaft zur Teilnahme an der Studie zu erhöhen, wurden die Berater bzw. Vermittlungspersonen zunächst telefonisch über das Projektvorhaben informiert und erhielten ebenfalls eine schriftliche Zusammenfassung und ein Anwerbeschreiben für die Weiterleitung an die Zielgruppe. Wie sich im Laufe der Rekrutierungsphase herausstellte, war eine individuelle, persönliche und vorzugsweise mündliche Ansprache durch Vertrauenspersonen entscheidend für die Zusage zur Teilnahme an der Untersuchung. So erwies sich die persönliche Bitte der Berater(innen), die bereits eine gute Beziehung zu den Migranten hatten, als erfolgreich bei der Zielgruppengewinnung. Ferner konnten durch die Untersuchungsteilnehmer weitere Befragte aus deren Freundes- und Bekanntenkreis gewonnen werden. Für die Motivation zur Teilnahme waren außerdem Erläuterungen bzgl. des Untersuchungsvorhabens und der damit verfolgten Ziele hilfreich.

Als Kontaktstellen zur Zielgruppengewinnung wurden unter anderem die „Bildungsberatung Garantiefonds Hochschule" der Wohlfahrtsverbände, die Anlaufstellen zur Erstberatung für die Anerkennung ausländischer Berufsqualifikationen des Netzwerkes Integration durch Bildung, die Arbeitsvermittlung der Jobcenter, der Jugendmigrationsdienst, Migrationsberatungsstellen der AWO, Integrationsbeauftragte, der Caritasverband, der Lehrstuhl „Soziale Arbeit" an der Katholischen Hochschule und Gleichstellungsbeauftragte angefragt. Die Gewinnung von Teilnehmern erwies sich als mühsam, da die Kontaktpersonen aufgrund der Datenschutzbestimmungen keine persönlichen Daten übermitteln dürfen und die geeigneten Migranten zunächst von den Beratern selbst angesprochen werden mussten, was mit einem erhöhten Zeitaufwand verbunden ist. Zudem zeigte sich, dass eine bloße Zusendung der Einladung zur Befragung per E-Mail ohne eine zusätzliche telefonische Ansprache keine Zusagen brachte. Die im Laufe der Befragung erhaltenen Rückmeldungen, dass telefonische Interviews von Seiten der Migranten aufgrund sprachlicher Unsicherheiten als schwierig wahrgenommen wurden, legen die Vermutung nahe, dass subjektiv erlebte Sprachbarrieren ein Grund für die schwache Resonanz auf die schriftlich erfolgte Einladung sein können.

Da die relevante Zielgruppe auf Migranten mit einem im Ausland erworbenen Abschluss im sozialen oder Gesundheitsbereich eingegrenzt ist, kamen viele der Interessenten für diese Studie nicht in Frage. Die zahlreichen Angebote von Migranten aus verschiedenen Bereichen, die von ihren Erfahrungen mit dem Anerkennungsverfahren hier in Deutschland erzählen wollten, zeigen jedoch, dass die Anerkennung ausländischer Abschlüsse ein aktuelles und wichtiges Thema für diese Zielgruppe darstellt.

2.3 Fragebogendesign

Um mögliche Faktoren einer erfolgreichen Eingliederung in den deutschen Arbeitsmarkt zu identifizieren und Verbesserungspotenziale in der Beratungs- und Anerkennungspraxis aufzuzeigen, wurden 30 Migranten mit ausländischem Bildungsabschluss befragt. Der Interviewleitfaden gliedert sich in die sechs Teile: (1) soziodemografische Merkmale, (2) Sozialisation und soziale Netzwerke; (3) Sprachliche Fähigkeiten; (4) Bildung und Erwerbsbiografie[3]; (5) Anerkennungsberatung sowie (6) Anerkennungsverfahren in Deutschland. Die Operationalisierung dieser Teilbereiche wird in den nachfolgenden Abschnitten dargestellt.

Soziodemografische Merkmale

Mit dem Ziel der Stichprobenbeschreibung wurden die soziodemografischen Merkmale Alter, Geschlecht, Familienstand, im Ausland erworbener Bildungsabschluss bzw. Berufserfahrung im Sozial- und Gesundheitssektor, Herkunftsland und Staatsangehörigkeit erfragt. Zudem sollten die Befragten Auskunft über den Zeitpunkt ihrer Einreise nach Deutschland und den Migrationsgründen geben. Diese Daten werden in erster Linie zur Beschreibung

---

[3] Aufgrund der Komplexität dieses Themenbereichs finden die Ergebnisse in der vorliegenden Studie keine Berücksichtigung. Hierzu wird ein eigenständiger Bericht verfasst.

und Gruppierung der Stichprobe verwendet. Ferner fasst dieser Fragenkomplex Merkmale zusammen, die als unabhängige Variablen bezeichnet werden können, da sie ggf. in einem Ursache-Wirkung-Zusammenhang zu den in den folgenden Abschnitten ermittelten Daten und Erfahrungen stehen können. Denkbar ist beispielsweise, dass das Alter der Person oder das Motiv, nach Deutschland einzureisen, einen Einfluss auf die berufliche Integration oder die Aufstiegsmotivation besitzen (vgl. Maehler, 2012, S. 203).

Sozialisation und soziale Netzwerke
Mit dem Fragenkomplex zur Sozialisation und den sozialen Netzwerken der Migranten soll das Ausmaß der Orientierung an die Herkunfts- bzw. Aufnahmegesellschaft ermittelt werden.
Unter sozialen Netzwerken werden in dieser Studie alle Beziehungen zur Familie, der eigenen Ethnie und anderen ethnischen Gruppen verstanden. Gemäß Haug (2010) zeigt sich die Ausprägung der sozialen Integration in unterschiedlichen Beziehungsmustern wie beispielsweise Freundschaften, Kontakte im Alltag und der Partnerwahl (vgl. Haug, 2010, S. 12).
Soziale Beziehungen zu Einheimischen können hierbei als Indikatoren der sozialen Integration der Migranten dienen (vgl. Esser, 2001, S. 21; Haug, 2010, S. 14; Maehler, 2012, S. 122), da dieses „soziale Kapital" (vgl. Haug, 2005, S. 196) einen positiven Einfluss auf die persönliche Entwicklung des Einzelnen haben kann. Auch Haug (2010) betont, dass diese Beziehungen einen positiven Effekt auf das Auffinden generalisierbarer Ressourcen – wie beispielsweise einen Arbeitsplatz – besitzen und somit die soziale Integration vorantreiben können (vgl. Haug, 2010, S. 15). Grundlegend für den Aufbau von Freundschaften mit Einheimischen sind jedoch Sprachkenntnisse des Aufnahmelands (vgl. Haug, 2010, S. 17). Bei Migranten spielt insbesondere auch der familiäre Kontakt eine wichtige Rolle (vgl. u.a. Nauck & Kohlmann, 1998, S. 215-218), der sich jedoch nicht immer positiv auf die soziale Integration in das Aufnahmeland auswirkt (vgl. Portes, 1998, S. 15).

Sprachliche Fähigkeiten
Neben den Kontakten zu Einheimischen werden auch die sprachlichen Fähigkeiten als Indikator für die Integration in der Aufnahmegesellschaft gesehen.[4] So betont die Bundesregierung, dass – zusätzlich zur beruflichen Qualifikation – „die Beherrschung der deutschen Sprache auf [einem] angemessenem Niveau" eine notwendige Voraussetzung „für [die] erfolgreiche berufliche Integration in den Arbeitsmarkt" darstellt und hat diesbezüglich Anfang 2009 das „Programm zur berufsbezogenen Sprachförderung für Personen mit Migrationshintergrund im Bereich des Bundes" ins Leben gerufen (vgl. Bundesregierung, 2011, S. 109). Neben einer leichteren Integration in die Aufnahmegesellschaft (vgl. Haug, 2008, S. 10) und somit auch in den Arbeitsmarkt (vgl. Esser, 2006, S. 415) kann das Arbeitslosig-

---

[4] Einen Überblick über Studien zum Zusammenhang zwischen Sprache und Integration findet sich in Maehler (2012, S. 106f.).

keitsrisiko gemindert werden, wenn in der Familie vermehrt deutsch gesprochen wird (vgl. Anger et al., 2010, S. 119f.). Es ist jedoch zu beachten, dass Sprachkenntnisse allein keine Garantie für eine erfolgreiche Integration darstellen (vgl. Deeke, 2006, S. 48-50 sowie Deeke, 2007).

Zur Ermittlung ihrer Sprachkenntnisse wurden die Teilnehmer gebeten, diese in unterschiedlichen Situationen (Alltagsgebrauch, Textverfassung, bei Behördengängen und auf der Arbeit) zu beurteilen und das Niveau nach dem *Europäischen Referenzrahmen für Sprachen* – von A1 (elementare Sprachverwendung) bis C2 (nahezu muttersprachliche Sprachbeherrschung) – anzugeben, sofern eine entsprechende Einstufung oder Prüfung vorliegt.

Anerkennungsberatung
Angesichts einer Vielzahl von Regelungen und regionalen Anerkennungsstellen sowie der Tatsache, dass für einige Berufsabschlüsse keine Anerkennungsstellen vorhanden sind (vgl. Englmann, 2009, S. 19), ist eine fachkundige und migrationssensible Beratung zum Prozess der beruflichen Anerkennung, Qualifizierung und Integration überaus wichtig. Mit dem Fragenkomplex zur Anerkennungsberatung soll analysiert werden, ob Migranten an einer solchen Beratung teilnehmen, welche Institutionen sie hierfür aufsuchen und welche Erfahrungen sie mit der Beratung gemacht haben. Die Ergebnisse dieser Fragestellungen sind u. a. im Zusammenhang zu Dauer und Erfolg eines beantragten Anerkennungsverfahrens zu interpretieren.

Anerkennungsverfahren
Das Thema der Anerkennung ausländischer Bildungs- und Berufsabschlüsse steht im Fokus der Befragung. Wie von Englmann und Müller (2007) gezeigt werden konnte, scheint es in Deutschland verhältnismäßig schwierig zu sein, unter mehr als 400 Stellen die jeweils zuständige Anerkennungsstelle zu finden. Je länger jedoch der Zeitraum zwischen Einreise und Antragsstellung ist, desto kleiner sind die Chancen auf eine Integration in den erlernten Beruf, da auch die Wertigkeit der erworbenen Qualifikationen über die Zeit abnimmt (vgl. Englmann & Müller, 2007, S. 22). In diesem Zusammenhang ist ebenfalls die Dauer des Anerkennungsverfahrens ein wichtiger Indikator, da diese vor Inkrafttreten des Berufsqualifikationsfeststellungsgesetzes (BQFG) keiner verbindlichen Regelung unterlag.

Aufgrund des sehr strukturierten und formalisierten Bildungswesens in Deutschland ist zu vermuten, dass in den meisten Fällen keine oder lediglich eine Teilanerkennung der ausländischen Qualifikationen erfolgt (vgl. Laux, 2011, S. 13f.; Englmann & Müller 2007, S. 129, 172). Zudem zeigen die Erfahrungen aus der Beratungspraxis, dass ausländische Abschlüsse von Arbeitgebern oder Arbeitsvermittlern skeptisch betrachtet und seltener berücksichtigt werden. Da die erlebte Anerkennung und Wertschätzung der mitgebrachten Qualifikationen einen bedeutenden Einfluss auf die soziale und berufliche Integration haben (vgl. Kohn, 2011, S. 3; Färber et al., 2008, S. 7; Englmann & Müller, 2007, S. 22, 33), wird in diesem Kapitel analysiert, inwiefern die mitgebrachten ausländischen Qualifikationen in Deutsch-

land anerkannt wurden. Neben der reinen Anerkennung interessiert in diesem Zusammenhang insbesondere auch der derzeitige Status am Arbeitsmarkt, der Aufschluss über den Eingliederungserfolg liefern kann (vgl. Diehl, 2005, S. 15ff.).
Aber nicht nur systembedingte Schwächen, sondern auch die Erfahrungen der Migranten mit den Anerkennungsstellen können wertvolle Hinweise auf Schwierigkeiten liefern. Denkbar wären beispielsweise Verständigungsprobleme aufgrund eines geringen Sprachniveaus seitens der Migranten oder eine gefühlte Diskriminierung (vgl. Englmann & Müller, 2007, S. 102f.), die zu einer Resignation bei den Betroffenen führen kann. Daher werden die Migranten ebenfalls zu ihrem Informationsstand und der Teilnahme an Nachqualifizierungsangeboten (vgl. IQ-Netzwerk, 2009, S. 6) befragt, die zu einer Vollanerkennung der ausländischen Abschlüsse führen können.

Die Tatsache, dass im Sozial- und Gesundheitswesen überwiegend Frauen beschäftigt sind, die eine vergleichsweise schlechte Integration in den deutschen Arbeitsmarkt erfahren (vgl. Stichs, 2008, S. 51), lässt eine unzureichende Integration der Befragten vermuten. Zudem ist davon auszugehen, dass auch die Potenziale der höher qualifizierten Befragungsteilnehmer kaum genutzt werden (vgl. Bundesregierung, 2011, S. 109). Die hiermit verbundene Dequalifizierung ist – nicht nur aus individueller, sondern auch aus volkswirtschaftlicher Perspektive – zu vermeiden. Gerade mit Blick auf die demografische Entwicklung in Deutschland müssen die Humanressourcen der Migranten bestmöglich genutzt werden (vgl. Siminovskaia, 2008, S. 30).

3 Ergebnisdarstellung

3.1 Stichprobenbeschreibung

Geschlecht, familiärer und beruflicher Hintergrund

An der qualitativen Pilotstudie haben insgesamt 30 Personen teilgenommen, die einen im Ausland erworbenen Bildungsabschluss besitzen. Erwartungsgemäß ist für den Sektor der Gesundheits- und Sozialberufe der Anteil der Frauen mit über 93% signifikant höher als der der Männer. Lediglich zwei der befragten Teilnehmer sind männlich. Dieses Verhältnis spiegelt die Situation auf dem innerdeutschen Arbeitsmarkt wider: gerade im Gesundheitssektor übertrifft der Anteil weiblicher Beschäftigter mit 83% den Anteil männlicher Beschäftigter deutlich (vgl. Bundesagentur für Arbeit, 2011, S. 8). Auch eine Studie zur Situation der Migrantinnen und Migranten in der ambulanten Pflege in Bremen und Bremerhaven bestätigen einen sehr hohen Frauenanteil von 89% unter den beschäftigten Personen mit Migrationshintergrund (vgl. Lotze & Hübner, 2008, S. 3).
Betrachtet man die familiäre Situation der Migranten, kann eine starke Orientierung zu Partnerschaft und Familie festgestellt werden. So gaben von den 30 Befragten 16 Personen an, dass sie verheiratet sind und eine weitere, dass Sie mit ihrem Partner zusammenlebt. Elf Befragte waren zum Zeitpunkt der Befragung entweder geschieden oder lebten von ihrem

Partner getrennt. Lediglich zwei Personen gaben an, derzeit nicht in einer Partnerschaft zu leben. Trotz der recht hohen Anzahl an Scheidungen und Trennungen scheint bei den Teilnehmern prinzipiell eine starke Familienorientierung vorzuliegen. Unterstützt wird diese Vermutung durch die Anzahl der Kinder. 28 Personen – dies entspricht einem Anteil von über 93% der Befragten – gaben an, eigene Kinder zu haben. Im Durchschnitt hat jeder der Befragten 1,53 Kinder, was sowohl über dem ostdeutschen (1,46 Kinder pro Frau) als auch über dem westdeutschen Durchschnitt von 1,39 Kindern pro Frau liegt (vgl. Pötzsch, 2012, S. 15). Es ist davon auszugehen, dass – bedingt durch den sehr hohen Anteil an weiblichen Teilnehmern und der familiären Situation – mit Blick auf die Weiterbildungsbereitschaft besondere Ansprüche an die Kinderbetreuung und die räumliche Nähe der Weiterbildungsangebote gestellt werden.

Die Auswertung der beruflichen Qualifikation der Befragten zeigt, dass die meisten von ihnen (93,3%) einen universitären Abschluss vorweisen können. Unter allen Befragten befinden sich zwölf Pädagogen, fünf Sozialpädagogen / Sozialarbeiter, fünf Psychologen (hierunter eine klinische Psychologin und eine Befragte, die zusätzlich Sozialarbeit studiert hat), drei Krankenschwestern / Krankenpfleger, zwei Wirtschaftswissenschaftler, zwei Germanisten, eine Übersetzerin und eine Erzieherin.[5] Von den 30 Befragten Migranten besitzen insgesamt neun (30%) einen ausländischen Abschluss, der nicht einer Berufsgruppe des Sozial- oder Gesundheitssektors angehört. Diese Personen wurden dennoch in die Stichprobe mit aufgenommen, da sie entweder im Ausland Berufserfahrung in diesen Sektoren gesammelt oder sich in Deutschland für eine Weiterbildung in diesem Bereich entschieden haben. Die letztgenannte Gruppe hat sich folglich beruflich umorientiert und kann als „Quereinsteiger in den Sozial- und Gesundheitssektor" betrachtet werden. In der nachfolgenden Tabelle 3.1 sind die Berufserfahrung im Ausland bzw. berufliche Umorientierung dieser neun Befragten zusammenfassend dargestellt.

Tabelle 3.1: Berufserfahrung und berufliche Umorientierung von fachfremden Befragten.

Abschluss im Ausland	Berufserfahrung im Sozial- und Gesundheitswesen	Berufliche Umorientierung in Deutschland
Psychologie (1)	Lehrer	---
Psychologie (2)	Arbeit in einem Krankenhaus	---
Psychologie (3)	Sozialarbeiter, Lehrer	---
Wirtschaftswissenschaften (1)	---	Ausbildung zum Altenpfleger
Wirtschaftswissenschaften (2)	Lehrer	Ausbildung zur Erzieherin
Germanistik (1)	Lehrer	---
Germanistik (2)	Lehrer	---
Übersetzerin	---	Lehrgang: Erziehung; Zulassung als Tagesmutter

---

[5] Da eine Person mehrere abgeschlossene Ausbildungen vorweisen kann, übertrifft die Anzahl der genannten Qualifikationen die der Teilnehmer.

Die Beschreibung der Stichprobe nach den Merkmalen Geschlecht und Qualifikation zeigt, dass in dieser Untersuchung überwiegend hochqualifizierte Migrantinnen befragt werden, eine Gruppe, die in der Forschung bislang kaum Beachtung findet (vgl. Färber et al., 2008, S. 13). Zwar gibt es mittlerweile etliche Studien über die weibliche Migration, allerdings weisen Kofmann und Raghuram (2009) darauf hin, dass sich diese meist auf die Bereiche „Tätigkeiten in Privathaushalten" und „Sexindustrie" beschränken, also Sektoren, die keine hohen Qualifikationen erfordern (vgl. hierzu bspw. Han, 2003). Eine umfassende Analyse geschlechtsspezifischer Hürden auf dem Arbeitsmarkt haben Färber et al. (2008) durchgeführt, jedoch ohne Einschränkung auf ein bestimmtes Qualifikationsniveau. Einzig die Untersuchung von Jungwirth, Grigoleit und Wolffram (2012) setzt sich explizit mit der Gruppe der hochqualifizierten Migrantinnen auseinander und analysiert deren Berufsverläufe in den Bereichen Naturwissenschaft und Technik. Gerade für den Bereich des Gesundheitswesens bemängelt Steffen (2010), dass kaum Untersuchungen beziehungsweise belastbare Daten zur Beschäftigung von Migrantinnen in diesem Sektor existieren. Mit der vorliegenden Studie wird somit ein stark vernachlässigter Personenkreis analysiert, der mit Blick auf die demografische Entwicklung und das Fachkräftepotenzial innerhalb Deutschlands und der Europäischen Union zukünftig an Bedeutung gewinnen wird (vgl. Bundesministerium für Wirtschaft und Technologie, 2012, S. 4).

Herkunft und Staatsangehörigkeit
Die Befragung nach dem jeweiligen Herkunftsland ergibt ein sehr heterogenes Bild. Fünf der Befragten kommen aus der Russischen Föderation (bzw. aus der ehemaligen Sowjetrepublik), vier aus dem Iran und drei aus Rumänien. Jeweils zwei der Befragten kommen aus Polen und Kasachstan. Die restlichen 14 Teilnehmer stammen aus einem anderen Land, das nicht mehrfach genannt wurde. Dies sind im Einzelnen: Ukraine, Georgien, Moldawien, Armenien, Thailand, Philippinen, Kolumbien, Türkei, Afghanistan, Nigeria, Frankreich, Kanada, Pakistan und Brasilien. Fasst man die einzelnen Herkunftsländer nach Regionen bzw. Kontinenten zusammen, lassen sich Schwerpunkte der Herkunft erkennen. Insgesamt 16 Personen stammen aus Osteuropa,[6] sieben aus dem Nahen Osten, gefolgt von Südamerika und Südostasien, aus denen jeweils zwei Befragungsteilnehmer stammten. Afrika, Westeuropa und Nordamerika sind mit jeweils einem Befragten vertreten. Auch Lotze und Hübner beschreiben in ihrer Analyse des Bremer Pflegemarktes einen überwiegenden Anteil an Migranten aus den GUS Staaten, Polen und der Türkei. Weniger häufig vertreten sind Migranten aus der EU und Asien (vgl. Lotze & Hübner, 2008, S. 10). Die Zusammensetzung der Stichprobe nach Herkunfts-Kontinenten kann Abbildung 3.1 entnommen werden.
Die Befragten haben mehrheitlich eine nicht-deutsche Staatsangehörigkeit. Insgesamt 17 Personen besitzen einen ausländischen Pass, acht die deutsche Staatsangehörigkeit und fünf Befragte sowohl die deutsche als auch eine ausländische Staatsangehörigkeit. Gemäß Haug

---

[6] Im Rahmen der Befragung wurde Europa in Osteuropa (die ehemaligen Mitgliedsländer des Warschauer Paktes) und Westeuropa unterteilt.

(2010, S. 8) spielt die Staatsangehörigkeit mit Bezug auf die soziale Integration in die Aufnahmegesellschaft jedoch eine geringere Rolle als das Herkunftsland.

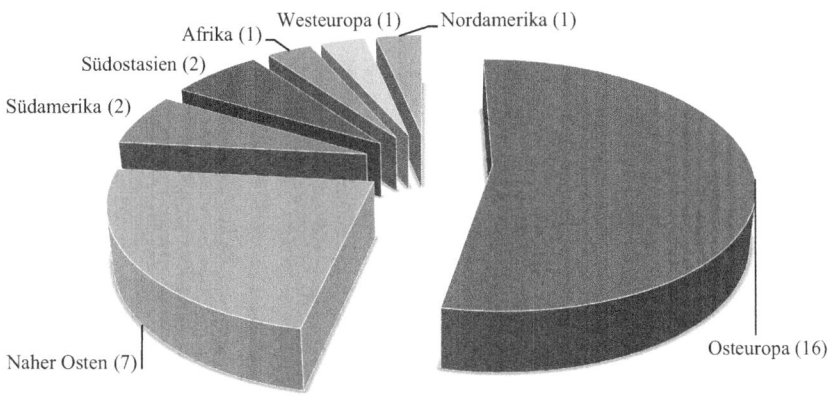

Abbildung 3.1: Herkunftsland nach Kontinenten.

Altersstruktur

Während die Herkunftsländer ein heterogenes Bild der Stichprobe zeichnen, ist die Altersstruktur der Befragten recht homogen. Diese ist in Abbildung 3.2 nach Altersklassen dargestellt. Vor allem die Altersklassen der 31-40 Jährigen und der 41-50 Jährigen sind mit je 12 Personen (je 40%) in der Stichprobe stark vertreten. Mit zwei Personen im Alter zwischen 21 und 30 Jahren und vier Personen im Alter zwischen 51 und 60 Jahren sind diese Altersgruppen vergleichsweise schwach vertreten. Verglichen mit der Situation auf dem deutschen Arbeitsmarkt können Unterschiede in der Altersstruktur der Teilnehmer festgestellt werden. Seit dem Jahr 2000 ist eine Verschiebung der Altersklassen im Gesundheitssektor in Deutschland zu beobachten. Der große Anteil der 41- bis 50- Jährigen steht in Analogie zu den Zuwächsen dieser Altersgruppe im Gesundheitswesen in Deutschland. Ein differierendes Bild zeigt sich bei den 25- bis 29-Jährigen sowie der Gruppe der 30- bis 40-Jährigen, das den Trend einer späten Familienphase in Deutschland widerspiegelt. Während die 25- bis 29-Jährigen in der Stichprobe kaum vertreten sind, kann für diese Altersgruppe ein Anstieg von über 13% in den Gesundheitsberufen beobachtet werden. Unterstellt man Repräsentativität der Stichprobe, lässt dieses Ergebnis vermuten, dass die Familien- und Erziehungsphase in den Drittländern früher beginnt als in Deutschland. Hierzu passen auch die Unterschiede im Bereich der 31- bis 40 Jährigen, deren Anteil an der Beschäftigung im

Gesundheitssektor zwischen den Jahren 2000 und 2010 insgesamt um 14% gesunken ist (vgl. Abbildung 3.2).[7]

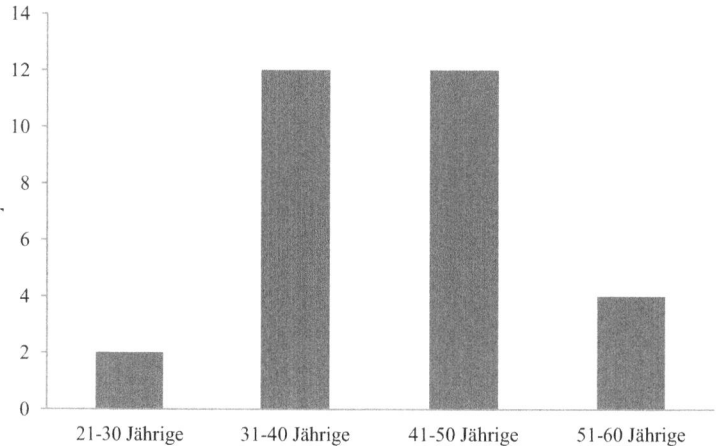

Abbildung 3.2: Altersstruktur der Interviewpartner nach Altersklassen

Motive der Migration

Nicht nur das Herkunftsland und die Altersstruktur der Migranten, sondern ebenfalls das Motiv der Migration kann wertvolle Hinweise auf die Partizipation am Arbeitsmarkt geben. Gemäß Färber et al. (2008, S. 24) kann zwischen den Bedingungen im Herkunftsland und im Zielland unterschieden werden und zusätzlich, ob die Migration freiwillig oder unfreiwillig erfolgt. Auch die Befragung der Teilnehmer ergab unterschiedliche Motive zur Einreise nach Deutschland, die in die Kategorien

- wirtschaftlich/berufliche Gründe,
- familiäre/persönliche Gründe,
- politische Gründe[8] und
- Spätaussiedler

untergliedert werden.

Während unter die wirtschaftlichen und beruflichen Gründe vor allem eine schlechte wirtschaftliche Lage im Heimatland sowie die Hoffnung, sich im Zielland wirtschaftlich besser zu stellen, fallen, umfassen die familiären/persönlichen Gründe den Wunsch, die deutsche Sprache zu erlernen oder mit dem Partner zusammenzuleben. Auch kann es vorkommen, dass der Entschluss nach Deutschland einzuwandern, mehrere Motive umfasst. So schreibt

---

[7] Hierbei ist der Anteil der 30- bis 34- Jährigen im betrachteten Zeitraum um 8,4 % und die der 35- bis 39- Jährigen sogar um 20,1 % gesunken (vgl. Bundesagentur für Arbeit, 2011, S. 10).
[8] Bei der Angabe politischer Gründe ist darauf hinzuweisen, dass es sich hierbei um eine persönliche Definition der befragten Migranten handelt.

eine Befragte, dass der Partner Deutscher ist und sie selbst im Heimatland ihre Stelle verloren hat und in Deutschland ihre Chancen austesten wollte (vgl. Interview Nr. 27). Um der Möglichkeit der Mehrfachantworten gerecht zu werden, werden die Motive dieser Teilnehmerin sowohl der Kategorie persönlich/familiär als auch der Kategorie wirtschaftlich/beruflich zugeordnet. Lediglich die Antwort eines Befragten kann keiner der genannten Kategorien eindeutig zugeordnet werden, da dieser ganz allgemein von Problemen in der Heimat berichtet. Da es sich hierbei sowohl um politische, wirtschaftliche aber auch persönliche Gründe handeln kann, wird diese Person von der Auswertung ausgenommen. Tabelle 3.2 gibt einen Überblick über die Häufigkeit der einzelnen Motive, nach Deutschland einzureisen. Hierbei sind Mehrfachantworten möglich.

Tabelle 3.2: Motive der Migration.

Gründe für die Migration	Nennungen (Mehrfachantwort möglich)
Wirtschaftliche / berufliche Gründe	8 (28,6%)
Persönliche / familiäre Gründe	18 (64,3%)
Politische Gründe	7 (25,0%)
Spätaussiedler	2 (7,1%)
Anzahl der Nennungen	**35**
Anzahl der Befragten	**29**

Lediglich acht Befragte geben an, aus wirtschaftlichen Motiven nach Deutschland eingereist zu sein. Hierunter befinden sich jedoch zwei Befragte, die aufgrund der Tätigkeit ihres Partners nach Deutschland eingereist sind und somit selbst keine – zumindest keine direkte – wirtschaftliche Motivation aufweisen. Von den befragten 29 Einwanderern gab die Mehrheit von 18 Personen (64,3%) persönliche Gründe für die Einreise nach Deutschland an. Dieses Ergebnis spiegelt auch die Aussage von Baas (2010, S. 15) wider, in Deutschland spiele die „Familienzusammenführung eine größere Rolle als in Großbritannien und Irland", in denen das Motiv der Arbeitsaufnahme überwiegt. Ein Viertel der Befragten nannte politische Gründe als Motiv, das Heimatland zu verlassen und zwei der Befragten sind Spätaussiedler, für die aufgrund einer differenzierten Rechtslage eine eigene Kategorie gebildet wurde. Hinweise darauf, ob sich diese primär nicht wirtschaftlichen Triebkräfte einer Einreise ebenfalls auf das Erwerbsverhalten am deutschen Arbeitsmarkt auswirken, kann die zusätzliche Analyse des derzeitigen Erwerbsstatus dieser Personen liefern.

Tabelle 3.3 kann entnommen werden, dass zwei Drittel der Befragten, die aufgrund eigener wirtschaftlicher Motive nach Deutschland eingereist sind, derzeit in Arbeit sind, eine Person befindet sich zum Befragungszeitpunkt in Elternzeit und eine weitere ist arbeitslos. Von den beiden Befragten, die angegeben haben, aufgrund der Arbeitsstelle des Partners nach Deutschland eingereist zu sein, hat lediglich eine auf die Frage des derzeitigen Erwerbsstatus geantwortet. Für die wirtschaftlichen Motive insgesamt lässt sich somit zeigen, dass die überwiegende Mehrheit in Deutschland einer Beschäftigung nachgeht. Ob es sich hierbei um eine sozialversicherungspflichtige oder eine geringfügige Beschäftigung handelt, wird aus den Antworten meist nicht ersichtlich. Diese Unterscheidung muss in einer quantitativ angelegten Befragung getroffen werden.

Basiert die Einwanderung auf persönlichen Motiven, so ist zu beobachten, dass die Mehrheit der Befragten, die aufgrund des Partners/einer Heirat einreisen, nicht in den Arbeitsmarkt eingegliedert ist. Insgesamt 60% befinden sich in Aus- und Weiterbildung, machen eine Umschulung oder sind arbeitslos/arbeitssuchend. Liegen die privaten oder familiären Gründe hingegen nicht ausschließlich auf Fokus einer Heirat oder eines Nachzuges zum Partner, gehen gut 57% einer Arbeit nach, eine Person befindet sich in Aus- und Weiterbildung und zwei von sieben Personen sind arbeitslos bzw. arbeitssuchend.

Auch die Situation derer, die aufgrund der politischen Lage in ihrem Heimatland nach Deutschland eingereist sind, ergibt kein eindeutiges Bild, stellt sich jedoch kritischer dar als für Personen, die aus persönlichen Gründen eingereist sind. Zwar befinden sich knapp 43% dieser Personen in Arbeit, aber genauso viele sind auch arbeitslos oder arbeitssuchend. Zu den Spätaussiedlern kann aufgrund der sehr geringen Fallzahl von zwei Personen keine Aussage hinsichtlich einer erfolgreichen Eingliederung in den deutschen Arbeitsmarkt getroffen werden.

Tabelle 3.3: Zusammenhang zwischen Einwanderungsmotiv und Erwerbssituation.

	In Arbeit	In Elternzeit	In Aus- und Weiterbildung/ Umschulung	Arbeitslos/ arbeitssuchend	Gesamt
Wirtschaftliche Motive					
• Eigene Motive	4 (66,67%)	1 (16,67%)		1 (16,67%)	6 (18,2%)
• Motive des Partners	1 (100%)				1 (3%)
Persönliche Motive					
• Partner/Heirat	4 (40%)		3 (30%)	3 (30%)	10 (30,3%)
• Sonstige persönliche Motive	4 (57,14%)		1 (14,29%)	2 (28,57%)	7 (21,2%)
Politische Motive	3 (42,86%)		1 (14,29%)	3 (42,86%)	7 (21,2%)
Spätaussiedler	1 (50%)		1 (50%)		2 (6,1%)

Ob sich hinsichtlich der Motive statistisch signifikante Unterschiede im derzeitigen Erwerbsstaus der Befragten ergeben, kann mit der vorliegenden qualitativen Untersuchung nicht analysiert werden. Jedoch lassen die Ergebnisse vermuten, dass sich eine intrinsische wirtschaftliche Motivation zur Einreise positiv auf die Integration in den Arbeitsmarkt auswirkt. Persönliche und politische Motive weisen hingegen kein einheitliches Bild mit Bezug auf den Erwerbsstatus auf.

Die sich daraus ableitenden und zu überprüfenden Hypothesen lauten:

H1: **Das Motiv der Einreise hat einen signifikanten Einfluss auf die Integration in den Arbeitsmarkt.**

H1a: Wirtschaftliche Motive haben einen signifikant positiven Einfluss auf eine erfolgreiche Integration in den Arbeitsmarkt

H1b: Persönliche Motive haben keinen signifikanten Einfluss auf die erfolgreiche Integration in den Arbeitsmarkt

H1c: Politische Motive haben keinen signifikanten Einfluss auf die erfolgreiche Integration in den Arbeitsmarkt

3.2 Sozialisation und Soziale Netzwerke – Auswirkungen auf den Prozess der Anerkennung

Soziales Netz: Familie

Es ist zu vermuten, dass auch die soziale Integration Auswirkungen auf das Verhalten der Migranten am Arbeitsmarkt haben wird. Um die Struktur der sozialen Netzwerke analysieren zu können, wurden die Teilnehmer in einem ersten Schritt gefragt, ob sie alleine oder mit Familienangehörigen nach Deutschland eingereist sind. Der Großteil von 19 Personen (63,3%) gab an, mit mindestens einem Familienmitglied eingereist zu sein. Hierunter fallen der Partner, die eigenen Kinder, Elternteile, Geschwister oder auch entferntere Verwandte. Elf Personen (36,7%) sind ohne Verwandte nach Deutschland gekommen.

Tabelle 3.4 verdeutlicht, ob ein Zusammenhang zwischen dem Einreisegrund und der Tatsache, mit oder ohne Familienangehörige nach Deutschland zu migrieren, besteht. Migranten, die persönliche Gründe der Migration nach Deutschland angeben, sind meist mit Familienangehörigen eingereist (63,2%). Sind hingegen politische Gründe die treibende Kraft, können keine signifikanten Unterschiede hinsichtlich der Einwanderung mit oder ohne Familienangehörige festgestellt werden. Auffällig ist, dass drei Viertel derer, die aus wirtschaftlichen Gründen nach Deutschland kommen, zusammen mit der Familie einreisen und lediglich ein Viertel alleine.

Tabelle 3.4: Einreise nach Deutschland familiärer Hintergrund

Einreisegrund	Einreise nach Deutschland (Mehrfachnennungen möglich)		**Gesamt**
	Alleine	Mit Verwandten	
Persönlich	7 (36,8%)	12 (63,2%)	**19 (52,8%)**
Politisch	3 (42,9%)	4 (57,1%)	**7 (19,4%)**
Wirtschaftlich	2 (25%)	6 (75%)	**8 (22,2%)**
Spätaussiedler	0 (0%)	2 (100%)	**2 (5,6%)**
Nennungen			36

Ein heterogenes Bild ergibt die Analyse der vorhandenen familiären Netzwerke in Deutschland. Insgesamt 14 Migranten gaben an, eigene Verwandte in Deutschland zu haben, wobei zwei Personen anmerkten, dass diese nicht in der näheren Umgebung wohnen. Vier Befragte haben zwar keine eigene Verwandtschaft in Deutschland, wohl aber der Partner und zehn Personen gaben an, gar keine Verwandten in Deutschland zu haben. Unterscheidet man nicht zwischen eigener Verwandtschaft und der des Partners, überwiegt der Anteil der Migranten, die verwandtschaftliche Beziehungen in Deutschland aufweisen können, mit 64,3% deutlich.

Da aus einem zu engen bzw. ausschließlichen Kontakt zur eigenen Ethnie auch Probleme mit Blick auf die Arbeitsmarktintegration resultieren können (vgl. Portes, 1998, S. 15ff.; Esser, 2001, S. 41; Haug, 2010, S. 14), wird nachfolgend der Zusammenhang zwischen dem familiären Netzwerk und dem derzeitigen Erwerbsstatus der Migranten analysiert. Hinweise darauf, wie sich ein (enges) familiäres Netzwerk auf die Integration in den deutschen Arbeitsmarkt auswirkt, liefern die Ergebnisse der Pilotstudie jedoch nicht. Während 43% der Befragten, die eigene Verwandte in Deutschland haben, einer Beschäftigung nachgehen, sind rund 22% von ihnen arbeitslos bzw. arbeitssuchend. Ein fast identisches Bild ergibt sich für Personen, die keine Verwandten in Deutschland haben. Hier liegt der Anteil an Beschäftigungsverhältnissen bei gut 44%, arbeitslos bzw. arbeitssuchend sind ebenfalls 22%. Aufschlussreich könnte die Kontakthäufigkeit zu Verwandten sein, die mit der Pilotbefragung jedoch nicht erhoben wurde.

Die Ergebnisse lassen vermuten, dass die Familie jedoch einen Einfluss auf die Teilnahme an einer Anerkennungsberatung hat. Von den Befragten, die angaben, eigene Familienangehörige in Deutschland zu haben,[9] nahmen lediglich 38,5% an einer Beratung zur Anerkennung des im Ausland erworbenen Berufsabschlusses teil. Migranten ohne familiären Anschluss in Deutschland haben zumindest zu 50% diese Möglichkeit in Anspruch genommen. Ob sich der Verdacht eines eher negativen Zusammenhangs zwischen familiären Netzwerken und der Teilnahme an einer Anerkennungsberatung, die als Integrationswunsch verstanden werden kann, bestätigt, muss in einer anschließenden quantitativen Analyse eruiert werden.

Soziales Netz: Außerhalb der Familie
Eine wichtige Voraussetzung für eine erfolgreiche soziale Integration in das Aufnahmeland ist der Aufbau von Bekanntschaften und Freundschaften mit Einheimischen. Von den insgesamt 30 befragten Migranten gaben insgesamt 15 Personen (50%) an, in ihrer Freizeit ausschließlich oder eher den Kontakt zu Nicht-Deutschen zu suchen. Ob es sich hierbei um die gleiche Ethnie oder eine andere handelt, wurde nicht gefragt. Bei sieben Befragten (23,3%) ist das Verhältnis ausgeglichen und ebenfalls sieben Personen gaben an, ihre Freizeit eher

---

[9] Angehörige, die zu weit weg wohnen, als dass von einem engen Familiennetzwerk gesprochen werden könnte, werden hierbei nicht berücksichtigt. Somit wird in drei Fällen das Vorhandensein der eigenen Familien nicht gewertet.

oder ausschließlich mit Deutschen zu verbringen. Eine Teilnehmerin antwortete, dass sie keinen Freundeskreis hat und in ihrer freien Zeit mit der Familie zusammen ist.

Einen Einfluss auf die Teilnahme an einer Anerkennungsberatung scheint (in der vorliegenden Erhebung) der Freundeskreis nicht zu haben. Von den 15 Personen, die ihre Freizeit überwiegend oder ausschließlich mit Nicht-Deutschen verbringen, nehmen 46,7% eine Beratung in Anspruch und 53,3% nicht. Migranten in einem eher deutschgeprägten Umfeld nehmen zu 57,1% an einer Beratung teil. In beiden Fällen ist das Verhältnis fast ausgeglichen, sodass keine Tendenzen hieraus abgeleitet werden können. Anders sieht es im Falle eines gemischten Umfelds aus. Verbringen die Migranten ihre Freizeit sowohl mit Deutschen als auch mit Personen anderer Ethnien, nehmen über 71% an einer Beratung teil. Berücksichtigt man bei der Analyse des derzeitigen Erwerbsstatus das soziale Netzwerk außerhalb der Familie, so kann vermutet werden, dass dieses einen Einfluss auf die Arbeitsmarktsituation der Migranten hat. Von insgesamt elf Personen, die sich in Arbeit befinden, haben drei (27,3%) in ihrer Freizeit keinen oder kaum Kontakt zu Deutschen. 36,4% hingegen haben einen engen Kontakt und ebenfalls vier Teilnehmer haben zumindest zur Hälfte deutsche Freunde. Dieses Ergebnis deutet darauf hin, dass ein soziales Netzwerk, das auch Mitglieder des Aufnahmelandes beinhaltet, einen positiven Einfluss auf den Erwerbsstatus besitzt. Unterstützt wird diese Vermutung durch die Analyse der Situation der arbeitslos oder arbeitssuchend gemeldeten Personen. 60% von ihnen haben überwiegend keinen Kontakt zu Deutschen und 20% verbringen ihre Freizeit fast ausschließlich mit deutschen Freunden. Vielmehr als das familiäre Netzwerk scheint also der Freundes- und Bekanntenkreis einen Einfluss auf die Integration in den Arbeitsmarkt zu besitzen.

Sprachkenntnisse

Neben den sozialen Netzwerken tragen auch die vorhandenen Sprachkenntnisse wesentlich zu einer erfolgreichen Integration in das Aufnahmeland und das dortige Arbeitsleben bei (vgl. Anger et al., 2010, S. 119f.). Um diese zu analysieren, wurden die Migranten gebeten, eine Einschätzung ihrer Sprachkenntnisse vorzunehmen und zudem gefragt, welche Sprache hauptsächlich im Haushalt gesprochen wird. Wie Tabelle 3.5 entnommen werden kann, ist der Anteil an Familien, in denen überwiegend deutsch gesprochen wird, mit knapp 14% sehr gering. In über 58% der Fälle wird in der Muttersprache kommuniziert (meist haben die Partner die gleiche Herkunft wie die befragten Personen) und immerhin knapp 28% sprechen sowohl Deutsch als auch mindestens eine weitere Sprache in der Familie. Dieses Ergebnis verdeutlicht, dass Deutsch als Familiensprache keinesfalls selbstverständlich ist und entspricht den Ergebnissen einer Analyse der PISA-Studie aus dem Jahr 2003, in der Schüler ebenfalls zu der im Haushalt gesprochenen Sprache befragt wurden (vgl. Stanat & Christensen, 2007, S. 52, 208).

Mit Bezug zum aktuellen Erwerbsstatus kann festgestellt werden, dass von allen Befragten, die in ihrer Familie überwiegend Deutsch sprechen, die Hälfte in Arbeit ist, ein Viertel eine Aus-oder Weiterbildung bzw. Umschulung durchläuft und ein weiteres Viertel derzeit nicht in den Arbeitsmarkt integriert ist. Ein ähnliches Bild ergibt sich bei den Befragten, die neben ihrer Muttersprache auch deutsch im Haushalt sprechen. In diesen Fällen ist die Mehrheit von knapp 63% in Arbeit und ein Viertel arbeitslos bzw. arbeitssuchend. Wird hingegen überwiegend nicht auf Deutsch, sondern in der Muttersprache kommuniziert, sind gut 35% in Arbeit und genauso viele arbeitslos/arbeitssuchend. Wird zumindest zum Teil Deutsch im Haushalt gesprochen, so ist der überwiegende Anteil der Personen in Arbeit (62,5%). Diese Ergebnisse deuten darauf hin, dass ein Zusammenhang zwischen der Familiensprache und dem Erwerbsstatus der Migranten existiert.

Tabelle 3.5: Familiensprache und Erwerbsstatus

	Überwiegend Deutsch	Überwiegend Nicht Deutsch	Teils/Teils	Gesamt
In Arbeit	2 (50%)	6 (35,3%)	5 (62,5%)	13 (44,8%)
Aus- Weiterbildung/ Umschulung	1 (25%)	4 (23,5%)	1 (12,5%)	6 (20,7%)
Arbeitslos/Arbeitssuchend	1 (25%)	6 (35,3%)	2 (25%)	9 (31%)
In Elternzeit	0	1 (5,9%)	0	1 (3,4%)
Gesamt	4 (13,8%)	17 (58,6%)	8 (27,6%)	29

Neben der Familiensprache sollten die Migranten auch ihre eigenen Sprachkompetenzen einschätzen, was ihnen relativ schwer gefallen ist. Die meisten der Befragten beurteilen ihre eigenen Sprachkenntnisse als gut oder mittelmäßig. Insbesondere die deutsche Grammatik wird als sehr schwer empfunden: „*Ich kann sehr viel und verstehe eigentlich alles, aber ich mache sehr viele Grammatikfehler*" (Interview Nr. 19). In der nachfolgenden Tabelle 3.6 sind die Einschätzungen der Befragten hinsichtlich ihrer eigenen Sprachkompetenzen in unterschiedlichen Situationen dargestellt.

Tabelle 3.6: Situationsabhängige Sprachkenntnisse

	gut	mittel	schlecht	Gesamt
Gespräche mit Nachbarn	25 (86,2%)	2 (6,9%)	2 (6,9%)	29
Zeitung lesen	21 (77,8%)	5 (18,5%)	1 (3,7%)	27
Gespräch in Behörden	23 (76,7%)	4 (13,3%)	3 (10%)	30
Formulare ausfüllen	16 (53,3%)	8 (26,7%)	6 (20%)	30
Text schreiben	10 (33,3%)	14 (46,7%)	6 (20%)	30
Kenntnisse insgesamt	11 (37,9%)	16 (55,2%)	2 (6,9%)	29

Während die Fähigkeit, Deutsch in unterschiedlichen Situationen zu sprechen, zum großen Teil als gut eingestuft wird, scheint es im Schriftdeutsch größere Defizite zu geben. Nur noch gut die Hälfte der Befragten gibt an, beim Ausfüllen von Formularen keine größeren Schwierigkeiten zu haben, sechs Personen können dies entweder gar nicht oder sind auf Hilfe angewiesen. Noch schlechter schätzen die Migranten ihre Fähigkeiten beim Formulieren eines deutschen Textes ein. Nur noch ein Drittel gibt an, hiermit keine Probleme zu haben, wohingegen knapp 47% überwindbare Schwierigkeiten nennen und 20% dies gar nicht oder nicht ohne fremde Hilfe können. Diese Ergebnisse stehen im Einklang mit einer Studie von Haug (2008), die ebenfalls Sprachkompetenzen analysiert hat. Sie stellt fest, dass die Migranten besser Deutsch verstehen als sprechen, aber besser sprechen als schreiben. Auch in ihrer Stichprobe gibt nur eine Minderheit von unter 5% an, dass sie lediglich schlechte oder gar keine mündlichen Deutschkenntnisse haben (vgl. Haug, 2008, S. 23). Die Analyse der Sprache im Haushalt hat gezeigt, dass mehrheitlich in der Muttersprache und nicht auf Deutsch kommuniziert wird. Teilweise finden auch beide Sprachen in der Familie Verwendung. Einen Einfluss auf die Fähigkeit, sich im Alltag in Deutschland zurechtzufinden, scheint die Haushaltssprache jedoch nicht zu haben (vgl. auch Haug, 2008, S. 45).

Aus den gewonnenen Erkenntnissen zur Sozialisation und den sozialen Netzwerken lassen sich die folgenden zu überprüfenden Hypothesen ableiten:

H2: Soziale Netzwerke innerhalb und außerhalb der Familie haben einen Einfluss auf die Integration in den Arbeitsmarkt

H2a: Starke familiäre Netzwerke haben keinen Einfluss auf die Integration in den Arbeitsmarkt.
H2b: Starke familiäre Netzwerke haben einen signifikant negativen Einfluss auf die Teilnahme an einer Anerkennungsberatung.
H2c: Der Freundes- und Bekanntenkreis hat keinen Einfluss auf die Teilnahme an einer Anerkennungsberatung.
H2d: Ein dauerhaftes soziales Netzwerk ohne Einheimische hat signifikant negative Auswirkungen auf die Integration in den Arbeitsmarkt
H2e: Wird im Haushalt nicht in der Sprache des Einwanderungslandes gesprochen (zumindest teilweise), hat dies signifikant negative Auswirkungen auf die Integration in den Arbeitsmarkt.
H2f: Wird im Haushalt nicht in der Sprache des Einwanderungslandes gesprochen (zumindest teilweise), hat dies keine negativen Auswirkungen auf die Fähigkeit, sich im Alltag zurechtzufinden.
H2g: Gute Deutschkenntnisse wirken sich positiv auf die Anerkennung der ausländischen Berufs- und Bildungsabschlüsse aus.

3.3 Die Anerkennungsberatung in Deutschland – Erfahrungen von Migranten

Die Beratung zur Anerkennung ausländischer Bildungsabschlüsse soll für Migranten eine erste Anlaufstelle zur Informationsgewinnung darstellen. Da die meisten der Befragten über die Beratungsstellen der Wohlfahrtsverbände, der Bildungsberatung Garantiefonds Hochschule oder das IQ-Netzwerke gewonnen werden konnten, ist davon auszugehen, dass sie über die Anerkennungsverfahren informiert sind. Die Interviews bestätigen, dass fast alle Migranten von der Möglichkeit der Anerkennungsberatung wussten. Lediglich zwei der Interviewten hatten (bis vor Kurzem) keine Kenntnis hierüber.

Tabelle 3.7 ist zu entnehmen, dass die meisten der Befragten von den Möglichkeiten einer Prüfung ausländischer Abschlüsse über Verwandte, Freunde oder Bekannte erfahren haben, gefolgt von der eigenen Recherche im Internet. Lediglich 12,5% der Befragten wurden durch die regionalen Arbeitsagenturen bzw. das Jobcenter und 6,2% durch Wohlfahrtsverbände (z.B. Arbeiterwohlfahrt (AWO), Diakonisches Werk, Caritasverband, Deutscher Paritätischer Wohlfahrtsverband, Deutsches Rotes Kreuz (DRK) und Zentralwohlfahrtsverband der Juden in Deutschland) über die Beratungsmöglichkeiten informiert. Drei der Befragten wurden in Sprachschulungen auf die Beratung hingewiesen und fünf Personen konnten sich nicht mehr daran erinnern, von wem sie diese Informationen erhalten hatten.

Tabelle 3.7: Informationskanäle zur Anerkennungsberatung

Von wem haben Sie über die Beratungsmöglichkeit erfahren?	Nennungen (Mehrfachantwort möglich)
Familie/Freunde/Bekannte	13 (40,6%)
Agentur für Arbeit	4 (12,5%)
Wohlfahrtsverbände	2 (6,3%)
Lehrkräfte	3 (9,4%)
Internet	5 (15,6%)
Das weiß ich nicht mehr	5 (15,6%)
Anzahl der Nennungen	**32**
Anzahl der Befragten	**27**

Die Ergebnisse zeigen, dass die Migranten – vor allem aufgrund ihrer sozialen Netzwerke – sehr gut über die Möglichkeiten einer Anerkennungsberatung in Deutschland informiert sind. Dennoch muss konstatiert werden, dass 14 Personen (46,7%) eine professionelle Beratung entweder gar nicht oder nicht vor der Antragstellung auf Anerkennung in Anspruch genommen haben. Die Gründe hierfür sind vielfältig. Zwei der Befragten gaben an, dass sie die Informationen von Bekannten erfahren und den Antrag daraufhin eigenständig gestellt haben. Eine Person fühlte sich aufgrund ihrer sprachlichen Kompetenzen nicht in der Lage, an einer solchen Beratung teilzunehmen. Drei Migranten berichten von Problemen mit den regionalen Arbeitsagenturen. Eine Interviewte berichtet in diesem Zusammenhang, dass sie bei der Arbeitsagentur angefragt hätte, ihr aber nicht weitergeholfen wurde, da sie derzeit einer Tätigkeit in einer Fabrik nachgeht: *„Die haben gesagt, solange ich einen Job habe, können die nichts für mich machen"* (Interview Nr. 17). Diese Aussage ist insofern bedenklich, als dass die Person unterhalb ihrer eigentlichen Qualifikation beschäftigt ist und somit die Allokation sowohl aus persönlicher als auch aus volkswirtschaftlicher Perspektive nicht optimal ist. Eine andere Befragte hatte im Vorfeld keine Kenntnis über die Anerkennungsberatung und erzählt im Interview, dass ihr bei der für sie zuständigen Arbeitsagentur gesagt wurde, dass sie „*als Putzfrau oder Verkäuferin arbeiten kann*" (Interview Nr. 30). Eine weitere Teilnehmerin erwähnt ebenfalls negative Erfahrungen: „*War mal beim Arbeitsamt, ich habe einen 1-Euro-Job beim Möbelhaus bekommen, mehr nicht. Ich habe verstanden, wir waren nicht wichtig*" (Interview Nr. 8). Neben der Verschwendung von Humankapital trägt eine solch gefühlte Diskriminierung oder Geringschätzung auch zu einer schlechteren Integration der Personen in das Aufnahmeland bei.

Die Erfahrungen der Migranten, die eine Beratung zur Anerkennung in Anspruch genommen haben, zeichnen insgesamt ein positiveres Bild. Von diesen 16 Personen haben jeweils zwei angegeben, bei der Agentur für Arbeit bzw. der ZAV beraten worden zu sein, sieben Migranten waren bei den Migrationsberatungsstellen der Wohlfahrtsverbände und fünf Personen bei Sozialverbänden wie dem IQ-Netzwerk, dem Ikubiz und der Otto-Benecke-Stiftung. Ein großer Teil der Beratungsgespräche wurde hierbei persönlich in den Einrichtungen geführt und vereinzelt fanden auch (zusätzlich) telefonische Beratungsgespräche statt. Aus den Interviews wird deutlich, dass sich die Befragten bei den Sozial- und Wohlfahrtsverbänden „verstandener" fühlen. Diese brachten den Ratsuchenden – nach deren Empfinden – mehr Empathie, Einfühlungsvermögen und Verständnis entgegen. So erzählt eine Befragte: „*Bei der Arbeitsagentur war es sehr nett, aber die Beraterin war realistisch. Wegen meiner Situation nur morgens arbeiten zu können, hat sie mir keine Hoffnung gemacht. Sie hat das Profil ins System gestellt, dann habe ich nix mehr gehört. Bei der AWO war es herzlicher und persönlicher, die hat sich mehr bemüht*" (Interview Nr. 3). Auch eine weitere Migrantin äußert sich sehr kritisch über die Behandlung bei der Agentur: „*Sehr schwach, es hat mir nicht geholfen. Sehr unfreundlich, wir sind frisch umgezogen, die haben uns bei dem Ausfüllen der Papiere nicht geholfen*" (Interview Nr. 8). Diese Erfahrungen stehen im Einklang mit der Aussage eines Beraters der Zentralen Auslands- und Fachvermittlung (ZAV) der Bundesagentur für Arbeit, dass es sich bei der Beratungsleistung weniger um eine echte Anerkennungsberatung, sondern eher um eine Verweisberatung handelt.[10] Zudem stellt sich die Frage, ob die Mitarbeiter und Mitarbeiterinnen der Arbeitsagenturen die notwendigen Fachkompetenzen mit Blick auf das Anerkennungsverfahren besitzen. Laut Aussage einer weiteren Beraterin der ZAV hat ihre Beratung eher eine Lotsenfunktion, um hilfesuchende Migranten an die richtigen Stellen zu navigieren.[11] Wünschenswert wäre jedoch eine „Beratung aus einer Hand".

Positiv zu beurteilen ist, dass das Gros der Befragten die Beratung als hilfreich für die eigene Situation empfunden hat. Vor allem der bessere Informationsstand über das Bildungssystem und das Anerkennungsverfahren in Deutschland, aber auch ein verbessertes Selbstvertrauen, um die nächsten Schritte hinsichtlich der Anerkennung und der Suche nach einer

---

[10] Diese Erkenntnisse sind einer Bachelorarbeit zur Anerkennungsberatung ausländischer Bildungsabschlüsse innerhalb der Strukturen der ZAV aus dem Jahr 2012 entnommen.
[11] Vgl. Bachelorarbeit zur Anerkennungsberatung ausländischer Bildungsabschlüsse innerhalb der Strukturen der ZAV (2012).

geeigneten Arbeitsstelle einzuleiten, wurden als sehr positiv empfunden. Eine Befragte fühlte sich überfordert und äußerte den Wunsch nach mehr Orientierung: *„Ich hätte mir eine klarere Übersicht gewünscht. Es werden viele Papiere verlangt, das kostet alles viel Geld und Zeit. Mir wurde die Anerkennung als Grundschullehrerin bis hin zu Sozialpädagogin vorgeschlagen, das ist mir alles zu viel und zu kompliziert"* (Interview Nr. 23).

Insgesamt deuten die Ergebnisse darauf hin, dass sich die Dauer zwischen der Einreise und der Antragstellung auf Anerkennung des ausländischen Berufsabschlusses verkürzt, wenn zuvor eine Anerkennungsberatung stattgefunden hat. Die durchschnittliche Dauer beträgt im Falle einer vorherigen Beratung 41,6 Monate und ohne Beratung 52,5 Monate. Durch die Beratung erfolgt die Antragstellung somit im Durchschnitt 11 Monate früher.

Ob die Anerkennungsberatung einen positiven Einfluss auf das Ergebnis des Anerkennungsverfahrens hat, ist den Daten nicht zu entnehmen. Sowohl die Anzahl der Vollanerkennungen als auch die der Ablehnungen des Antrages liegen bei einer zuvor erfolgten Beratung bei je vier Fällen. Auch im Falle keiner Anerkennungsberatung ist die Quote mit je zwei Befragten zwischen voller Anerkennung und negativem Bescheid ausgeglichen. Ein ähnliches Bild ergibt sich für den Zusammenhang zwischen der Anerkennungsberatung und der Integration in den Arbeitsmarkt. Während von den insgesamt 16 Migranten, die an einer Anerkennungsberatung teilgenommen haben, sechs in Arbeit sind, sind sieben arbeitslos. Eine Migrantin befand sich zur Zeit der Befragung in Elternzeit und zwei Teilnehmer nahmen an einer Weiterbildung/Ausbildung teil. Auf einen positiven Einfluss der Beratung auf die Arbeitsmarktintegration kann somit nicht geschlossen werden.

Aus den Erkenntnissen der Pilotstudie können für den Bereich der Anerkennungsberatung die folgenden Hypothesen abgeleitet werden:

H3:   Die Anerkennungsberatung hat einen positiven Einfluss auf das Anerkennungsverfahren

H3a: Die Anerkennungsberatung außerhalb der Agentur für Arbeit wird positiver wahrgenommen als die Beratung bei der Agentur für Arbeit.

H3b: Eine Erstberatung zur Anerkennung im Ausland erworbener Bildungs- und Berufsabschlüsse verkürzt die Dauer zwischen Einreise und Antragstellung auf Anerkennung.

H3c: Eine Anerkennungsberatung erhöht die Wahrscheinlichkeit, einen geeigneten Referenzberuf zu ermitteln.

H3d: Die Ermittlung eines geeigneten Referenzberufs erhöht die Wahrscheinlichkeit einer (Teil-) Anerkennung der ausländischen Qualifikationen.

3.4 Das Anerkennungsverfahren – Bisherige Durchlässigkeit

Inhaber ausländischer Bildungsabschlüsse können durch ein Anerkennungsverfahren einen Platz im deutschen Qualifikationssystem finden und im Rahmen einer Teilanerkennung berufsspezifische Weiterbildungen absolvieren. Allerdings sind diese Wege in den deutschen Arbeitsmarkt aufgrund gesetzlicher Lücken nicht für alle Zuwanderungsgruppen gleich gut nutzbar. Die Frage der Zugänglichkeit von Anerkennungsverfahren stellt daher einen wichtigen Standard im Vergleich der Bundesländer dar. Um solch potenzielle, systemimmanente Schwächen des Anerkennungsverfahrens in Deutschland identifizieren zu können, wurden die Migranten zu ihren Erfahrungen hinsichtlich dieses Verfahrens befragt. Ziel ist, Verbesserungspotenziale aufzuzeigen und die Effizenz des Verfahrens zu steigern (vgl. Englmann, 2009, S. 20).

Von den insgesamt 30 Befragten hatten zum Zeitpunkt der Interviews nur vier Migranten (noch) keinen Antrag auf Anerkennung ihres Abschlusses gestellt. Allerdings muss festgestellt werden, dass die Dauer zwischen der Einreise in das Aufnahmeland und der Erstantragsstellung eine sehr hohe Spannweite aufweist. Da mit zunehmender Dauer die Chancen auf einen Einstieg in den erlernten Beruf sinken und zudem ein Humankapitalverlust stattfindet, sollte dieser Zeitraum so kurz wie möglich sein. Im Durchschnitt vergehen bei der vorliegenden Stichprobe zwischen Einreise und Antragstellung auf Anerkennung der im Ausland erworbenen Qualifikationen vier Jahre.[12] Die Spanne reicht hierbei von einem bis 173 Monaten (14 Jahre 5 Monate). Abbildung 3.3 ist zu entnehmen, dass lediglich vier Migranten (18,2%) innerhalb eines Jahres nach der Einreise nach Deutschland einen Antrag auf Anerkennung ihrer im Ausland erworbenen Qualifikationen gestellt haben. 36,4% der Befragten benötigen hierfür sogar zwischen fünf und zehn Jahren.

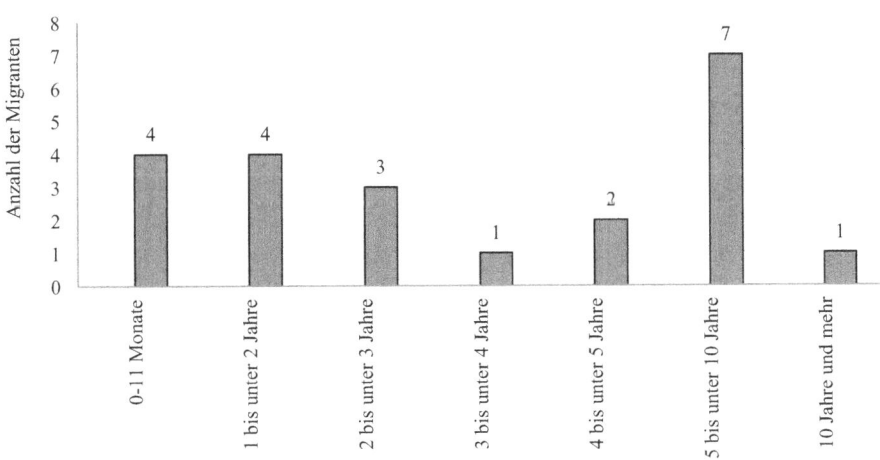

Abbildung 3.3: Dauer zwischen Einreise und Antragstellung (n=22).

---

[12] Da sich einige Teilnehmer nur noch an das Jahr der Antragstellung, nicht jedoch an den Monat erinnerten, wurde in diesen Fällen die Jahresmitte als Zeitpunkt der Antragstellung angenommen.

Bedenkt man, dass es mit zunehmender Dauer immer schwieriger wird, in den vormals erlernten Beruf eingegliedert zu werden, ist dieses Ergebnis mit Blick auf die Nutzung des vorhandenen Humankapitals als alarmierend zu bezeichnen. Eine mögliche Erklärung der teilweise sehr langen Zeiträume könnte in den Familienphasen der meist weiblichen Studienteilnehmer liegen.

Neben einer späten Antragstellung der betroffenen Person kann es zusätzlich zu Verzögerungen im Verfahren der Anerkennung kommen. Daher wurden die Teilnehmer gefragt, wie lange das Anerkennungsverfahren in ihrem Fall gedauert hat. Die Ergebnisse fallen hierbei sehr unterschiedlich aus. Während eine Lehrerin innerhalb von 2 Wochen eine Bewertung ihres Abschlusses von der zuständigen Behörde erhielt, musste eine andere Befragte insgesamt 3 Jahre auf die endgültige Anerkennung ihres ausländischen Abschlusses warten. Insgesamt konnten 16 Personen Angaben zur Dauer des Anerkennungsverfahrens machen. Durchschnittlich dauert dieses knapp sechs Monate, also doppelt so lange, wie es die neue Gesetzgebung vorschreibt.[13] Es ist daher in diesem Bereich mit einer strukturellen Verbesserung durch das BQFG zu rechnen.

Ebenso wie im Rahmen der Anerkennungsberatung wurden die Migranten auch zu ihren Erfahrungen mit dem Anerkennungsverfahren befragt. Diese fielen hierbei sehr unterschiedlich aus. Neun der Befragten haben das Verfahren als negativ wahrgenommen. So erzählte eine Befragte beispielsweise, dass es zwar nicht schwierig sei, die entsprechenden Personen ausfindig zu machen, es dann aber an Informationen und der Kooperationsbereitschaft seitens der Behörden mangelt: *„Da fehlt ein bisschen Hilfe, ein bisschen Beratung, da kommt gar nichts. [...] Es wird nicht nach einem Weg oder einer Möglichkeit gesucht. Es gibt immer ein Weg, um an ein Ziel zu kommen. Man hört dann aber immer: `Das ist so und wenn das nicht gegeben ist, dann nein'"* (Interview Nr. 10). Andere Befragte haben indes positive Erfahrungen mit den Anerkennungsstellen gemacht und fühlten sich gut informiert.

Es ist jedoch zu beachten, dass bei der Frage nicht zwischen den Erfahrungen mit dem Verfahren an sich und dem Umgang der Stelle mit den Antragstellern unterschieden wurde. Zudem fanden die Kontakte in den meisten Fällen ausschließlich schriftlich statt und es ist davon auszugehen, dass ein positiver Anerkennungsbescheid tendenziell zu positiveren Antworten führt als ein negativer. Dennoch können die gefühlten Erlebnisse wertvolle Hinweise auf Verbesserungspotenziale bei den staatlichen Stellen liefern. So beschreibt eine Interviewte beispielhaft: *„Ich hätte mir eine genauere oder detailliertere Antwort gewünscht, ich hatte eine ungenaue Beschreibung meiner Anerkennung erhalten und verschiedene Menschen konnten nicht genau bestimmen, was ich denn nachholen muss"* (Interview Nr. 13). Diese Aussage deutet auf Kommunikations- und Informationsprobleme hin, die mit Blick auf eine optimale Allokation und Humankapitalverwertung behoben werden müssen. Die Analyse der sprachlichen Verständlichkeit der Anerkennungsstelle bestätigt die Vermutung der Kommunikationsprobleme. Insgesamt acht Personen (von 22 verwertbaren Aussagen)

---

[13] In der Pilotstudie wurde jedoch nicht berücksichtigt, wie viel Zeit für die Nachforderung von nicht vorliegende Unterlagen notwendig war. In vielen Fällen sind die Anerkennungsverfahren sehr komplex, es müssen vielfältige Originalunterlagen sowie z.T. auch beglaubigte Übersetzungen vorgelegt werden.

haben das Ergebnis des Antrages nicht oder nur durch die Unterstützung anderer verstanden. So schreibt eine Befragte beispielsweise: *„Nein, es war in dem Schreiben nicht klar formuliert, was ich nachholen soll"* (Interview Nr. 26).

Wichtig für die Integration in den deutschen Arbeitsmarkt ist die Anerkennung des im Ausland erworbenen Bildungs- bzw. Berufsabschlusses. In Tabelle 3.8 ist die Verteilung der vollständig, teilweise bzw. nicht anerkannten Berufsabschlüsse zusammenfassend dargestellt.

Tabelle 3.8: Anzahl anerkannter Berufsabschlüsse

Anerkennung des ausländischen Berufsabschlusses	Anzahl (%)
Teilweise anerkannt	10 (40%)
Nicht anerkannt	6 (24%)
Voll anerkannt	6 (24%)
Anerkennungsverfahren noch nicht abgeschlossen	1 (4%)
Keine Angaben	2 (8%)
Anzahl der Beobachtungen	**25**

Während zehn Abschlüsse nur teilweise und sechs gar nicht anerkannt wurden, ist der Anteil an voll anerkannten Abschlüssen mit 24% relativ gering. Sofern ein Abschluss nicht oder nicht vollständig anerkannt wird, sollten die betroffenen Personen darüber informiert werden, inwiefern sie eine Vollanerkennung erreichen können. Von den insgesamt 16 Personen, die angaben, keine oder eine Teilanerkennung ihres Abschlusses erhalten zu haben, erhielt lediglich die Hälfte die notwendigen Informationen zur Nachqualifizierung. Hierbei wurden teilweise konkrete Bildungseinrichtungen und Weiterbildungsgänge genannt, aber auch Aussagen getätigt, dass nur der Besuch einer Universität in Deutschland zu dem anerkannten Abschluss führt. Um eine optimale Allokation gewährleisten zu können, ist es notwendig, die Antragstellenden mit den notwendigen Informationen zu Nach- und Weiterqualifizierungsmöglichkeiten zu versorgen. Trotz vorhandener Informationen zur Nachqualifizierung nehmen jedoch nicht alle Befragten an einer solchen teil. Die Gründe sind meist finanzieller Natur oder die Nachqualifizierungseinrichtungen sind zu weit vom Wohnort entfernt, sodass eine solche mit den familiären Pflichten nicht zu vereinbaren wäre. In diesem Fall wäre eine Möglichkeit, das Kursangebot – soweit möglich – online und somit ortsunabhängig zu gestalten.

Im Fokus des Anerkennungsverfahrens steht die formale Anerkennung des ausländischen Abschlusses und somit die berufliche Integration von Migranten in den deutschen Arbeitsmarkt. Dieser ist durch ein stark strukturiertes Bildungssystem gekennzeichnet, das den formalen Bildungsabschluss als essentielle Voraussetzung zum Zugang zu einer spezifischen Berufstätigkeit oder einer höhergestellten Aus- und Weiterbildung bedingt. Liegt ein solch geforderter Abschluss nicht vor, wird der Zugang meist nicht gewährt und der Bewerber im Auswahlverfahren – auch bei Vorliegen anderer Qualifikationen – nicht mehr berücksichtigt. Daher spielt für Migranten der formal vollständig anerkannte Abschluss eine entscheidende Rolle bei der Suche nach einem Arbeitsplatz in Deutschland. Dennoch zeigen die Ergebnisse der Befragung, dass auch eine vollständige Anerkennung des im Ausland erworbenen Berufsabschlusses keine Garantie für eine qualifikationsgerechte Integration in den Arbeitsmarkt darstellt. Von den sechs Befragten, deren Abschlüsse vollständig anerkannt wurden, sind derzeit drei Personen in Arbeit, arbeiten jedoch nicht in ihrem eigentlichen Beruf: Zwei der Befragten sichern sich ihr Einkommen mit gelegentlichen Jobs und eine Migrantin hat sich selbstständig gemacht und arbeitet noch am ehesten in ihrem früheren Beruf.[14]

Aus den gewonnenen Erkenntnissen lassen sich die folgenden Hypothesen ableiten:

H4: Das Verfahren der Anerkennung im Ausland erworbener Bildungsabschlüsse wird auch durch die Verhaltensweisen und Kompetenzen der Antragsteller beeinflusst.

H4a: Je geringer die Zeitspanne zwischen Einreise und Antragstellung, umso größer ist die Wahrscheinlichkeit einer (Teil-)Anerkennung der im Ausland erworbenen Qualifikationen.

H4b: Die volle Anerkennung des ausländischen Berufsabschlusses ist keine Garantie für eine qualifikationsgerechte Integration in den deutschen Arbeitsmarkt.

4 Implikationen der Pilotstudie

4.1 Verbesserungspotenziale der Anerkennungsberatung

Die Teilnehmer der Pilotbefragung stammen aus insgesamt 19 unterschiedlichen Ländern, was zum einen hohe Anforderungen an die interkulturellen Kompetenzen der Beratungsfachkräfte stellt, aber auch ein umfassendes Wissen über die verschiedenen Bildungssysteme bedingt. Ohne diese Kenntnisse können Anpassungsqualifizierungen nicht problemadäquat konzipiert und durchgeführt werden. Auch die bisherige Aufenthaltsdauer der Migranten zeichnet ein sehr heterogenes Bild. Während eine der befragten Personen bereits 1986 nach Deutschland eingewandert ist, fand die jüngste Migration im Jahr 2010 statt. Somit ist neben den spezifischen Gegebenheiten des Heimatlandes auch das Stadium des Integrationsprozesses bei der Beratung zu berücksichtigen (vgl. Nestmann & Niepel, 1993, S. 37f.). Die Berater müssen den individuellen Unterstützungsbedarf erkennen und ihre Beratung dahingehend ausrichten. Hierbei ist es wichtig, sich der persönlichen Lebensgeschichte des Migranten anzunehmen und dessen Erfahrungen im Integrationsprozess zu berücksichtigen.

---

[14] Von den restlichen drei Migranten, deren Abschluss vollständig anerkannt wurde, ist eine Person arbeitslos, eine in Elternzeit und eine Befragte nimmt an einer Aus- und Weiterbildung teil.

Ebenso müssen negative Erfahrungen, beispielsweise mit Behörden oder der Suche nach einer geeigneten Tätigkeit, thematisiert werden, damit etwaige Störungen den weiteren Entwicklungsprozess nicht zu stark beeinflussen.

Ein sehr persönlicher Faktor ist das Motiv der Integration (vgl. Abschnitt 3.1), der mit Ängsten auf Seiten der Befragten (z.B. die Angst, nicht willkommen zu sein, nicht respektiert bzw. ernstgenommen zu werden) und möglichen Stereotypen oder diskriminierenden Sichtweisen in der Aufnahmegesellschaft (z.B. arbeitsscheu, kriminell oder eine starke Religiosität) verbunden sein kann. Die unterschiedlichen Beweggründe, nach Deutschland einzureisen und hier zu leben, aber auch die persönliche Situation spielen bei der beruflichen Integration eine wichtige Rolle. Für die Berater bedeutet dies, neben der Ermittlung der formalen und informellen Fähigkeiten auch die Migrationshistorie und die aktuelle Lebenssituation des Migranten im Integrationsprozess zu berücksichtigen.

Die Analysen zum derzeitigen Erwerbsstatus der Befragten verdeutlichen, dass sich die Mehrheit in prekären Beschäftigungsverhältnissen befindet. Zum Teil kann dies sicherlich durch die familiäre Historie (Einreise, Heirat, Kindererziehung) erklärt werden. Dennoch darf nicht außer Acht gelassen werden, dass es sich bei den Befragten zum überwiegenden Teil um hochqualifizierte Personen mit einem im Ausland abgeschlossenen Studium handelt, die in Deutschland weit unter ihren Qualifikationen arbeiten. Als Beispiele seien Pädagogen, die sich mit Gelegenheitsarbeiten oder Nachhilfeunterricht ihren Lebensunterhalt sichern, zwei Betriebswirtinnen in Aus- und Weiterbildung, zwei arbeitslose Psychologinnen sowie eine Krankenschwester und ein Krankenpfleger in Ausbildung genannt. Aber auch Anpassungsleistungen, Sprachbarrieren sowie Unsicherheit aufgrund fehlender Kenntnisse über das deutsche Berufs- und Bildungssystem bzw. über die Anforderungen und Regelungen, die in den jeweiligen beruflichen Bereichen gelten, können Integrationshemmnisse darstellen. Zusätzliche – aber vermeidbare – Irritationen entstehen aufgrund uneinheitlicher Anforderungen und Regelungen innerhalb Deutschlands. Auch finanzielle Schwierigkeiten können sich einschränkend auf die berufliche Integration auswirken, wenn Sprach- oder Weiterbildungskurse unerschwinglich sind.

Die Erfahrungen der Befragten haben gezeigt, dass in einigen Beratungsgesprächen bei der Agentur für Arbeit und im Job Center nicht auf das „Empowerment" der Migranten geachtet wurde. Sie sprechen von Entmutigung, eine ihrer Qualifikation entsprechende Arbeitsstelle zu suchen, da ihre Sprachkenntnisse nicht ausreichend, sie zu alt oder alleinerziehend seien. Aber gerade interkulturelle Kompetenzen und Mehrsprachigkeit können für den Sozial- und Gesundheitssektor sehr wertvoll sein. Mit Blick auf eine adäquate Integration in den deutschen Arbeitsmarkt ist daher eine kultursensible Beratung in den Agenturen und Jobcentern unabdingbar (vgl. Bundesregierung, 2011, S. 112). Neben den interkulturellen Vermittlungskompetenzen müssen die Berater zudem ausreichende Informationen über die anzuerkennenden Referenzberufe und die zuständigen Anerkennungsstellen verfügen. Englmann (2009, S. 23) weist darauf hin, dass es in Deutschland sehr viele dieser Stellen gibt und es oftmals schwierig sei, die richtige zu finden, was sich negativ auf die Effizienz der Beratungsleistung auswirkt. Sie nennt zudem „differenziertes und verständliches Informationsmaterial" der Anerkennungsstellen einen einzuhaltenden Standard (vgl. Englmann, 2009, S. 23). Die Ergebnisse der Pilotstudie zeigen, dass es aus Sicht der Befragten hilfreich wäre, Informationen bzgl. einer Übernahme der Kosten für das Anerkennungsverfahren, eventuelle Nachqualifizierungs- oder Weiterbildungsmaßnahmen – unabhängig von der beratenden Institution (Arbeitsagentur oder Job Center) – zu erhalten. Nach Aussagen der Interviewpartnerinnen werden solche Informationen bei der Beratung durch die Agentur für Arbeit bzw. das Job Center oft nicht genannt, sodass die Befragten aufgrund finanzieller Engpässe eine Antragsstellung verschieben. Aus gesamtwirtschaftlicher Perspektive lohnen sich diese individuellen Aufwendungen, da sich die betroffenen Personen durch die Beratung sicherer fühlen und vermutlich zügiger (in dieser Pilotstudie im Durchschnitt 11 Monate) einen Antrag auf Anerkennung ihres ausländischen Berufsabschlusses stellen.

4.2 Verbesserungspotenziale der institutionellen Rahmenbedingungen im Anerkennungsverfahren

Neben einer recht langen Dauer des Anerkennungsverfahrens, die bei den Befragten zwischen zwei Monaten und drei Jahren betrug, wurden Kommunikationsschwierigkeiten bzw. Verständnisprobleme und zu wenig Informationen als Schwachpunkte genannt. Englmann (2009) weist zudem darauf hin, dass sich Bescheide für die Anerkennung gleicher Berufe, die von unterschiedlichen Stellen ausgestellt werden, zum Teil erheblich voneinander unterscheiden. „Allerdings sind Migranten und die Wirtschaft darauf angewiesen, dass die Bescheide aussagekräftig und verständlich sind" (Englmann, 2009, S. 24).

Ein weiterer kritischer Punkt ist das Fehlen bedarfsgerechter Nachqualifizierungsmöglichkeiten. So berichtet eine Beraterin von einem Fall, in dem die Antragsstellerin, eine Ärztin aus Afghanistan, große Schwierigkeiten mit der Bezirksregierung hatte. Diese stellte ihr keine Bescheinigung aus, die für das Antreten eines Praktikums/einer Fortbildungsmaßnahme notwendig gewesen wäre, da sie noch keine Anerkennung ihres Abschlusses erhalten hatte. Ohne diese Fortbildungsmaßnahme wäre die Anerkennung jedoch nicht möglich. Gelöst wurde das Problem durch die Initiative der Betroffenen, die letztlich den Weg zum Rechtsanwalt suchte und die Fortbildungsmaßnahme nun antreten konnte. Nicht nur aus individueller, sondern auch aus gesamtwirtschaftlicher Sicht und angesichts des in Deutschland herrschenden Ärzte- und Fachkräftebedarfs, sind solche Verfahrensweisen als äußerst kritisch zu betrachten. Um eine effiziente und gleichberechtigte Integration in den Arbeitsmarkt zu gewährleisten, müssen bei Nichterreichen der beruflichen Standards des deutschen Referenzberufes adäquate Anpassungsmaßnahmen verfügbar sein (vgl. Thränhardt, 2010, S. 21).

Die reine Verfügbarkeit solcher Maßnahmen ist – gerade im Sozial- und Gesundheitssektor, in dem überwiegend Frauen tätig sind – jedoch nicht immer ausreichend. Die starke Familienorientierung der Befragten verdeutlicht, dass nicht nur Beschäftigungsverhältnisse, sondern auch Anpassungsmaßnahmen flexibilisiert werden müssen. Hierbei spielen sowohl die örtliche als auch die zeitliche Perspektive eine wichtige Rolle. Im Idealfall können die Maßnahmen wohnortsnah und in Teilzeit ausgeübt werden. Ebenso kann über den Einsatz neuer Lehr- und Lernformen wie dem „blended learning", Wissen orts- und zeitunabhängig vermittelt werden.

5 Chancen durch das neue Anerkennungsgesetz

Anerkennung auf Bundesebene

Mit dem Ziel, die Arbeitsmarktintegration von Menschen mit im Ausland erworbenen Berufsabschlüssen zu verbessern (vgl. Bundesregierung, 2011, S. 109), hat die Bundesregierung das Berufsqualifikationsfeststellungsgesetz (BQFG), das zum 01. April 2012 in Kraft getreten ist, beschlossen. Mit Inkrafttreten des BQFG besteht bei den durch Bundesgesetz geregelten nicht-reglementierten Berufen (Ausbildungsberufe des dualen Systems) ein allgemeiner Anspruch auf ein Verfahren zur Bewertung der mitgebrachten Qualifikationen.[15] „Um Verfahrenstransparenz herzustellen, sind im Gesetz einheitliche Bewertungsmaßstäbe für die Feststellung der Gleichwertigkeit, eine gesetzliche Verfahrensfrist, die Ausgestaltung der Bewertungen als Verwaltungsakte und die Möglichkeit zur Bündelung von Aufgaben der zuständigen Stellen vorgesehen" (Bundesregierung, 2011, S. 110). Durch dieses Gesetz können alle Personen, die ihren Berufsabschluss im Ausland erworben haben, unabhängig von ihrem Herkunftsland[16] ihren Abschluss auf Gleichwertigkeit mit einem deutschen Referenzberuf prüfen lassen. Unter dem Kriterium der „Gleichwertigkeit" ist das Fehlen wesentlicher Unterschiede zwischen dem anzuerkennenden deutschen Referenzberuf und den im Ausland erworbenen Qualifikationen zu verstehen (§ 4 Abs. 2 BQFG). Durch das BQFG hat sich auch der Rechtsanspruch für reglementierte Berufe erweitert. Ausschlaggebend ist seit dem 1. April 2012 nicht mehr die Staatsangehörigkeit bzw. Herkunft, sondern die Qualifikation des Antragstellers. Voraussetzung für die Antragstellung ist jedoch eine abgeschlossene Berufsausbildung (vgl. Maier & Rupprecht, 2011, S. 203). Werden wesentliche Unterschiede festgestellt, können diese durch Anpassungsqualifizierungen ausgeglichen werden (§ 11 Abs. 1 BQFG). Zudem sind die bisherige Berufserfahrung des Betroffenen sowie alternative Befähigungsnachweise (Eignungstests) zu berücksichtigen (§ 11 Abs. 2 BQFG). Maier und Rupprecht (2011, S. 205) betonen, dass mit dem Anerkennungsgesetz eine „grundlegende Verbesserung in der Bewertungspraxis in Deutschland" einhergeht und die Qualifikationen von Einwanderern mit ausländischem Bildungsabschluss wertgeschätzt werden. Diese gefühlte und gelebte Wertschätzung kann sich zudem positiv auf die Attraktivität Deutschlands als Zuwanderungsland auswirken (vgl. Englmann, 2009, S. 21).

---

[15] Ähnliche Regelungen sieht das Gesetz auch bei den durch Bundesrecht geregelten reglementierten Berufen vor.
[16] „Einen Anspruch auf Anerkennung von Prüfungen und Befähigungsnachweisen gab es bisher nur in §10 Bundesvertriebenengesetz für Spätaussiedler" (Maier & Rupprecht, 2011, S. 202).

Zu vermuten ist, dass sich durch die im BQFG festgelegte maximale Verfahrensdauer von drei Monaten (§ 6 Abs. 3 BQFG) – unter der Voraussetzung des Vorliegens aller relevanten Unterlagen – das Verfahren der Anerkennung beschleunigen wird. Kritisch anzumerken ist, dass mit diesem Gesetz kein Verfahrensanspruch auf eine Anerkennungsberatung verbunden ist und dieses folglich auch kein flächendeckendes Beratungsangebot mit verlässlicher Qualität in Deutschland forciert.

Anerkennungsgesetze auf Landesebene – Hamburg als Vorreiter
Die für das Projekt relevanten Berufsfelder im Sozial- und Gesundheitswesen unterliegen mehrheitlich der Zuständigkeit der Länder und sind zunächst nicht vom BQFG betroffen. Jedoch liefert das Bundesgesetz wichtige Rahmenbedingungen für die derzeit in Vorbereitung stehenden Ländergesetze. Bereits am 19. Juni 2012 hat die Hamburgische Bürgerschaft das Hamburgische Gesetz über die Anerkennung ausländischer Berufsqualifikationen (HmbABQG) beschlossen, das am 1. August 2012 als erstes Landesanerkennungsgesetz in Kraft getreten ist. Die Zielsetzung des Landesanerkennungsgesetzes liegt in einer besseren Nutzung von im Ausland erworbenen Berufsqualifikationen. Es soll zudem – so der Hamburger Sozialsenator Detlef Scheele - den „Menschen neue Perspektiven und das Gefühl [geben], dass sie […] in Hamburg willkommen sind und als Fachkräfte gebraucht werden."[17]

Mit diesem Gesetz ist ein Anspruch auf die Feststellung der Gleichwertigkeit ausländischer Bildungsabschlüsse, die durch Rechtsvorschriften der Freien und Hansestadt Hamburg geregelt sind, verbunden. Das HmbABQG umfasst unter anderem Heilberufe, Sozialpädagogen und Sozialarbeiter, Lehrer und die Gesundheits- und Pflegeassistenz. Im Rahmen des Feststellungsverfahrens wird geprüft, ob „der im Ausland erworbene Ausbildungsnachweis die Befähigung zu vergleichbaren beruflichen Tätigkeiten […] belegt" (Artikel 1, Teil 2). Ebenso wie auf Bundesebene darf die Prüfung auf Gleichwertigkeit in der Freien und Hansestadt Hamburg die Dauer von drei Monaten nicht ohne wichtigen Grund überschreiten. Einen Antrag auf Anerkennung können alle Personen stellen, die im Ausland einen Bildungsnachweis erworben haben und in Hamburg einer entsprechenden Erwerbstätigkeit nachgehen möchten. Der Wohnort ist hierbei unerheblich.

Zusätzlich zum gesetzlichen Anspruch auf eine Prüfung der Gleichwertigkeit im Ausland erworbener Qualifikationen ist in Artikel 2 des HmbABQG ein Beratungsrecht verankert. Demnach haben die Inhaber(innen) der ausländischen Berufsqualifikationen einen Anspruch auf Beratung, die insbesondere auch zur Festlegung des Referenzberufes dienen und über mögliche Ausgleichsmaßnahmen informieren soll. Die Beratungsstellen sind zudem „unabhängig von den Stellen, die über die Feststellung der Gleichwertigkeit ausländischer Berufsqualifikationen oder deren Anerkennung entscheiden" (Artikel 2, §1 (3)). In Hamburg gibt es mit der „Zentralen Anlaufstelle Anerkennung" des Diakonischen Werkes Hamburg

---

[17] Behörde für Arbeit, Soziales, Familie und Integration (2012).

bereits eine unabhängige Stelle, die sich als Wegweiser sieht und zu Fragen der Anerkennung berät.

Anders als das Bundesgesetz hat Hamburg somit ein Recht auf Beratung in ihrem Landesanerkennungsgesetz verankert. Hierdurch kann sich – wie die Ergebnisse der Pilotstudie vermuten lassen – die Dauer zwischen der Einreise und der Stellung des Antrages auf eine Gleichwertigkeitsprüfung des ausländischen Berufsabschlusses signifikant verkürzen und somit eine zügigere Integration in den Arbeitsmarkt erfolgen. Aber nicht nur die zügige Anerkennung des ausländischen Abschlusses, sondern auch die Möglichkeiten einer adäquaten Nachqualifizierung sind notwendig, um das Potenzial der Migranten bestmöglich auszuschöpfen und ihnen damit den Weg in eine qualifikationsgerechte Beschäftigung zu ermöglichen. Englmann (2009) fordert eine standardmäßige Verknüpfung des Anerkennungsverfahrens mit passenden Weiterbildungsmaßnahmen (vgl. Englmann, 2009, S. 22). Gerade im Wettbewerb um qualifizierte Fachkräfte und dem voranschreitenden demografischen Wandel ist dies eine notwendige Voraussetzung zur Sicherung des Fachkräftebedarfs und folglich zur Sicherung der Wettbewerbsfähigkeit Deutschlands.

Literaturverzeichnis

Afentakis, A. & Maier, T. (2010). Projektionen des Personalbedarfs und -angebots in Pflegeberufen bis 2025. *Wirtschaft und Statistik, 11*, 990-1002.

Anger, C., Erdmann, V., Plünneke, A. & Riesen, I. (2010). Integrationsrenditen. Volkswirtschaftliche Effekte einer besseren Integration von Migranten. *IW-Analysen, 66.* Köln.

Baas, T. (2010): Mehr oder minder - Wer kommt nach Öffnung der Arbeitsmärkte? In Institut für Arbeitsmarkt-und Berufsforschung (IAB) der Bundesagentur für Arbeit (Hrsg.): *Balanceakt. Zuwanderung steuern, Integration fördern.* IAB-Forum, 2, 12-17.

Baas, T. & Brücker, H. (2011). Arbeitnehmerfreizügigkeit zum 1. Mai 2011. Mehr Chancen als Risiken für Deutschland. *IAB-Kurzbericht, 10.* Nürnberg.

Behörde für Arbeit, Soziales, Familie und Integration (2012). Senat legt eigenes Anerkennungsgesetz vor. Hamburg stärkt die Willkommenskultur für qualifizierte Zuwanderer, Zugriff am 05.11.2012 unter: http://www.hamburg.de/pressearchiv-fhh/3361974/2012-04-03-basfi-anerkennungsgesetz.html.

Blinkert, B. & Klie, T. (2008). Soziale Ungleichheit und Pflege. *Aus Politik und Zeitgeschichte, 12-13*, 25-33.

Borrmann, C., Jungnickel, R. & Keller, D. (2007). Standort Deutschland. Abgeschlagen im Wettbewerb um Hochqualifizierte?. *Wirtschaftsdienst, 2*, 127-134.

Börsch-Supan, A. & Wilke, C.B. (2009). Zur mittel- und langfristigen Entwicklung der Erwerbstätigkeit in Deutschland. *Zeitschrift für Arbeitsmarktforschung, 1*, 29-48.

Bortz, J. & Döring, N. (2009). *Forschungsmethoden und Evaluation: Für Human- und Sozialwissenschaftler* (4. Aufl.) Heidelberg: Springer.

Brücker, H. (2009). Arbeitsmarktwirkungen der Migration. *Aus Politik und Zeitgeschichte, 44*, 6-12.

Brücker, H. (2010). Brain Gain oder Brain Drain - Deutschland und Europa fallen im Wettbewerb um die besten Köpfe zurück. In Institut für Arbeitsmarkt-und Berufsforschung (IAB) der Bundesagentur für Arbeit (Hrsg.): *Balanceakt. Zuwanderung steuern, Integration fördern.* IAB-Forum, 2, 4-11. Nürnberg.

Bundesagentur für Arbeit (Hrsg.) (2011). *Der Arbeitsmarkt in Deutschland - Arbeitsmarktberichterstattung. Gesundheits- und Pflegeberufe.* Nürnberg.

Bundesministerium für Wirtschaft und Technologie (BMWi) (Hrsg.) (2012). Chancen *zur Gewinnung von Fachkräften in der Pflegewirtschaft Kurzfassung.* Berlin.

Bundesregierung, Die (2007). *Der Nationale Integrationsplan. Neue Wege - Neue Chancen.* Berlin.

Bundesregierung, Die (2011). *Nationaler Aktionsplan Integration. Zusammenhalt stärken - Teilhabe verwirklichen.* Berlin.

Deeke, A. (2006). Berufsbezogene Sprachförderung für Arbeitslose mit Migrationshintergrund. Erste Ergebnisse aus der Begleitforschung zum ESF-BA-Programm. *IAB-Forschungsbericht, 21*. Nürnberg.

Deeke, A. (2007). Arbeitslose mit Migrationshintergrund. Sprachförderung allein greift häufig zu kurz. *IAB Kurzbericht, 3*. Nürnberg.

Diehl, C. (2005). Der Integrationssurvey des Bundesinstituts für Bevölkerungsforschung. In S. Haug & C. Diehl, (Hrsg.): *Aspekte der Integration. Eingliederungsmuster und Lebenssituation italienisch- und türkischstämmiger junger Erwachsener in Deutschland* (11-22). Wiesbaden: VS Verlag für Sozialwissenschaften.

Englmann, B. (2009). Standards der beruflichen Anerkennung. *Aus Politik und Zeitgeschichte, 44*, 19-24.

Englmann, B. & Müller, M. (2007). *Brain Waste - Die Anerkennung von ausländischen Qualifikationen in Deutschland*. Augsburg.

Esser, H. (2001). Integration und ethnische Schichtung. *Arbeitspapiere – Mannheimer Zentrum für Europäische Sozialforschung, 40*.

Esser, H. (2006). *Sprache und Integration. Die sozialen Bedingungen und Folgen des Spracherwerbs von Migranten*. Frankfurt/Main & New York: Campus Verlag.

Färber, C., Arslan, N., Köhnen, M. & Parlar, R. (2008). *Migration, Geschlecht und Arbeit. Probleme und Potenziale von Migrantinnen auf dem Arbeitsmarkt*. Opladen & Farmington Hills: Budrich UniPress Ltd.

Fuchs, J., Söhnlein, D. & Weber, B. (2011). Projektion des Arbeitskräfteangebots bis 2050. Rückgang und Alterung sind nicht mehr aufzuhalten. *IAB-Kurzbericht, 16*. Nürnberg.

Han, P. (2003). *Frauen und Migration. Strukturelle Bedingungen, Fakten und soziale Folgen der Frauenmigration*. Stuttgart: Lucius & Lucius.

Haug, S. (2005). Zur Erklärung ethnischer Unterschiede in der Partnerwahl und im generativen Verhalten. In S. Haug & C. Diehl (Hrsg.): *Aspekte der Integration. Eingliederungsmuster und Lebenssituation italienisch- und türkischstämmiger junger Erwachsener in Deutschland* (195-226). Wiesbaden: VS Verlag für Sozialwissenschaften.

Haug, S. (2008). Sprachliche Integration von Migranten in Deutschland. Integrationsreport Teil 2. In Bundesamt für Migration und Flüchtlinge (Hrsg.): *Working Paper der Forschungsgruppe des Bundesamtes, 14*. Nürnberg.

Haug, S. (2010). Interethnische Kontakte, Freundschaften, Partnerschaften und Ehen von Migranten in Deutschland. *Integrationsreport Teil 7*. Working Paper der Forschungsgruppe des Bundesamtes, Nr. 33. Nürnberg.

IQ-Netzwerk (2009). *Berufliche Perspektive gemeinsam gestalten – Integration ermöglichen. Prozesskette für die (berufliche) Integration*. Düsseldorf.

Jungwirth, I., Grigoleit, G. & Wolffram, A. (2012). *Arbeitsmarktintegration hochqualifizierter Migrantinnen. Berufsverläufe in Naturwissenschaft und Technik*. Herausgegeben vom Bundesministerium für Bildung und Forschung. Bonn & Berlin.

Jurczek, P. & Vollmer, M. (2008). Ausbildung und Migration in Ostmitteleuropa. *Aus Politik und Zeitgeschichte, 35-36*, 26-32.

Kelle, H. (2010). Die Komplexität sozialer und kultureller Wirklichkeit als Problem qualitativer Forschung. In B. Friebertshäuser, A. Langer & A. Prengel (Hrsg.): *Handbuch Qualitative Forschungsmethoden in der Erziehungswissenschaft* (3. Aufl.), (101-118). Weinheim & München: Juventa.

Knuth, M. & Brussig, M. (2010). Zugewanderte und ihre Nachkommen in Hartz IV. *Aus Politik und Zeitgeschichte, 48*, 26-32.

Kofmann, E. & Raghuram, P. (2009). Arbeitsmigration qualifizierter Frauen. In: Hamburgisches WeltWirtschafts Institut (HWWI) (Hrsg.): *focus Migration, 13*.

Kohn, K.-H.P. (2011). *Migrationsspezifische beschäftigungsorientierte Beratung – spezifische Themen, spezifische Bedarfe. Ergebnisse einer Delphi-Breitband-Erhebung.* Herausgegeben von Facharbeitskreis "Beratung" vom Netzwerk "Integration durch Qualifizierung". Berlin.

Kolodziej, D. (2012). Fachkräftemangel in Deutschland. Statistiken, Studien und Strategien. In Deutscher Bundestag (Hrsg.): *Infobrief*, WD 6 - 3010-189/11.

Konle-Seidl, R. (2010). Fördern und Fordern - Deutschland, Dänemark und die Niederlande haben ihre Integrationsbemühungen verstärkt. In Institut für Arbeitsmarkt-und Berufsforschung (IAB) der Bundesagentur für Arbeit (Hrsg.): *Balanceakt. Zuwanderung steuern, Integration fördern. Nürnberg* (38-43). IAB-Forum, 2.

Laux, C. (2011). Was ist Anerkennungsberatung?. In Zentrale Auslands- und Fachvermittlung (ZAV) der Bundesagentur für Arbeit (Hrsg.): *Anerkennungsberatung der ZAV. Erfahrungsbericht 2009-2011* (12-30). Bonn.

Lotze, E. & Hübner, N. (2008). Migrantinnen und Migranten in der ambulanten Pflege. Ergebnisse einer Erhebung in Bremen und Bremerhaven 2008. Zugriff am 13.09.2012 unter: http://www.gesundheitsamt.bremen.de/sixcms/media.php/13/2_Migration_Befragung_ambPflege_2008.pdf.

Maehler, D.B. (2012). Akkulturation und Identifikation bei eingebürgerten Migranten in Deutschland. *Internationale Hochschulschriften, Band 558*. Münster: Waxmann Verlag GmbH.

Maier, R.W. & Rupprecht, B. (2011). Der Regierungsentwurf des Anerkennungsgesetzes. *Zeitschrift für Ausländerrecht und Ausländerpolitik, 7*, 201-205.

Mayring, P. (2001). Kombination und Integration qualitativer und quantitativer Analyse. *Forum Qualitative Sozialforschung, 2*, Art. 6.

Meißner, A. & Becker, F.G. (2007). Competition for Talents. *WiSt, 8*, 394-399.

Nauck, B. & Kohlmann, A. (1998). Verwandtschaft als soziales Kapital. Netzwerkbeziehungen in türkischen Migrantenfamilien. In M. Wagner & Y. Schütze (Hrsg.), *Verwandtschaft. Sozialwissenschaftliche Beiträge zu einem vernachlässigtem Thema* (203-236). Der Mensch als soziales und personales Wesen, Band 14, Stuttgart: Enke.

Nestmann, F. & Niepel, T. (1993). *Beratung von Migranten. Neue Wege der psychosozialen Versorgung.* Berlin : VWB, Verl. für Wiss. und Bildung.

Pötzsch, O. (2012). Geburten in Deutschland - Ausgabe 2012. Herausgegeben von Statistisches Bundsamt. Zugriff am 24.08.2012 unter: https://www.destatis.de/DE /Publikationen /Thematisch/Bevoelkerung/Bevoelkerungsbewegung/BroschuereGeburtenDeutschland0120007129004.pdf?__blob=publicationFile.

Portes, A. (1998). Social Capital: Its Origins and Applications in Modern Sociology. *Annual Review of Sociology, 24*, 1-24.

Schmidtke, O. (2009). Einwanderungsland Kanada. Ein Vorbild für Deutschland? *Aus Politik und Zeitgeschichte, 44*, 25-30.

Schulz, M. & Ruddat, M. (2012). "Let's talk about sex!" - Über die Eignung von Telefoninterviews in der qualitativen Sozialforschung. *Forum Qualitative Sozialforschung, 13*, 3.

Siminovskaia, O. (2008). *Bildungs- und Berufserfolge junger Migranten. Kohortenvergleich der zweiten Gastarbeitergeneration.* Wiesbaden: VS Verlag für Sozialwissenschaften (GWV).

Stanat, P. & Christensen, G. (2007). Schulerfolg von Jugendlichen mit Migrationshintergrund im internationalen Vergleich. Eine Analyse von Voraussetzungen und Erträgen schulischen Lernens im Rahmen von PISA 2003. In Bundesministerium für Bildung und Forschung (Hrsg.). *Bildungsforschung* (2. Aufl.), Band 19. Bonn.

Statistische Ämter des Bundes und der Länder (2008). *Demografischer Wandel in Deutschland. Auswirkungen auf Krankenhausbehandlungen und Pflegebedürftige im Bund und in den Ländern. 2.* Wiesbaden.

Statistisches Bundesamt (2009). *12. koordinierte Bevölkerungsvorausberechnung. Annahmen und Ergebnisse.* Wiesbaden.

Statistisches Bundesamt (2011). *Bevölkerung und Erwerbstätigkeit. Bevölkerung mit Migrationshintergrund – Ergebnisse des Mikrozensus 2010.* Wiesbaden.

Steffen, M. (2010). *Branchenbericht. Die Arbeitssituation von Migrantinnen in der Pflege.* Berlin.

Steinhardt, M., Hönekopp, E., Bräuninger, M., Radu, D. & Straubhaar, T. (2005). *Effekte der Migrationssteuerung bei Erwerbstätigen durch das Zuwanderungsgesetz. Expertise im Auftrag des Bundesministerium des Innern.* Herausgegeben von Hamburgisches Weltwirtschaftsinstitut (HWWI). Hamburg.

Stichs, A. (2008). Arbeitsmarktintegration von Frauen ausländischer Nationalität in Deutschland. Eine vergleichende Analyse über türkische, italienische, griechische und polnische Frauen sowie Frauen aus den Nachfolgestaaten des ehemaligen Jugoslawiens. In Bundesamt für Migration und Flüchtlinge (Hrsg.) *Working Paper der Forschungsgruppe des Bundesamtes, 20*. Nürnberg.

Süssmuth, R. (2006). *Migration und Integration. Testfall für unsere Gesellschaft.* München: Dt. Taschenbuch-Verlag.

Thränhardt, D. (2010). Integrationsrealität und Integrationsdiskurs. *Aus Politik und Zeitgeschichte, 46-47*, 16-21.

Uhlendorf, H. & Prengel, A. (2010). Forschungsperspektiven quantitativer Methoden im Verhältnis zu qualitativen Methoden. In B. Friebertshäuser, A. Langer & A. Prengel (Hrsg.): *Handbuch Qualitative Forschungsmethoden in der Erziehungswissenschaft* (3. Aufl.), (137-148). Weinheim & München: Juventa.

Vogel, W. (2010). Die Migration im Hintergrund. Strukturen der Integrationspolitik in Deutschland. In F. Baasner (Hrsg.): *Migration und Integration in Europa* (43-56). Denkart Europa. Schriften zur europäischen Politik, Wirtschaft und Kultur Nr. 11, Baden-Baden: Nomos.

Weiterbildungsinitiative Frühpädagogische Fachkräfte (2011). Baden-Württemberg: Fachkräftemangel in Kitas – 7.500 Erzieherinnen und Erzieher in B-W gesucht. Zugriff am 09.11.2012 unter: http://www.weiterbildungsinitiative.de/nachricht/artikel/b-w-fachkraeftemangel-in-kitas-7500-erzieherinnen-und-erzieher-in-baden-wuerttemberg-gesucht.html?tx_ttnews%5Byear%5D=2011&tx_ttnews%5Bmonth%5D=03&tx_ttnews%5Bday%5D=24&cHash=3a9860a69caad3867ec7f0135de0c46a.

Aufstiegsbedingungen weiblicher Führungskräfte unter besonderer Berücksichtigung des Gesundheits- und Sozialwesens. Eine hypothesengenerierende Interviewstudie.

Stefanie Sosa y Fink

Inhaltsverzeichnis

1 Einleitung 42
2 Theoretischer Hintergrund 43
   2.1 Gründe für die Unterrepräsentanz weiblicher Führungskräfte 43
   2.2 Aufstiegskompetenz als Metakompetenz 47
   2.3 Führung 48
      2.3.1 Führungsmotivation 49
      2.3.2 Führung und Persönlichkeit 50
   2.4 Attributionsstile und Irrational Beliefs als mentale Aufstiegsbarrieren ... 51
   2.5 Gender Diversity 51
3 Das Forschungsdesign 53
4 Ergebnisse der Studie 55
   4.1 Aufbau der Ergebnisdarstellung 55
   4.2 Soziodemografische Daten und berufsrelevante Angaben 55
   4.3 Aufstiegsfaktoren 56
      4.3.1 Aufstiegsfaktoren: struktur- und organisationsbezogen 56
      4.3.2 Aufstiegsfaktoren: personenbezogen 59
5 Schlussbetrachtung 62
Literaturverzeichnis 65

1 Einleitung

Bedingt durch den demografischen Wandel kann für das Gesundheits- und Sozialwesen in Deutschland ein steigender Bedarf an Fach- und Führungskräften festgestellt werden. Bereits heute sind laut einer Studie der Unternehmensberatung PriceWaterhouseCoopers 4,6 Millionen Menschen in der Gesundheitswirtschaft beschäftigt (2010, S. 5). In der Stellungnahme des Instituts für Arbeitsmarkt- und Berufsforschung (IAB) „Strategien entwickeln, Potenziale nutzen" heißt es, dass „das Erwerbspersonenpotenzial in Deutschland im Jahr 2050 ohne Zuwanderung und bei konstanter Erwerbsquote" von etwa 45 Millionen auf knapp 27 Millionen Personen sinken wird (2011, S. 7). Ab 2020 beschleunigt sich diese Entwicklung spürbar und wird zu Engpässen bei der Besetzung offener Stellen führen, wovon laut der Analyse der Hans Böckler Stiftung unter anderem auch die Gesundheits- und Pflegeberufe betroffen sein werden (2012, S. 4).

Zudem stellen aktuelle Analysen, beispielsweise durch den Deutschen Führungskräfteverbund, eine Abnahme der Karrieremotivation junger Nachwuchskräfte fest (vgl. „Aufstiegsverweigerer" in Wehrle, 2012, S.1). Wottawa, Montel, Mette, Zimmer und Hiltmann identifizieren in einer Längsschnittbefragung eine Abnahme des Potenzials an geeigneten und aufstiegsorientierten Berufseinsteigern von 27% auf 20% im Verlauf von zehn Jahren (bis 2010), was besonders auf junge Männer zutreffe (2011, S. 91). Somit reduziert sich nicht nur das Potenzial erwerbstätiger Personen in Deutschland, es sinkt auch der Anteil potenzieller Nachwuchsführungskräfte.

Gerade im Sozial- und Gesundheitswesen ist diese Entwicklung als kritisch zu betrachten, da der Anteil weiblicher Beschäftigter bei 80% liegt, die Führungspositionen jedoch meist durch Männer besetzt sind (Goesmann & Nölle, 2009). Zudem zeigen Studien, dass sich unter den weiblichen Beschäftigten ein erhebliches Potenzial verbirgt, das entdeckt, gefördert und entfaltet werden will. Kohaut und Möller (2010) weisen in ihrer Analyse darauf hin, dass „das Potenzial gut qualifizierter Frauen für den Aufstieg in die erste Führungsriege nicht optimal genutzt wird" (S. 5). Jüngling und Rastetter (2009) legen dar, dass die Einführung des „Allgemeinen Gleichbehandlungsgesetzes", die europäischen Richtlinien zum „Gender Mainstreaming" des Amsterdamer Vertrags von 1999, die „Allianz für Familie" der Bundesregierung oder gar die Charta der Vielfalt (2006) als Selbstverpflichtung der deutschen Wirtschaft zur Förderung von Frauen in Unternehmen „mit Blick auf den Aufstieg in Managementpositionen praktisch keine Relevanz" habe, da „Beförderungs- und Aufstiegsprinzipien [...] noch wenig verändert wurden" (ebd., S. 2).

Welche Bedingungen struktureller und personenbezogener Art sind für eine gelingende Potenzialentfaltung junger weiblicher Nachwuchsführungskräfte im Gesundheits- und Sozialwesen wirksam? Um sich der Beantwortung dieser Frage anzunähern, wurden in einer explorativen Pilotbefragung 31 weibliche Führungskräfte des Sozialsektors, der Erwachsenenbildung, Politik und von Regelinstitutionen zu ihren Aufstiegserfahrungen befragt. Aus den Ergebnissen dieser Pilotstudie werden zu überprüfende Hypothesen zu den Themenbereichen

1) Aufstiegsbarrieren
2) Strukturelle und personenbezogene Bedingungen für Potenzialentfaltung
3) Gendersensible Fördersysteme
4) Anreizbedingungen

abgeleitet.

Kapitel 2 fasst die Ergebnisse empirischer Studien zur Unterrepräsentanz von Frauen in Führungspositionen zusammen. Eine Annäherung an das Konstrukt der „Aufstiegskompetenz" schließt sich an. Weiterhin wird das Thema Führung und Führungsmotivation unter Berücksichtigung von Persönlichkeitsmerkmalen betrachtet. Ein kurzer Abriss zu mentalen Hürden folgt; eine einführende Betrachtung zu Gender Diversity schließt das Kapitel.

Kapitel 3 bietet eine Übersicht über Zielgruppe und Befragungstechnik der Studie.

Im anschließenden vierten Kapitel werden die Ergebnisse der Befragung dargestellt: Beginnend mit den soziodemografischen Daten der befragten Führungskräfte werden strukturelle und personenbezogene Bedingungen für Potenzialentfaltung erläutert und die abgeleiteten Hypothesen aufgeführt. Abschließend werden die Ergebnisse zu „Attribution von Erfolg und Misserfolg" und die Aussagen über eine Kultur für Gender Diversity zusammengefasst.

Kapitel 5 gibt die abschließende Diskussion der Ergebnisse wider.

2 Theoretischer Hintergrund

2.1 Gründe für die Unterrepräsentanz weiblicher Führungskräfte

Laut einer internationalen Befragung 44 weiblicher und männlicher Personalverantwortlicher durch die Boston Consulting Group bestehen drei wesentliche Aufstiegsbarrieren für Frauen: Ein „schlechtes" Personalmanagement, an Männern ausgerichtete Auswahlkriterien sowie die insgesamt männlich dominierte Kultur des Top-Management. Weiterhin werden mit Blick auf die Vereinbarkeit von Karriere und Familie folgende Aspekte kritisiert: Die Dominanz einer physischen Anwesenheitskultur, mangelnde Wiedereinstiegsprogramme, fehlendes Genderbewusstsein unter Führungskräften sowie inadäquate Förderprogramme und Aufstiegswege (Dyrchs & Strack, 2012, S. 6-8). Jüngling und Rastetter führen aus, wie die Ablehnung von Frauen im Management unter sich verknappenden Ressourcen und daraus resultierender Konkurrenz u.a. als Bewahrung traditioneller Privilegien und Ressourcen durch Männer motiviert ist (2009, S. 4-5).

Folgt man der Analyse von Peus und Welpe (2011), lassen sich die Phänomene, die nachhaltig zu der geringen Zahl weiblicher Führungskräfte im mittleren und oberen Management beitragen, auf drei Ebenen ansiedeln:

1. Ebene der Person
2. Ebene der Organisation
3. Ebene des Systems

Ebene der Person. Auf der Ebene der Person kann insbesondere eine selbstkritischere Sichtweise sowie mangelndes Selbstvertrauen als Karrierehindernis angeführt werden (vgl. auch Allmendinger, 2009, S. 45 ff.). Dahinter können eine negative Selbstwahrnehmung und ein schwaches Selbstkonzept vermutet werden (Felfe, 2008, S. 71). Schaufler (2000) konstatiert, dass eine zu bescheidene Selbstdarstellung, wie zum Beispiel verlegenes Lächeln, den Kopf zu Seite neigen, auf den Boden schauen oder mit den Schultern zucken, wenn es um Aussagen über eigene Leistungen geht, das Umfeld zu einer Unterschätzung des eigenen Potenzials verleitet. Selbst hochqualifizierte Frauen neigen laut einer Studie von Heilmann, Simon und Repper (1987, S. 67) dazu, ihre Fähigkeiten zu unterschätzen und Erfolge external zu attribuieren.

Schaufler beschreibt drei „Formen des Tiefstapelns", die unter Frauen verbreitet seien und der Bewährung als weibliche Führungskraft entgegen stehen: Die Tendenz, eigene Fähigkeiten und Stärken im Gespräch neutral und ohne positive Wertung darzustellen, eigene, sorgfältig geplante Erfolge und Ergebnisse als zufälliges Glück zu bezeichnen und schließlich gute Ergebnisse sprachlich durch Verneinungen wie „Ich habe in diesem Projekt nicht auf der faulen Haut gelegen" auszudrücken (2000, S. 73 ff). Die in linguistischen Studien identifizierten „typisch männlichen" und „typisch weiblichen" Kommunikationsstile werden von dem jeweils anderen Geschlecht oftmals missinterpretiert (Tannen, 1990, zitiert nach Peus & Welpe, 2011, S. 48). So kann für Frauen die in Unternehmen oftmals stärker ausgeprägte männliche Kommunikationsform zum Karrierehindernis werden, wenn diese nicht beherrscht werde: Die Autorinnen berichten, dass die persönliche Leistung durch das Sprechen in der „Wir-Form" abgewertet wird. Hinzu kommt, dass von männlichen Kollegen die häufig verwendete Frageform sowie die Formulierung von Vorschlägen im Konjunktiv als Unsicherheit der Kollegin missdeutet wird. Frauen fühlen sich unter Umständen kritisiert bis hin zu persönlich angegriffen, wenn ihre Argumente von Männern in einer Art „rituellen Opposition" auf Stichhaltigkeit hin getestet und hinterfragt werden.

Eine weitere Barriere für die Laufbahnentwicklung auf der Ebene der Person wird in der fehlenden Karriereplanung von Frauen gesehen. Da sie ihre berufliche Entwicklung „oftmals weniger strategisch planen als Männer", kann nach außen hin der Eindruck entstehen, sie würden ihren Aufstieg „nicht ernsthaft verfolgen" (Peus & Welpe, 2011, S. 48). Schließlich wird Frauen eine geringere Risikoneigung als Männern zugeschrieben, was dazu führt, dass sie seltener für die Besetzung von Top-Management-Positionen in Betracht gezogen werden (vgl. Felfe, 2008, S. 69).

Ebene der Organisation. Neben den beschriebenen Wirkmechanismen wurden auch hinderliche Faktoren identifiziert, die auf der Ebene der Organisation anzusiedeln sind: Weiblichen Nachwuchsführungskräften fehlen passende Rollenvorbilder, Netzwerke und Mentoren. In einer europäischen Studie der Catalyst-Unternehmensberatung gaben die 29 weiblichen und fünf männlichen befragten Seniormanager übereinstimmend an, Frauen mangele es an Rollenvorbildern in hohen Managementfunktionen. Dies kann auf aufstiegsorientierte Frauen derart wirken, als ob sie grundsätzlich nicht erwünscht seien; darüber hinaus fehle es an Gelegenheiten, angemessene Verhaltensweisen weiblicher Rollenvorbilder zu beobachten (Catalyst, 2002, S.10). Mit Blick auf die Investition in Netzwerke zeigen die Befragungen, dass Frauen nicht weniger in den Aufbau von Netzwerken investieren als Männer. Ihre Netzwerke sind jedoch in Ermangelung statushoher Kontakte weniger effizient als die der Männer (Rastetter & Cornils, 2012, S. 50). Den weiblichen Befragten der Studie des Bundesministeriums für Familie, Senioren, Frauen und Jugend [BMFSFJ] „Frauen in Führungspositionen. Barrieren und Brücken." ist die strategische Netzwerkpflege nach innen und außen sogar wichtiger als den Männlichen (2010a, S. 40). Bei dem Aufbau und der Nutzung informeller Beziehungsnetzwerke, die über männlich dominierte Aktivitäten gesteuert werden, können Frauen jedoch unter männlichen, einflussreichen Führungskräften (sog. „Inner Circle") auf Ausschlussmechanismen stoßen. Für das Ziel eines Aufstiegs in höhere Managementebenen sehen Rastetter und Cornils (2011) darin „ein zentrales Karrierehindernis" (ebd., S. 50). Die Autorinnen verweisen auf Befunde von Burt (1992) und Ibarra (1997), die nahe legen, dass Frauen auf starke Beziehungen zu strategisch hochrangigen (männlichen) Partnern angewiesen sind, um aufzusteigen. Daher werden Fördermaßnahmen wie gezieltes Mentoring durch hochrangige Partner/-innen als besonders erfolgversprechend eingeschätzt.

Ebene des Systems. Hierunter verstehen Peus und Welpe (2011) das die Person und Organisation rahmende und übergeordnete Wirkgefüge, das von gesellschaftlich vorherrschenden Grundannahmen und Strukturen geprägt wird. Auf dieser Ebene identifizieren sie den bereits erwähnten Einfluss von Rollenerwartungen und die mangelnde Vereinbarkeit von Familie und Beruf als Gründe für die Unterrepräsentanz von Frauen in Führungspositionen.
Eagly, Johannesen-Schmidt und van Engen legen dar, dass Geschlechterrollen übereinstimmende Glaubenssätze über die Attribute von Frauen und Männern sind. So werden Frauen u.a. als freundlich, uneigennützig, fürsorglich und gefühlvoll beschrieben. Soziale Rollen beschreiben sozial geteilte Erwartungen, die eine Person besitzen muss, wenn sie eine soziale Position besetzt. Es ist davon auszugehen, dass stereotype Rollenerwartungen an Frauen und daraus resultierende Rolleninkongruenzen zwischen ihrer Geschlechterrolle und typischen Führungsrollen (wie z.B. unabhängig, gebieterisch, bestimmt und instrumentell) als Wirkmechanismen hinter vielen der beschriebenen Aufstiegshürden stehen (2003, S. 572). Peus und Welpe (2011) fassen zusammen, dass die Kunst für erfolgreiche Frauen in Führungspositionen darin bestehe, unabhängige und durchsetzungsfähige Führungskräfte zu sein und dabei gleichzeitig als sympathische Frauen, also emphatisch und freundlich, wahrgenommen zu werden (S. 49).

Felfe stellt eine Verbindung zwischen intraindividuellen Wirkmechanismen und gesellschaftlichen Stereotypen her: Er vermutet, dass die negative Selbstwahrnehmung von Frauen durch die Reaktionen und Erwartungen ihres sozialen Umfelds genährt werden (2008, S. 71). Heilman und Haynes (2005) stellen in drei experimentellen Studien zur Wahrnehmung der Leistung von männlichen und weiblichen Teammitgliedern fest: Weibliche Gruppenmitglieder werden im Vergleich mit ihren männlichen Kollegen von Versuchsteilnehmern abgewertet und als weniger kompetent und einflussreich angesehen. Eine Führungsrolle in einem Gruppenprozess eingenommen zu haben, wird ihnen weniger zugesprochen als Männern.

Wenn es um die Beschreibung weiblicher Zielgruppen und Berufstätigkeit geht, wird der Aspekt der Vereinbarkeit von Karriere und familiären Pflichten sehr häufig als struktureller Aspekt in den Vordergrund gestellt. Eine im Vergleich zu Männern geringere Beteiligung von Frauen am Erwerbsprozess wird leicht auf die Vereinbarkeitsproblematik reduziert und mit einem Appell zum Ausbau der Kinderbetreuungsinfrastruktur verbunden. Felfe (2008) fasst zusammen, dass Ziel- und Rollenkonflikte von berufstätigen Müttern zu einer Benachteiligung in der beruflichen Entwicklung führen können (S. 71). Dies kann neben einem erschwerten Berufseinstieg von Müttern mit der geringeren Einschätzung ihrer Kompetenz einhergehen, insbesondere, wenn sie teilzeitbeschäftigt sind (Peus & Welpe, 2011, S. 50). Brettschneider hingegen (2008) lokalisierte in ihrer Befragung von 63 Führungskräften des Top-Managements aus insgesamt elf Wirtschaftsunternehmen der Hoppenstedt–Firmendatenbank den „Risikofaktor Mutterschaft" als zentralen Kern bestehender Probleme in der Umsetzung von Chancengleichheit unter Führungskräften. Allein die potenzielle Möglichkeit, eine Mitarbeiterin könne durch die Geburt eines Kindes ausfallen, schließt sie von einer Aufstiegsbeförderung aus. Als unvereinbar mit dem Anspruch der „Allzeitverfügbarkeit" einer Führungskraft von 6-22 Uhr gilt dieses unternehmerische Risiko (ebd., S. 245). Somit seien Frauen in den Karrierewegen und -mustern vieler Organisationen nicht vorgesehen. Die Autorin identifiziert diese Glaubensüberzeugung zu Recht als weiteres Vorurteil gegenüber Frauen, das ihre Unterrepräsentanz in Führungspositionen erklärt. Es sei an dieser Stelle darauf hingewiesen, dass sich die Situation für Frauen in Ost- und Westdeutschland unterscheidet. Der Studie des BMFSFJ von 2010 „Frauen machen neue Länder" zufolge, erleben ostdeutsche Frauen ihre Berufstätigkeit als selbstverständlicher und sehen sich weniger den beschriebenen Rollenkonflikten ausgesetzt (S. 38). Dem korrespondiert ein Rollenverständnis ostdeutscher Männer, die das Engagement ihrer Partnerinnen in Beruf und Familie gleichermaßen schätzen. Dass ostdeutsche Frauen trotz häufiger und längerer Erwerbsunterbrechungen stärker in Führungspositionen (kleiner und mittelständischer Betriebe) vertreten sind und öfter Kinder haben als westdeutsche Kolleginnen, führen die Autoren der Studie darauf zurück, dass sie gesellschaftliche Akzeptanz finden und ihre „beruflichen Bestrebungen nicht ständig verteidigen […] müssen." (S. 42). Ihre Aufstiegschancen in das Top-Management sehen sie jedoch ebenso kritisch wie westdeutsche Managerinnen (S. 51). Die Teilnehmerinnen der im Auftrag der Bertelsmann Stiftung entstandenen Studie „Karrierek(n)ick Kinder. Mütter in Führungspositionen – ein Gewinn für Unternehmen" zeigen sich zufrieden mit ihrem Lebensmodell. Die Unterstützung ihres Arbeitgebers beim Eintritt der Elternschaft mussten sie sehr offensiv einfordern und gegen massive Widerstände deutlich machen, dass ihr Interesse am beruflichen Erfolg ungebrochen ist (2006, S. 58). In den meisten Fällen ließen sich flexible Arbeitsformen verhandeln, die Ausnahme war der Wechsel des Arbeitgebers. Jüngling und Rastetter fanden heraus, dass es wesentlich für den Erfolg familienfreundlicher Personalpolitik ist, dass sie von Frauen *und* Männern gleichermaßen genutzt werden und keine Karrierenachteile nach sich ziehen (2009, S. 2).

Die Studie „Frauen in Führungspositionen. Barrieren und Brücken" identifiziert drei Mentalitätsmuster, die auf Seiten der männlichen Führungskräfte zur sozialen Schließung gegenüber Frauen in Führungspositionen beitragen: „Die konservative Exklusion", die „Emanzipierte Grundhaltung" und den „Radikalen Individualismus". Während die konservative Exklusion den Ausschluss von Frauen aus Managementpositionen qua Geschlechts beschreibt, verbirgt sich hinter dem radikalen Individualismus die Einstellung, Frauen seien nicht flexibel und authentisch genug (Bundesministerium für Familie, Senioren, Frauen und Jugend, 2012, S. 45 ff). Männer, die die emanzipierte Grundhaltung vertreten, sprechen Frauen prinzipiell die Eignung als Führungskraft zu, sehen sie jedoch den Machtritualen oberer Hierarchieebenen gegenüber als chancenlos. Ulrich Beck bezeichnet diese Einstellung als „verbale[r] Aufgeschlossenheit bei weitgehender Verhaltensstarre", womit er neben der Konstanz männlichen Verhaltens fehlende Anreize und mangelnde Spielräume zur Erprobung neuer Verhaltensweise kritisierte (1986, S. 169 ff). So fasst Thomas Hartge, Chefredakteur der Zeitschrift „Personalführung" als ein Resultat des 19. Kongresses der Deutschen Gesellschaft für Forschung 2011 zusammen, dass „ein Konglomerat aus geschlechtsspezifischen Rollenbildern und hartnäckigen Vorurteilen" in Form komplexer Mechanismen für den niedrigen Anteil von Frauen in Führungspositionen verantwortlich sei, die nicht allein durch „männlichen Korpsgeist, das Stereotyp des genuin männlichen Leaders, die berühmte Glass Ceiling und auch nicht allein die Unkultur überlanger Arbeitszeiten" erklärt werden könne (ebd. 2011, S.1).

2.2 Aufstiegskompetenz als Metakompetenz

Im Rahmen des durch das BMBF in Auftrag gegebene und durch den Europäischen Sozialfonds sowie die Europäische Union geförderten Projektes „Aufstiegskompetenz von Frauen – Entwicklungspotenziale und Hindernisse" (2008-2011) entstand unter der Leitung der Teilprojekte durch Eva Bamberg, Monique Janneck, Angelika Wagner, Daniela Rastetter und Gisela Mohr ein Modell der Aufstiegskompetenz, das im Folgenden grob skizziert wird. Die Autorinnen definieren das Konstrukt als Metakompetenz und verstehen darunter die „emotional-motivationale und kognitive Bereitschaft sowie die Befähigung zur beruflichen

Weiterentwicklung und zur Erschließung von Führungspositionen"[18]. Dabei wirken unterschiedliche Motivations- und Kompetenzfacetten in gegenseitiger „Verschränkung". Das Modell beschreibt Karrierestreben und Führungsstreben als grundlegende Motivation. Die Betrachtung der Kompetenzfacetten beinhaltet (1) fachliche und überfachliche Fähigkeiten, (2) Sozialkompetenzen (Durchsetzungsstärke, Netzwerken, Mikropolitisches Handeln), (3) Personalkompetenzen (karrierebezogenes Selbstmanagement) und (4) aktivitätsbezogene Umsetzungskompetenzen (Eigeninitiative, Selbstdarstellungskompetenz). Insgesamt beschreiben die Aufstiegskompetenzen einer Person ihr Handlungsvermögen im Zusammenhang mit beruflichem Erfolg.

2.3 Führung

Führung wird als Prozess der akzeptierten Beeinflussung definiert, der Ressourcen mobilisiert, Verhalten von Individuen steuert und Interaktionsprozesse innerhalb einer organisationalen Gruppe in Gang bringt, die zu einer definierten Zielerreichung notwendig sind. Dabei wird von einer asymmetrischen „Führer-Geführten-Beziehung" ausgegangen, in der Kommunikation sowie die Kontrolle über die Erreichung formulierter Ziele einen zentralen Bestandteil bilden. Die Führungsperson zielt dabei darauf ab, die Realität anderer „zu rahmen und zu definieren" sowie eine größtmögliche Übereinstimmung in der Interpretation von Aufgaben und Situationen herzustellen (vgl. Neuberger, 2002, S. 12-13).

Führungskräfte können dabei als „Agenten des Wandels betrachtet werden", die den effektivsten Weg finden, um die in ihren Organisationen dominierende Energie in den Dienst eines gemeinsamen Ziels zu stellen" (de Vries, 1998, S. 177). Dabei kann als notwendige Voraussetzung betrachtet werden, dass Führungskräfte von Mitgliedern der Organisation als Führungskraft wahrgenommen werden. Dies trifft insbesondere auf Personen zu, die auf andere gesellig, dominant, lebendig, kreativ, durchhaltevermögend und beharrlich wirken (Judge, Illies, Bono & Gerhardt, 2002) und auf emotional stabile Persönlichkeiten – also Menschen, die kaum neurotisches Verhalten zeigen. Ihr Arbeitsstil ist durch Offenheit, Gewissenhaftigkeit und Verträglichkeit gekennzeichnet. Wie Führungskräfte ihre Aufgabe umsetzen, wird meist in der Beschreibung stabiler Verhaltensmuster, der Führungsstile, formuliert: ältere Modelle unterscheiden je nach Schwerpunktsetzung kooperativ-partizipative Formen von situativen Führungsansätzen (z.B. Fiedler, 1967) bis hin zu klassischen Techniken der Führung durch Zielsetzung (z.B. Locke, 1984), die sich entweder eher durch hohe Mitarbeiterorientierung oder Konzentration auf Aufgaben- und Leistungsmerkmale auszeichnen. Unter den aktuell diskutierten Führungsstilen, die mit effektivem Führungsverhalten in Zusammenhang gebracht werden, zählen neben dem transaktionalen Führungsstil der transformale oder auch charismatische Führungsstil (Eagly, Johannesen-Schmidt & Engen, 2003, S. 570). Der transformale Führungsstil ist insbesondere mit Blick auf weibliche Füh-

---
[18] vgl. hierzu www1.uni-hamburg.de/aufstieg/aufstiegskompetenz.html

rungskräfte von Interesse, da er am ehesten mit dem sozial akzeptierten Bild einer weiblichen Führungsrolle vereinbar scheint: Führungskräften, die diesen Stil anwenden, gelingt es, ihre Mitarbeiter positiv zu beeinflussen, sie zu inspirieren und zu motivieren, sie intellektuell anzuregen sowie individuell zu überzeugen. Hinzu kommt das Prinzip der Belohnung guter Leistungen, das fester Bestandteil des transaktionalen Führungsverhaltens ist, neben Formen der Erwartungsklärung und Zielvereinbarung/ -Kontrolle. (Felfe, 2006, S. 63; Eagly, Johannesen-Schmidt & Engen, 2003, S. 571; Franken, 2010, S. 266 ff.). Insgesamt bedienen sich weibliche Führungskräfte seltener den laissez-faire-Prinzipien als ihre männlichen Kollegen. Gemäß Eagly et al. korreliert ein laissez-faire-Führungsverhalten nur in geringem Maße mit Führungserfolg (2003, S. 574).

2.3.1 Führungsmotivation

Führungsmotivation zählt neben günstigen betrieblichen Rahmenbedingungen und der individuellen fachlichen Kompetenz zu den wesentlichen Voraussetzungen für die Erlangung einer Führungsposition (vgl. Strunk & Steyrer, 2005, zitiert nach Elprana, Gatzka, Stiehl & Felfe, 2012, S. 201). Elprana et al. definieren sie als spezifische Präferenz zur Erlangung bzw. zum Ausbau einer Führungsposition (2012, S. 201). Motivierte Führungskräfte zeichnen sich durch eine hohe Identifikation, Eigeninitiative, Zufriedenheit, Ausstrahlung und Optimismus aus (Kehr & Bless, 1999, S. 1-3). Für die Betrachtung von Führungsmotivation wird die Theorie nach McClelland und Boyatzis herangezogen, die für Führungskräfte die Kombination aus einem hoch ausgeprägten Machtmotiv sowie einem niedrig ausgeprägten Zugehörigkeits- bzw. Anschlussmotiv formuliert (zit. in Franken, 2010, S. 95). Machtmotivierte Menschen sind darauf aus, überlegene Positionen zu erreichen und Einfluss zu nehmen - es fällt ihnen leicht zu delegieren und die Leistung anderer Mitarbeiter zu bewerten. Menschen mit einem ausgeprägten Bindungs- und Zugehörigkeitsbedürfnis sind hingegen gute Kooperationspartner und suchen kontaktintensive Interaktionen und persönliche Beziehungen. Als Teamplayer sind sie eher konkurrenzscheu. Weiterhin sollten Führungspersonen mindestens über ein durchschnittliches Leistungsmotiv verfügen, was sich in dem Drang nach Leistung sowie dem Wunsch äußert, Aufgaben besser und effizienter zu erfüllen, als dies zuvor erreicht worden war. Sie fühlen sich von herausfordernden Zielen angezogen. Was genau macht nun Führung für Führungskräfte attraktiv? Elprana et al. identifizierten die sechs Interessensfelder: Gestaltung, Autonomie, Verantwortung, Bestätigung, Mentoring sowie Wachstum. So können sich Personen in ihrer beruflichen Tätigkeit davon angezogen fühlen, Prozesse nach eigenen Ideen verändern zu können und dabei unabhängige Entscheidungen zu fällen, für die sie die Verantwortung tragen - ebenfalls mit Blick auf weitere, involvierte Mitarbeiter. Personen mit einem ausgeprägten Führungsmotiv ziehen persönliche Bestätigung aus ihrer Rolle sowie damit verbundenes Ansehen, Anerkennung und Prestige. Es bereitet der beschriebenen Zielgruppe große Freude, andere voran zu bringen, als Orientierung zu dienen und dabei Neues zu erleben, Neugierde zu befriedigen und bestehendes Wissen weiter auszubauen (Ebd., 2012, S. 206-207). In der Studie von Wottawa et al. (2011) werden für weibliche Nachwuchsführungskräfte insbesondere intrinsische Motivationspotenziale benannt. In ihrer Studie zeigt sich für weibliche Teilnehmerinnen ein hohes Bedürfnis, ethische Werte in der Gestaltung ihres Umfelds zu verwirklichen, Spaß am Beruf zu erleben und ein entsprechendes Image zu pflegen. Mit zunehmender Berufsrealität steigen das Bedürfnis nach Macht ebenso wie der Wert, Familie zu haben. Laut der Ergebnisse von Kehr und Bless (1999, S. 3) gelingt es besonders intrinsisch motivierten Führungskräften, Ziele besser umzusetzen und Mitarbeiter zu motivieren, als Führungskräften, die an Karriere, Gehalt und Sicherheit orientiert seien.

In ihrer Befragung von 50 Personalverantwortlichen werden von Kehr und Bless als Ursachen für Motivationsdefizite Überforderung, Stressanfälligkeit, persönliche Probleme sowie Ziellosigkeit der Führungskräfte verantwortlich gemacht (ebd., 1999, S. 3). Rastetter (2009) weist darauf hin, dass eine Führungsposition permanent abgesichert und verteidigt werden muss und somit keineswegs als „sicherer Arbeitsplatz" anzusehen ist (2009, S. 5). Die Gefahr, tief zu fallen, ist gegeben. Elprana et al. fanden in ihrer Expertenbefragung psychischen Druck, den Verlust inhaltlicher zugunsten administrativer Arbeit sowie ausgeprägte Formen von Work-Life-Konflikten als Ursachen dafür, dass längst nicht alle geeigneten Personen auch aktiv in Führung gehen. Sie legen nahe, dass insbesondere Frauen von den Motivationshindernissen betroffen sein könnten (ebd., S. 208).

2.3.2 Führung und Persönlichkeit

Neben der motivationalen Ausstattung einer Führungskraft wird ihrer Persönlichkeit eine wesentliche Bedeutung zugeschrieben (vgl. hierzu Chan & Drasgow, 2001). Judge, Ilies, Bono und Gerhardt, (2002) zeigten in ihrer Metaanalyse von Führungsstudien, dass insbesondere Personen, die extravertiert im Sinne von lebendig, gesellig, aktiv und durchhaltevermögend sind, eine besondere Führungseignung aufweisen (S. 768). Insgesamt wurde für das Fünf-Faktoren-Modell der Persönlichkeit („Big-Five") eine starke multiple Korrelation (R=.39-.53) mit sog. „Leadership effectiveness" nachgewiesen. Das bedeutet, dass ein begründeter Zusammenhang zwischen sog. „überzeugenden Führungspersönlichkeiten" und Eigenschaften wie Extraversion, Gewissenhaftigkeit (z.B. in Form von Initiative und Beharrlichkeit) und Offenheit für neue Erfahrungen (insbesondere durch die Fähigkeit, divergent zu denken und kreativ zu handeln) besteht. Weiterhin sind als erfolgreich wahrgenommene Führungskräfte emotional stabil (durch ein gutes Selbstwertgefühl ausgestattet) und zu einem gewissen Grad verträglich im Kontakt mit ihrem sozialen Umfeld.

2.4 Attributionsstile und Irrational Beliefs als mentale Aufstiegsbarrieren

Unter der sog. „Attributionstheorie" werden sozial-kognitive Ansätze zusammengefasst, wie Personen sich die Ereignisse in ihrer Umwelt und Verhaltensweisen anderer Menschen kausal erklären. So können bestimmte Wahrnehmungen grundsätzlich durch innerhalb (internal) oder außerhalb (external) der eigenen Person begründete Ursachen erklärt werden (vgl. hierzu Sabini, 1995, S. 152). Diese Deutungen können zeitlich stabil oder veränderlich attribuiert werden und global auf alle Menschen oder spezifisch auf eine Person bzw. Personengruppe bezogen interpretiert werden (Heckhausen & Heckhausen, 2010, S. 422). Insbesondere unter der Bedingung von Unsicherheit kann es zu Fehlinterpretationen von Informationen und unangemessenen Kausalschlüssen kommen (Kelley, 1967, zitiert nach Zimbardo & Gerrig, 2004, S. 766). Bedeutsam ist in diesem Zusammenhang die Erkenntnis, dass die Neigung einer Person, sich Phänomene ihres Umfelds zu erklären (Attributionsstil), Einfluss auf ihre seelische Gesundheit und ihr Selbstvertrauen hat. Vor dem Hintergrund der Betrachtung weiblicher Aufstiegswege interessiert, wie Frauen und Männer in Führungspositionen sich ihren Erfolg erklären. Nach Weiner (1985, S. 549-550) ist mit Blick auf eigene Leistungserwartungen zentral, Erfolg nicht nur internal, sondern auch stabil zu attribuieren, um in der Erwartung zu leben, vergangene Leistungsergebnisse auch in Zukunft wieder erbringen zu können, also sich dauerhaft erfolgreich zu fühlen.

Ellis (2004) beschreibt in seiner rational-emotiven Verhaltenstheorie die menschliche Tendenz, irrational zu denken, zu fühlen und zu handeln (S. 18). Diese Neigung führt zu unangemessenen Situationsbewertungen oder gar überhöhten Ansprüchen an sich selbst. In dem Streben, immer perfekt sein zu wollen oder ständig um die Anerkennung durch die Umwelt zu werben, entstehen emotionale Probleme (S. 30). Als dysfunktional und selbstwertgefährdend identifiziert der Autor Wut, Ärger, Selbstkritik (Scham, Erniedrigung), Angst und Depression (z.B. Schuld). Dem gegenüber stellt er mögliche gesunde, im Sinne von „nicht selbstschädigende", Empfindungen von Irritation, Besorgnis, Traurigkeit oder Unzufriedenheit bzw. Zweifel (S. 28). Der „Weg" zu gesunden negativen Empfindungen und Umgangsweisen führt laut Ellis beispielsweise darüber, Wünsche formulieren zu können. Weiterhin zählt er Durchhaltevermögen, Empathie, Gelassenheit, Konfliktfähigkeit, Mut und Toleranz zu den kritischen Eigenschaften (ebd., S. 26).
Bei der Erforschung von Hintergründen der Repräsentanz weiblicher Führungskräfte im Gesundheits- und Sozialwesen interessiert nun, ob Frauen eher als Männer dazu neigen, aufgrund irrationaler Überzeugungen dysfunktionalen Gefühlen zu unterliegen, die sich als mentale Blockaden auf dem Weg in eine Führungsposition bemerkbar machen.

2.5 Gender Diversity

Der Wandel in Unternehmen wird neben ökonomischen und politischen Zielsetzungen u.a. von sozialen und demografischen Faktoren beeinflusst: Fachkräftesicherung, Migrationsprozesse, Geschlechterparität im Erwerbsleben und die Alterung der Gesellschaft führen zu einer steigenden Heterogenität von Mitarbeiterschaft, Kundenzielgruppen, und des organisationalen Umfelds (Franken, 2010, S. 318). Daraus entsteht eine Vielfalt demografischer Merkmale, Erfahrungen und Know-How, von Wertesystemen, Persönlichkeiten und sozialem Status, die positiv berücksichtigt und gelingend in Einklang gebracht werden wollen (vgl. Langhoff, 2009, S. 229). Für Organisationen bedeutet dies aufgrund des üblicherweise vorherrschenden Anpassungsdrucks und der Tendenz zu sog. „Monokulturen" eine enorme Anforderung im Sinne von Öffnung und Flexibilisierung (Cox, 1993, zitiert nach Franken, 2010, S. 323). Dieser Prozess bedarf der Schaffung einer Kultur des Respekts und der Anerkennung, in der Individualität und Pluralität erwünscht und gefördert und in der alle Organisationsmitglieder strukturell integriert und personalpolitisch berücksichtigt werden. Die enormen Vorteile einer „Diversity-freundlichen" Organisationskultur werden von verschiedenen Autoren hervorgehoben (Klaffke, 2009, S. 142, Langhoff, 2009, S. 231 ff., Vedder, 2006, S. 11). Ihnen zufolge bestehe eine wesentliche Voraussetzung zur gelingenden Umsetzung des Ansatzes darin, dass das Verständnis in die Philosophie und das Leitbild einer Organisation aufgenommen und vom Top-Management über einen langjährigen Prozess initiiert, vorangebracht und auf allen Ebenen verstetigt werde.

Ergänzend zu dem strukturellen Ansatz des Diversity-Managements existieren Befunde zum sog. „Diversity-Klima" in Einrichtungen, das die Identitätsstrukturen, Vorurteile, Stereotypen, Ethnozentrismen und Mechanismen informeller Integration umfasst (Moon, 1997, S. 10 ff). Stegmann (2011) untersuchte im Kontext der Theorie Sozialer Identität die emotionale Komponente sog. „diversity groups". Dabei betrachtete er u.a. den Zusammenhang zwischen gegenseitigem empathischen Einfühlungsvermögen und der Qualität kognitiver Arbeitsprozesse. Seine Ergebnisse legen nahe, dass das Klima in Organisationen in Abhängigkeit der Überzeugungen von Gruppenmitgliedern unterschiedlich günstig für Gender Diversity sein kann: Wachstumsorientierte Unternehmen zeigen sich offener gegenüber Frauen im Top Management als solche, die keine Wachstumsstrategie verfolgen (S. 17). In seiner Studie zeigen sich positive Effekte, wenn eine Gruppe dazu angeregt wird, emotional miteinander in Kontakt zu treten und Empathie füreinander zu entwickeln. Dies verbessert das Diversity-Klima und wirkt sich positiv auf die Leistung der Gruppe und ihrer einzelnen Individuen aus (S. X).

Rastetter (2009) kritisiert zu Recht, dass die Bestrebungen des Diversity Managements in Organisationen nicht das Hauptziel verfolgen, Chancengleichheit für Mitarbeiterinnen herzustellen: Vielmehr gehe es darum, weibliche Arbeitskraft optimal zu nutzen, sobald nicht genügend männliche Arbeitskräfte vorhanden sind (S. 8).

Zusammenfassend kann davon ausgegangen werden, dass die Aufstiegswege auf der Ebene der Person durch motivationale Dispositionen, Persönlichkeitseigenschaften, Werte, Interessen, Vorerfahrungen (wozu neben organisationalen auch geschlechterspezifische Sozialisationserfahrungen zu zählen sind) und kognitive Grundfähigkeiten determiniert werden (vgl.

auch Chan & Drasgow, 2001, S. 482). Außerdem konnte gezeigt werden, welche Einflüsse Geschlechterrollenerwartungen haben können. Das folgende Kapitel beschreibt, wie die einzelnen Konstrukte methodisch umgesetzt werden.

3 Das Forschungsdesign

Zielgruppengewinnung

Um die Aufstiegsbedingungen von weiblichen Führungskräften im Gesundheits- und Sozialwesen zu analysieren, wurde eine bundesweite telefonische Befragungen mit insgesamt 31 weiblichen Führungskräfte aus Handlungsfeldern des Gesundheits- und Sozialwesens sowie aus der Erwachsenenbildung eines sozialpolitischen Kontexts durchgeführt. Ausgehend von den operativen Bereichen der großen deutschen Wohlfahrtsverbände wurden bundesweit Frauen aus den Feldern Kinder- und Jugendhilfe, Hilfen für Menschen mit Behinderung, Hilfen für ältere und pflegebedürftige Menschen sowie aus dem Bereich der Suchthilfe angeschrieben. Im Verlauf der Studie ergaben sich weitere Kontakte zu weiblichen Führungskräften aus sozialen und kirchlichen Verbänden, Regelinstitutionen sowie öffentlich-rechtlichen Einrichtungen. Einen Überblick über die Befragungsteilnehmerinnen liefert Tabelle 3.1:

Tabelle 3.1: Berufliche Branchen der befragten Führungskräfte

Branche	Anzahl	%
Erwachsenenbildung, Hochschulen	6	19,4
Regelinstitutionen, Politik, öffentlich rechtliche Einrichtungen	5	16,1
Kirchliche/ Soziale Verbandsstrukturen	5	16,1
Operativer Bereich: Hilfen für Menschen mit Behinderung	5	16,1
Operativer Bereich: Hilfen für Ältere	4	12,9
Operativer Bereich: Kinder, Jugendliche, Familien	3	9,7
Operativer Bereich: Hilfen für kranke, suchtkranke Menschen	1	3,2
Personalentwicklung	2	6,5
Gesamt (N)	31	

Leitend für die Gewinnung und Ansprache der Stichprobe war neben der Zugehörigkeit zu diesem beruflichen Sektor das Verfügen über Aufstiegserfahrungen in eine mittlere oder obere Führungsposition. Die Befragungsteilnehmerinnen verfügen über umfangreiches Erfahrungswissen, das sie aus ihren beruflichen Erfahrungen gewonnen haben. In den Interviews äußerten zudem einige erfahrene Führungskräfte reflektierte Einsichten bezüglich der Auswahl und Entwicklung ihrer Mitarbeiterinnen und Mitarbeiter. Zu Beginn jedes Gesprächs wurden die Teilnehmerinnen über die Motivation der Befragung, den Hintergrund des Wettbewerbs „Aufstieg durch Bildung – offene Hochschulen", sowie die spätere Verwendung der Ergebnisse zu Veröffentlichungszwecken informiert. Nachdem die Befragten der Aufzeichnung des Gesprächs zugestimmt hatten, schloss sich ein durchschnittlich vierzigminütiges, leitfadengestütztes Interview an. Alle Interviews konnten störungsfrei durchgeführt werden. Die Tonbandaufnahmen wurden abgehört und die Inhalte in eine Rohdatentabelle übertragen.

Interviewleitfaden
Zur Strukturierung der explorativen Expertinneninterviews wurde ein standardisierter Leitfaden erstellt. Im Fokus der Analyse des weiblichen Aufstiegs stehen die (1) „Bedingungen für Potenzialentfaltung", von denen die befragten Führungskräfte sowie ihre Mitarbeiterinnen während der vertikalen Entwicklung in eine Führungsposition profitiert haben. Aus personenbezogener Sichtweise dürften hiermit spezifische (2) „Aufstiegskompetenzen" einhergehen. Ergänzend hierzu wurden die Befragungsteilnehmerinnen um eine Selbst- und Fremdwahrnehmung bezüglich der im Theorieteil dargestellten und für Führungskräfte wichtigen (3) „Persönlichkeitseigenschaften" und „Motivlagen" auf einer sechsstufigen Skala von „sehr gering ausgeprägt" bis „sehr stark ausgeprägt" gebeten. Nachdem die Befragten die Ausprägungen der Faktoren für typisch weibliche Führungskräfte ihres Umfelds abgegeben hatten, wurden sie in einem zweiten Durchgang um eine Einschätzung ihrer männlichen Kollegen in Führungspositionen gebeten. Kategorie 4 widmet sich der Frage nach genderspezifischen, mentalen und strukturellen „Aufstiegshürden". „Erfolgsstrategien und Lernprozesse" zu ihrer Überwindung sind Gegenstand der 5. Kategorie. Um Hinweise auf eine gendersensible Gestaltung des „Anreiz- und Belohnungssystems" zu erhalten, wurden die Fragen zu Kategorie 6 formuliert. Merkmale der „Kultur für Gender Diversity" und positive Erfahrungen der Befragten in der Zusammenarbeit mit männlichen Führungskräften sind Gegenstand der Kategorie 7.
Die Kategorien 2, 3, 4 und 7 dieses Leitfadens basierten auf einer theoretischen Grundlegung. Den Kategorien 1, 5, 6, und 8 näherte sich die Autorin lediglich mit wenigen Vorannahmen und konkreten wissenschaftlichen Anhaltspunkten aus den zitierten empirischen Studien. Aufgrund der Brisanz der politischen Diskussion[19] um die „Einführung einer gesetzlichen Frauenquote" für die Besetzung von Führungspositionen, wurden die Teilnehmerinnen um eine Einschätzung und Meinungsäußerung zu dieser Frage gebeten (8).

---

[19] Vgl. hierzu „*Merkel und Schröder lehnen EU-Quote ab*", Spiegel-Online vom 14.11.12; „*Es muss ein Ruck durch die Männerwelt gehen*", Süddeutsche Zeitung vom 30.11.12, „*Charta der Vielfalt. Berliner Polizeichefin will Frauenquote*", www.Tagesspiegel.de vom 21.09.2012

4 Ergebnisse der Studie

4.1 Aufbau der Ergebnisdarstellung

Nach der Vorstellung der soziodemografischen Daten zur Stichprobenbeschreibung werden die Befragungsergebnisse in Anlehnung an den Interviewleitfaden in personenbezogene sowie struktur- und organisationsbezogene Aufstiegsfaktoren gebündelt. Aus der Zusammenfassung personenbezogener Aufstiegsfaktoren können Hinweise für die Rekrutierung, Qualifizierung und Bindung weiblicher Nachwuchsführungskräfte abgeleitet werden. Die struktur- und organisationsbezogenen Faktoren lassen Rückschlüsse auf organisationale Gestaltungsmöglichkeiten für soziale Einrichtungen zu. Die Aufteilung ist in Tabelle 4.1 zusammenfassend dargestellt.

Tabelle 4.1: Zuordnung der Leitfadenkategorien zu personenbezogenen und strukturellen Aufstiegsfaktoren

Aufstiegsfaktoren personenbezogen	Aufstiegsfaktoren struktur- und organisationsbezogen
• Aufstiegskompetenzen	• Bedingungen für Potenzialentfaltung
• Persönlichkeitseigenschaften, Motivlagen	• Anreiz- und Belohnungssystem
• mentale Aufstiegshürden	• strukturelle Aufstiegshürden
• Erfolgsstrategien und Lernprozesse	• Kultur für Gender Diversity
	• Einführung einer Frauenquote

4.2 Soziodemografische Daten und berufsrelevante Angaben

Für die vorliegende Studie wurden Teilnehmerinnen befragt, die entweder Funktionen der Personalleitung bzw. Geschäftsführung übernommen haben und Budgetverantwortung besitzen oder eine operative Leitungsfunktion (beispielsweise in einer Kindertagesstätte, Sozialstation oder Behindertenwerkstätte) inne haben. Somit werden zwei Managementsichtweisen in der Stichprobe abgebildet: Eine Makrosichtweise, die die Einrichtung als Ganzes sowie ihr politisches Umfeld im Blick hat und eine Mesoebene operativer Führung, die unter dem Gesichtspunkt eines mangelnden Führungskräftenachwuchses für dieses Forschungsprojekt von Bedeutung ist.

Alter und Bildungsabschluss

Die Führungskräfte waren zum Zeitpunkt der Befragung im Durchschnitt 48 Jahre alt. 21 Befragte (67,7%) besitzen einen universitären Bildungsabschluss, sechs Führungskräfte (19,4%) haben einen weiterqualifizierenden Aufbaustudiengang an einer Fachhochschule absolviert und vier Personen (12,9%) eine Berufsausbildung.

Familienstand

Der Großteil der Interviewten (83,9%) lebte zum Zeitpunkt der Befragung in einer festen Partnerschaft. 21 (67,7%) Führungskräfte sind Mütter, unter denen zwei Frauen ihre Karriere als Alleinerziehende aufgebaut haben. Ein Teil der befragten Mütter konnte während der Aufstiegsphase und Geburt der Kinder auf die Unterstützung ihrer Partner zurückgreifen, meist in Form einer temporären Reduzierung der Arbeitszeit des Vaters auf 50% des Stellenumfangs. Diesen Umstand bewerteten die Frauen als sehr entscheidend für den Erfolg ihrer beruflichen Karriere. Fünf Personen (16,1%) gaben an, derzeit Single zu sein.

Führungserfahrung, Mitarbeiterspanne und Verantwortungsbereiche

Im Durchschnitt betrug die Führungserfahrung der Befragten 14 Jahre. Die Spanne der unterstellten Mitarbeiterinnen und Mitarbeiter reicht von weniger als fünf Personen bis hin zu 320 Angestellten. Das Gros der Befragten führt zwischen elf und fünfzig Mitarbeitern; der Durchschnitt liegt bei 30 Personen. Tabelle 4.2 stellt die Verteilung der Anzahl der geführten Mitarbeiterinnen und Mitarbeiter zusammenfassend dar.

Tabelle 4.2: Mitarbeiterspanne der befragten Führungskräfte

Anzahl befragter Frauen	6 (19,4%)	7 (22,6%)	14 (45,2%)	2 (6,5%)	1 (3,2%)
Anzahl ihrer Mitarbeitenden	1-5	6-10	11-50	51-150	Mehr als 150

Bezüglich ihres **Aufgaben- und Verantwortungsbereiches** gaben die Interviewpartnerinnen an, neben der Personalverantwortung auch für die inhaltliche Konzeption der Einrichtung zuständig zu sein, Großprojekte zu leiten, Öffentlichkeitsarbeit zu leisten und für Kontakte mit der Zielgruppe der Einrichtung, Vernetzung im Umfeld sowie politische Repräsentation zuständig zu sein. Zehn (32,3%) der befragten Führungskräfte gaben an, die Geschäftsführung innezuhaben; 26 (83,9%) Befragte tragen Budgetverantwortung oder Budgetmitverantwortung.

4.3 Aufstiegsfaktoren

4.3.1 Aufstiegsfaktoren: struktur- und organisationsbezogen

Die Aufzählung struktur- und organisationsbezogener Ergebnisse umfasst aggregierte Aussagen zu strukturellen Aufstiegshürden, förderlichen (Anreiz-) Bedingungen, einem positiven Entwicklungsklima und der Frauenquote für Führungspositionen.

Strukturelle Aufstiegshürden. Vielfach wurde der Kampf um die Teilnahme an *Weiterqualifizierungsmaßnahmen* genannt:

> *„Ich musste vier Jahre darum kämpfen, das Studium zur Fachwirtin für Organisation und Führung im Sozialwesen machen zu können, da es teilweise in meiner Arbeitszeit*

lag. Weil mein Träger meinte, das sei nicht notwendig, es ginge auch so. Aber ich habe gesagt: Ich will das, was ich tue, auch gelernt haben, brauche dieses Wissen. [...] Finanziert habe ich mir es selbst. Bis sie dann gesehen haben, was es ihnen für Vorteile bringt." (Interview 6)

Eine *Anpassung der Aufstiegsmechanismen* fehlt: So wurden im *Bewerbungsverfahren* negative Erfahrungen mit ausschließlich männlich besetzten Auswahlgremien berichtet, die von einer weiteren Aufstiegsbewerbung abhalten. Insgesamt berichteten die Befragten, dass ihre Familienphase ihnen den Aufstieg erschwert habe und sie mit Schwierigkeiten in der Sicherstellung der *Betreuung ihrer Kinder* zu kämpfen hatten:

„In Deutschland fehlt die Infrastruktur zur Kinderbetreuung, da sind uns andere Länder voraus: Frankreich, Holland. In Deutschland haben wir eine Emanzipation ohne Strukturentwicklung. Oftmals sind es ja dann auch kinderlose Paare, wenn die Frau eine Führungsposition hat." (Interview 3)

Bedeutsam zeigte sich auch in dieser Erhebung die Wirkung von *Stereotypen* gegenüber weiblichen Führungskräften, die sowohl bei männlichen als auch weiblichen Kollegen hinderlich wirken. Die Erfahrungen der Befragten zeigen, dass sie aufgrund ihres Geschlechts, jungen Alters oder dem Aspekt der Mutterschaft ausgeschlossen und nicht als vollwertig, leistungsfähig und verlässlich angesehen werden. Aus den Ergebnissen zu den strukturellen Aufstiegshürden lassen sich die nachfolgenden Hypothesen ableiten:

H1: Das Vorhandensein struktureller Aufstiegshürden im Gesundheits- und Sozialwesens hat einen signifikanten Einfluss auf ihre Bereitschaft von Frauen, in Führung zu gehen.

H1a: Je mehr Mitarbeiterinnen des Gesundheits- und Sozialwesens in operativen Funktionen/ Positionen an betrieblicher Weiterbildung partizipieren, desto eher sind sie bereit, eine Führungsposition zu übernehmen.

H1b: Männlich besetzte Auswahlgremien werden eher negativ erlebt.

H1c: Das negative Erleben des Auswahlverfahrens ist hinderlich für die weitere Aufstiegsbewerbung.

H1d: Mutterschaft stellt eine Hürde bei der Aufstiegsbewerbung dar.

Förderliche (Anreiz-) Bedingungen: Die Befragten nennen an erster Stelle eine *leistungsgerechte, äquivalente Entlohnung* ihrer Tätigkeit. Weiterhin stellen *betriebliche Kinderbetreuungsangebote* und *flexible Arbeitsbedingungen/Arbeitszeitregelungen* mit der Betonung von Arbeitsergebnissen anstelle einer Anwesenheitskultur für Frauen mit Familienpflichten einen Anreiz dar. Belohnungswerte besitzen außerdem *Unterstützungsangebote* von Mentoring, Coaching, Peer-Counseling, Supervision und Austauschplattformen durch den Arbeitgeber.

H2: Wenn Führungspositionen äquivalent für beide Geschlechter vergütet werden, dann sind Mitarbeiterinnen des Gesundheits- und Sozialwesens eher bereit, eine Führungsposition zu übernehmen.

Auf *organisationaler Ebene* nennen die Befragten die Transparenz der Aufstiegswege in einer Einrichtung. Weiterhin bedarf es konkreter *Aufstiegsförderprogramme*, die an Zielvereinbarungen gekoppelt werden. Die Befragten profitierten von Förderern, Fürsprechern und ihren Netzwerken während des Aufstiegs.

H3: Die Aufstiegsmechanismen einer Organisation haben einen Einfluss auf die Bereitschaft von Mitarbeiterinnen des Gesundheits- und Sozialwesens, eine Führungsposition zu übernehmen.

H3a: Wenn Aufstiegsbedingungen innerhalb einer Einrichtung des Gesundheits- und Sozialwesens nicht offen sichtbar sind, dann sind Frauen weniger bereit, eine Führungsposition zu übernehmen.

H3b: Wenn Aufstiegsförderprogramme für Frauen in Einrichtungen des Gesundheits- und Sozialwesens existieren, dann sind Mitarbeiterinnen eher bereit, eine Führungsposition zu übernehmen.

Positives Entwicklungsklima: Das Bedürfnis, Zeit für eine Reifung in die neue Rolle mit einer *sukzessiven Verantwortungsübernahme* zu erhalten, wurde in der Befragung deutlich. *Weibliche Rollenvorbilder* „zum Anfassen" (Interview 11) erleichtern diesen Prozess. Unter einem förderlichen Klima verstehen die Befragten eine Organisationskultur, in der Freiräume und Gelegenheiten zur persönlichen Entfaltung bestehen und die von Ermutigung durch Wertschätzung, Respekt und Lob geprägt ist. *Soziale Unterstützung* von Kollegen und Vorgesetzten tragen zur Potenzialentfaltung ebenso bei wie *Fehlerfreundlichkeit*. Korrespondierend praktizieren die Befragten einen mitarbeiterorientierten Führungsstil, der sehr stark durch Partizipation und Integration geprägt ist.

In der Zusammenarbeit mit männlichen Kollegen wird *Kooperation* mehr geschätzt als *Konkurrenz*. Eine zielorientierte Zusammenarbeit auf Augenhöhe, *aktives Zuhören* der männlichen Kollegen und eine *kollegiale Beziehung* erleichtern die Zusammenarbeit in Gremien. Zur Sensibilisierung der Geschlechter kann von Seiten weiblicher Führungskräfte eine offene Konfrontation männlicher Kollegen mit tradiertem, hierarchischem Entscheidungsverhalten hilfreich sein. Aus diesen Erkenntnissen lassen sich die folgenden Hypothesen ableiten:

H4: **Das Entwicklungsklima in einer Organisation hat einen Einfluss auf die Bereitschaft von Mitarbeiterinnen des Gesundheits- und Sozialwesens, eine Führungsposition zu übernehmen.**

H4a: Eine sukzessive Übernahme verantwortungsvoller Aufgaben erhöht die Wahrscheinlichkeit, eine Führungsposition zu übernehmen.

H4b: Ein restriktiver Umgang mit Fehlern mindert die Bereitschaft von Mitarbeiterinnen, eine Führungsposition zu übernehmen.

H4c: Je mehr Mitarbeiterinnen Ermutigung erfahren, desto eher sind sie bereit, eine Führungsposition zu übernehmen.

H4d: Das Vorhandensein einer kollegialen Beziehung zwischen weiblichen und männlichen Führungskräften steigert die Bereitschaft von Frauen, sich in Prozesse einzubringen.

Aus **politischer Perspektive** sprechen sich 19 Befragte (61%) für die Einführung einer *Frauenquote* aus. Insbesondere langjährig erfahrene Führungsfrauen sehen darin einen entscheidenden Schritt zur Anpassung organisationaler Strukturen an weibliche Aufstiegsbedingungen.

4.3.2 Aufstiegsfaktoren: personenbezogen

Die Ergebnisse zu den personenbezogenen Aufstiegsfaktoren stellen die Aussagen zu Persönlichkeitseigenschaften und motivationalen Voraussetzungen einer Führungskraft dar. Unter der Bezeichnung „Lernprozesse" werden Ergebnisse zu Aufstiegskompetenzen, Emotionsregulationsprozessen und Attributionsstilen zusammengefasst. Abschließend werden Aussagen über persönliche Rahmenbedingungen des Aufstiegs dargestellt.

Persönlichkeitseigenschaften und Motivationsskalen: Weibliche Führungskräfte zeichnen sich laut Einschätzung der Befragten insbesondere durch Gewissenhaftigkeit, Offenheit für Neues und emotionale Stabilität aus. Sie betrachten sich als wesentlich verträglicher und bindungsorientierter als männliche Führungskräfte, wie aus Tabelle 4.3 und Abbildung 4.1 ersichtlich wird.

Tabelle 4.3: Einschätzung der Persönlichkeitseigenschaften für weibliche und männliche Führungskräfte (Mittelwerte; 1=sehr gering ausgeprägt, 6= sehr stark ausgeprägt)

	Frauen	Männer
Extraversion	4,29	4,96
Gewissenhaftigkeit	5,16	4,0
Offenheit für Neues	5,12	4,0
Emotionale Stabilität	4,83	4,35
Verträglichkeit	4,61	3,6

Männliche Kollegen schätzen sie nicht nur als extravertierter, sondern auch als deutlich machtmotivierter ein. Weibliche Führungskräfte übertreffen männliche stark in ihrer Bindungsorientierung und etwas in ihrem Leistungsmotiv (vgl. Abbildung 4.1):

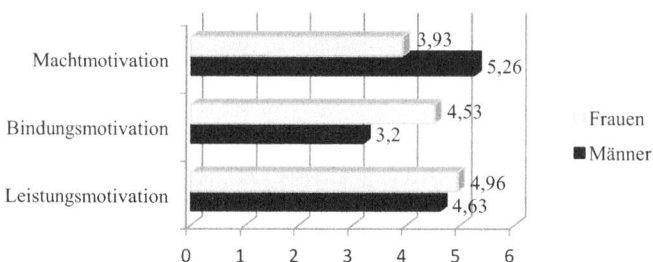

Abbildung 4.1: Einschätzungen der Führungsfrauen bezüglich Machtmotivation, Bindungsmotivation und Leistungsmotivation von weiblichen und männlichen Führungskräften im Vergleich

Für die Befragten zeigen sich diese Persönlichkeitsmerkmale vor allem in einem hohen Selbstvertrauen und Mut. Eine weibliche Führungskraft sollte Ausdauer und Disziplin besitzen. In der Zusammenarbeit und Anleitung von Mitarbeitern ist ein gewisses Maß an Selbstreflexivität unerlässlich („die eigenen Knöpfe und Schalter kennen", Interview 15). Zu einer erfolgreichen Führung gehören weiterhin Begeisterungsfähigkeit und Humor. Um in diesem Feld aufzusteigen, bedarf es Durchsetzungsfähigkeit, Klarheit, Ganzheitlichkeit und situativer Flexibilität. Motivational formulieren die Befragten das Streben nach beruflicher Entwicklung, eine hohe Identifikation mit der Arbeit und ein starkes Bedürfnis nach Gestaltung als Grundvoraussetzungen des Aufstiegs. Für die Persönlichkeitseigenschaften und Motivationsskalen lassen sich folgende Hypothesen formulieren:

H5a: Männliche und weibliche Führungskräfte unterscheiden sich in ihren Persönlichkeitseigenschaften hinsichtlich der Dimensionen Gewissenhaftigkeit, Offenheit und Verträglichkeit.

H5b: Männliche und weibliche Führungskräfte unterscheiden sich hinsichtlich ihrer Bindungs- und Machtmotivation.

Die beschriebenen Persönlichkeitsmerkmale und motivationalen Dispositionen stellen grundlegende personenbezogene Aufstiegsfaktoren dar. Im folgenden Abschnitt werden die notwendigen Lernprozesse beschrieben, die den Erwerb aufstiegsrelevanter Fähigkeiten erlauben.

Lernprozesse: Die vier Kompetenzfacetten des Modells der Aufstiegskompetenz (fachliche -und überfachliche Fähigkeiten, Sozialkompetenzen, Personalkompetenzen und aktivitätsbezogene Umsetzungskompetenzen) bilden sich auch in den Ergebnissen dieser Befragung ab: Zu den *fachlichen und überfachlichen Fähigkeiten* zählen die Befragten eine hohe Fachlichkeit und politisches Interesse. Vor dem Hintergrund der Definition aufstiegsrelevanter *Sozialkompetenzen* sind hier das Anerkennen von Machtverhältnissen und die Fähigkeit, sozialstrategisch aufzutreten, zu nennen. Weiterhin bedarf es der Empathiefähigkeit und dem Einholen von Feedback. Frauen müssen außerdem lernen, sich und ihr Arbeitsfeld abzugrenzen. Mit Blick auf *Personalkompetenzen* nennen die Befragten eine realistische Leistungseinschätzung, Feldbeobachtung (der gesamten Organisation) und das Formulieren und Verfolgen von Zielen. Zu den *aktivitätsbezogenen Umsetzungskompetenzen* gehören neben aktivem sich Einbringen die Ausstrahlung von authentisch-weiblicher Führungsfähigkeit, Selbstwirksamkeit, Professionalität und Charme.

Um sich erfolgreich als Frau in eine Führungsposition zu entwickeln, bedarf es - den Aussagen der Befragten zufolge - eines erfolgreichen *Emotionscopings* im Sinne der Regulation von Emotionen wie Angst, Frustration, Enttäuschung oder Trauer. Zu Beginn der Führungsübernahme kann dies eine enorme Herausforderung darstellen, die im Lauf der Jahre abnimmt.

Prozesse der *Selbsthinterfragung und Selbstkritik* sollten in einem der Situation angemessenen („funktionalen") Rahmen verlaufen und dürfen nicht im Sinne eines „schlechten Gewissens" überbetont werden.

> *„Wir gehen nach einem erfolgreichen Tag aus dem Büro und grübeln über die eine Situation, in der es nicht so gut gelaufen ist." (Interview 14)*

Ein weiterer Lernprozess kann darin bestehen, den *eigenen Erfolg anzuerkennen und internal zu attribuieren*. Etwa die Hälfte der Befragten (45%) war der Ansicht, weibliche Führungskräfte seien auf einem guten Weg dazu. Die Mehrheit (61%) sieht dieses Erfolgsgefühl jedoch als instabil, also nicht überdauernd, an. Ein überdauerndes Erfolgsgefühl sei meist das Ergebnis langjähriger Erfahrungen in der Führungsrolle. Hinsichtlich des *Umgangs mit Misserfolgen* sehen die Befragten weibliche Kollegen den männlichen gegenüber deutlich im Nachteil: So geben 58% der Befragten an, Frauen würden ihre Niederlagen internal-stabil attribuieren und hätten somit „länger daran zu knabbern" (Interview 21). Die meisten Interviewpartnerinnen (84%) nehmen wahr, Männer würden ihren Misserfolg schneller „beiseite stellen" (Interview 4) und eher external-instabil attribuieren. Ziel des Lernprozesses müsse sein, Absagen als Herausforderungen anzunehmen. Aus diesen Erkenntnissen ergibt sich folgende Hypothese:

H6: Weibliche Führungskräfte attribuieren Erfolg external und Misserfolg internal.

Persönliche Rahmenbedingungen: Zu den personenbezogenen Aufstiegsfaktoren zählen schließlich *Werthaltungen*, wie ein positives Menschenbild, Toleranz und Wertschätzung. Ein stabiles *privates Umfeld*, geprägt durch die aktive Sorge der Väter um die Kinder und Rückhalt aus sozialen Systemen stärken. Die Trennung beruflicher und privater Anliegen erweise sich als vorteilhaft.

H7: Je mehr Mitarbeiterinnen des Gesundheits- und Sozialwesens Unterstützung durch Ehepartner, Eltern, Geschwister, Kinder oder Freunde bei der Verrichtung familiärer Pflichten erhalten, desto eher sind sie bereit, eine Führungsposition zu übernehmen.

5 Schlussbetrachtung

Ziel dieser Studie war, Erkenntnisse zu bestehenden Aufstiegsbarrieren für weibliche Nachwuchsführungskräfte im Gesundheits- und Sozialwesen zu identifizieren und Faktoren zu benennen, die der Potenzialentfaltung dieser Zielgruppe zuträglich sind. Die Ergebnisse weisen auf personenbezogene und struktur- bzw. organisationsbezogene Aufstiegsfaktoren hin: *Auf personenbezogener Seite* haben sich die Persönlichkeitseigenschaften des „Big Five"-Modells der Persönlichkeit als grundlegend erwiesen (vgl. 2.3.2). Die Ergebnisse deuten darauf hin, dass es genderspezifische Unterschiede in der Gewissenhaftigkeit, Offenheit und Verträglichkeit von Führungskräften gibt. Gleiches gilt für Macht- und Bindungsorientierung: Frauen sehen sich und ihre Kolleginnen gegenüber Männern als weniger machtorientiert an. Insbesondere bei der erstmaligen Übernahme einer Führungsaufgabe kann die „Machtergreifung" für Frauen eine enorme Hürde darstellen. Weiterhin betrachten sie sich als stärker bindungsorientiert, was sie jedoch für ihre Führungsaufgabe im Gesundheits- und Sozialwesen als vorteilhaft bezeichnen. Lernprozesse wie der Erwerb von Aufstiegskompetenz, Emotionsregulation und die angemessene Attribution von Erfolg und Misserfolg sind für die Zielgruppe relevant. Ein ungünstiger Attributionsstil von weiblichen Führungskräften hat sich bestätigt und bietet entscheidende Ansatzpunkte für die Begleitung von aufstiegsorientierten Frauen. Nicht zu vernachlässigen sind zudem die persönlichen Rahmenbedingungen, wie die direkte Unterstützung durch den Partner. *Auf struktur- und organisa-*

tionsbezogener Seite wurden Hürden identifiziert, wie fehlende betriebliche Weiterqualifizierung, eine fehlende Anpassung der Aufstiegsmechanismen in einer insgesamt männlich dominierten Kultur und die Wirkung von geschlechtsrollenspezifischen Stereotypen. Es wurden förderliche Bedingungen identifiziert, unter denen die Transparenz von Aufstiegswegen und die Begleitung durch Förderer in der Organisation neben konkreten Zielvereinbarungsprogrammen für Frauen besonders wichtig erscheinen. Die Interviews gaben umfassend Aufschluss über eine diversityfreundliche Unternehmenskultur, die Entwicklungsfreiräume öffnet, Zeit zum Wachstum in eine neue Führungsrolle ermöglicht, und in der produktiv und offen mit Fehlern weiblicher und männlicher Mitarbeiter umgegangen wird.

Der politische, kontrovers diskutierte Apell, durch Einführung einer Frauenquote für Führungspositionen Organisationen dazu zu befördern, sich nachhaltig mit ihrer Gestaltung der Personalsituation auseinander zu setzten und Konsequenzen im Sinne der Chancengerechtigkeit zu ziehen, wird in dieser Stichprobe begrüßt. Ein Vergleich zwischen der Einschätzung im Sozial- und Gesundheitssektor mit der freien Wirtschaft könnte interessant sein.

Hinsichtlich der untersuchten Aufstiegshürden haben sich bestehende Ergebnisse aus anderen Studien, wie beispielsweise „Frauen in Führungspositionen- Barrieren und Brücken." in dieser Stichprobe bestätigt. Die Wirkung der beschriebenen Stereotype wurde unterstrichen und die Benachteiligung von Frauen (in Teilzeittätigkeiten) bei der betrieblichen Weiterqualifizierung kritisch hervorgehoben (vgl. hierzu „Perspektive 2025: Fachkräfte für Deutschland", Bundesagentur für Arbeit, S. 41). Das Ergebnis, dass insbesondere eine leistungsgerechte, äquivalente Bezahlung von Frauen in Führungspositionen als Belohnung empfunden wird, ist für den sozialen Sektor hervorzuheben. Bei der Begleitung und Entwicklung weiblicher Nachwuchsführungskräfte ist der Wunsch, Zeit für eine Reifung in die neue Rolle zu erhalten, besonders zu berücksichtigen. Emotionsregulationsprozesse im Management erscheinen vor dem hohen Stellenwert der Beziehungspflege in sozialen Einrichtungen als weiterer Ansatzpunkt für die Entwicklung aufstiegsorientierter Mitarbeiterinnen, insbesondere, wenn Führungskräfte aus der Rolle der Kollegin in die Führungsrolle aufsteigen.

Die Ergebnisse zum Erwerb von Aufstiegskompetenzen bieten vielfältige Ansatzpunkte für die Gestaltung der Aufstiegsqualifizierungen, die im Rahmen des Projekts BEST WSG als Pilotversuche geplant werden: Insbesondere der Bereich der Personalkompetenzen erscheint trainierbar, womit ein bewusstes, karrierebezogenes Selbstmanagement unterstützt werden wird. Die Formulierung einer persönlichen Karrierestrategie und die Arbeit am eigenen, führungsbezogenen Kompetenzportfolio sind hierbei zwei wesentliche Elemente. Begleitend können wichtige Impulse an das Personalmanagement sozialer Einrichtungen für die Gestaltung der Aufstiegsförderung von Mitarbeiterinnen gerichtet werden. In der bewussten Gestaltung einer gendersensiblen Kultur und eines entwicklungsförderlichen Klimas werden lohnende und nachhaltige Ansatzpunkte gesehen.

Die geplante quantitative Befragung unter Führungskräften und Mitarbeitern des sozialen Sektors soll Aufschluss über die Anforderungen an Führungsaufgaben des mittleren Managements geben. Weiterhin sollen genderspezifische Effekte der Gestaltung von Personalauswahl- und Qualifizierung, der Wirkung von personenbezogenen und strukturbezogenen Fördersystemen, von Vergütung, Persönlichkeit und Organisationskultur abgebildet werden.

Literaturverzeichnis

Allmendinger, J. (2009). *Frauen auf dem Sprung. Wie junge Frauen heute leben wollen.* Bundeszentrale für politische Bildung. Schriftenreihe, Band 1024. Bonn.

Beck, U. (1986). *Risikogesellschaft. Auf dem Weg in eine andere Moderne.* Frankfurt: Suhrkamp.

Bertelsmann Stiftung (Hrsg.) (2006). Karrierek(n)ick Kinder. Mütter in Führungspositionen- ein Gewinn für Unternehmen. Unter Mitarbeit von Helga Lukoschat und Kathrin Walther. Gütersloh. Zugriff am 21.11.2012 unter http://www.e-cademic.de/data/ebooks/extracts/9783892048909.pdf

Brettschneider, J. (2008). Frauen in Führungspositionen: Anspruch und Wirklichkeit von Chancengleichheit. Eine empirische Untersuchung in Hamburger Unternehmen im Kontext der Organisationskultur. Schriften zur Arbeits-, Betriebs- und Organisationspsychologie, 38. Hamburg: Verlag Dr. Kovac

Bundesagentur für Arbeit (2011). *Perspektive 2025: Fachkräfte für Deutschland.* Nürnberg.

Bundesministerium für Familie, Senioren Frauen und Jugend (Hrsg.) (2010a). Frauen in Führungspositionen. Barrieren und Brücken. Unter Mitarbeit von Carsten Wippermann. Heidelberg: Sinus Sociovision. Zugriff am 21.11.2012 unter http://www.bmfsfj.de/BMFSFJ/Service/publikationen.html

Bundesministerium für Familie, Senioren Frauen und Jugend (Hrsg.) (2010b). *Frauen machen neue Länder.* Unter Mitarbeit von Uta Bauer, Susanne Dähner und Carsten Wippermann. Zugriff am 08.02.2013 unter http://www.bmi.bund.de/SharedDocs/Downloads/BODL/FmnL/studie_lang.pdf

Catalyst (2002). Women in Leadership. A European Business Imperative. Zugriff am 21.11.2012 unter http://www.catalyst.org/publication/92/women-in-leadership-a-european-business-imperative

Chan, K.-Y. & Drasgow, F. (2001). Toward a Theory of Individual Differences and Leadership: Understanding the Motivation to lead. *Journal of Applied Psychology, 86,* 481–498.

Dyrchs, S. & Strack, R. (2012). Shattering the Glass Ceiling. An Analytical Approach to Advancing Women into Leadership Roles. The Boston Consulting Group. Zugriff am 21.11.2012 unter https://www.bcgperspectives.com/content/ articles/leadership_change_management_shattering_the_glass_ceiling

Eagly, A.H., Johannesen-Schmidt, M.C. & van Engen, M.L. (2003). Transformational, transactional, and laissez-faire leadership styles: a meta-analysis comparing women and men. *Psychological Bulletin, 4,* 569–591.

Ellis, A., Hoellen, B. (2004). *Die Rational-Emotive Verhaltenstherapie – Reflexionen und Neubestimmungen* (2. Aufl.). Stuttgart: Klett-Cotta.

Elprana, G., Gatzka, M., Stiehl, S. & Felfe, J. (2012). Führungsmotivation: Eine Expertenperspektive zum Konstrukt und seiner Bedeutung. *Report Psychologie, 37*, 200–211.

Felfe, J. (2006). Validierung einer deutschen Version des „Multifactor Leadership Questionnaire" (MLQ Form 5x Short) von Bass und Avolio (1995). *Zeitschrift für Arbeits- und Organisationspsychologie, 2*, 61-75.

Franken, S. (2010). *Verhaltensorientierte Führung. Handeln, Lernen und Diversity in Unternehmen* (3. Aufl.). Wiesbaden: Gabler.

Goesmann, C. & Nölle, K. (2009). Die Wertschätzung für die Pflegeberufe im Spiegel der Statistik. Arbeitspapier. Technische Universität Dortmund. Zugriff am 11.02.2013 unter www.berufe-im-schatten.de/data/statistik_pflege_1.pdf

Hans Böckler Stiftung (2012). Zukünftiger Qualifikations- und Fachkräftebedarf. Handlungsfelder und Handlungsmöglichkeiten. Unter Mitarbeit von Winfried Heidemann. Zugriff am 04.02.2013 unter http://www.boeckler.de/pdf/ mbf_pb_fachkraeftemangel _heidemann.pdf

Hartge, T. (2011). No Return on Investment? Frauen in Führungspositionen. *Personalführung, 7,* 1-2.

Heckhausen, J. & Heckhausen, H. (2010). *Motivation und Handeln* (4. Aufl.). Berlin: Springer.

Heilmann, M.E., Simon, M.C. & Repper, D.P. (1987). Intentionally Favored, Unintentionally Harmed? Impact of Sex-Based Preferential Selection on Self-Perceptions and Self-Evaluations. *Journal of Applied Psychology, 1*, 62-68.

Heilman, M.E. & Haynes, M.C. (2005). No Credit Where Credit Is Due: Attributional Rationalization of Womens' Success in Male-Female Teams. *Journal of Applied Psychology, 5*, 905-916.

Institut für Arbeitsmarkt- und Berufsforschung (Hrsg.) (2010). Frauen kommen auf den Chefetagen nicht voran. Führungspositionen in der Privatwirtschaft. Unter Mitarbeit von Susanne Kohaut und Iris Möller. *IAB-Kurzbericht, 6*. Bielefeld.

Institut für Arbeitsmarkt- und Berufsforschung (Hrsg.) (2011). Strategien entwickeln, Potenziale nutzen. Fachkräftebedarf: Angebot an Arbeitskräften wird knapper. *IAB Stellungnahme, 2*. Nürnberg.

Institut für Arbeitsmarkt- und Berufsforschung (Hrsg.) (2012). Karrieremodelle. Frauen am Arbeitsmarkt: Traditionelle Muster und neue Entwürfe. *IAB-Forum, 1*. Nürnberg.

Judge, T.A., Ilies, R., Bono, J.E. & Gerhardt, M.W. (2002). Personality and Leadership: A Qualitative and Quantitative Review. *Journal of Applied Psychology, 4*, 765–780.

Jüngling, C. & Rastetter, D. (2009). Machtpolitik oder Männerbund? Widerstände gegenüber Frauen in Führungspositionen. In: M.W. Fröse, A. Szebel-Habig (Hrsg.). Mixed Leadership: Mit Frauen in die Führung!, 131-146, Bern: Haupt Verlag.

Kehr, H. & Bless, P. (1999). Bedeutung der Führungskräfte-Motivation. Ergebnisse einer Befragung von Personalmanagern. *Personal, 11*, 571-574.

Kets de Vries, M. (1998). *Führer, Narren und Hochstapler.* Essays über die Psychologie der Führung (2. Aufl.).Stuttgart: Verlag für Internationale Psychoanalyse.

Klaffke, M. (Hrsg.). (2009). Strategisches Management von Personalrisiken. Konzepte, Instrumente, Best Practices (139-158). *Strategisches Management von Personalrisiken* (139-158). Wiesbaden: Gabler.

Langhoff, T. (2009). *Diversity Management.* Den demografischen Wandel in Unternehmen erfolgreich gestalten. Eine Zwischenbilanz aus arbeitswissenschaftlicher Sicht (4. Aufl.). Berlin: Springer.

Moon, M.K. (1997). Understanding the Impact of Cultural Diversity on Organizations. Zugriff am 11.02.2013 unter . http://www.au.af.mil/au/awc/awcgate/ acsc/97-0607c.pdf

Neuberger, O. (2002). *Führen und führen lassen. Ansätze, Ergebnisse und Kritik der Führungsforschung* (6. Aufl.). Stuttgart: Lucius und Lucius.

Peus, C. & Welpe, I.M. (2011). Frauen in Führungspositionen. Was Unternehmen wissen sollten. *Organisationsentwicklung, 2,* 47–55.

Rastetter, D. (2009). Macht und Mikropolitik. Frauen müssen taktischer werden! *Positionen. Beiträge zur Beratung in der Arbeitswelt, 2,* 1-8.

Rastetter, D. & Cornils, D. (2012). Networking: aufstiegsförderliche Strategien für Frauen in Führungspositionen. *Gruppendynamische Organisationsberatung, 43,* 43-60.

Ryan, M.K. & Haslam, S.A. (2007). The Glass Cliff: Exploring the Dynamics Surrounding the Appointment of Women to precarious Leadership Positions. *Academy of Management Review, 2,* 549–572.

Sabini, J. (1995). *Social Psychology.* New York: Norton

Schaufler, B. (2000). *Frauen in Führung! Von Kompetenzen, die erkannt und genutzt werden wollen.* Bern: Huber.

Stegmann, S. (2011). *Engaging with diversity of social units. A social identity perspective on diversity in organizations.* Frankfurt am Main.

Vedder, G. (2006). Diversity Management in der Organisationsberatung. *Gruppendynamik und Organisationsberatung, 1,* 7-17.

Wehrle, K. (2012). Aufstiegsverweigerer. Karriere? Ohne mich!. Zugriff am 28.09.2012 unter http://www.spiegel.de/ karriere

Weiner, B. (1985). An Attributional Theory of Achievement Motivation and Emotion. *Psychological Review, 4,* 548-573.

Wottawa, H., Montel, C., Mette, C., Zimmer, B. & Hiltmann, M. (2011). ELIGO-Studie. Berufliche Lebensziele und Leistungspotenziale junger Hochschulabsolventinnen und Hochschulabsolventen. *Wirtschaftspsychologie, 3,* 85-111.

Zimbardo, P.G., Gerrig, R, J. (2004). *Psychologie* (16. Aufl.). München: Pearson.

Experteneinschätzungen zur aktuellen Situation in den Bereichen Frühpädagogik und Pflege in Heidelberg. Ergebnisse einer explorativen Befragung.

Jürgen Zieher

Inhaltsverzeichnis

1 Einleitung 71
   1.1 Einführung in das Thema 71
   1.2 Daten zur Arbeitsmarktlage in Heidelberg 2012 73
   1.3 Ziele und Aufbau der Arbeit 74
2 Methodische Vorgehensweise 75
   2.1 Qualitative Befragung 75
   2.2 Zielgruppengewinnung 76
   2.3 Leitfadendesign 76
      2.3.1 Grundsätzliches Leitfadendesign 76
      2.3.2 Abweichendes Leitfadendesign 78
3 Vergleichende Ergebnisdarstellung für die Bereiche Frühpädagogik und ...... Pflege 78
   3.1 Stichprobenbeschreibung 78
   3.2 Fachkräftesicherung 80
      3.2.1 Aktueller Fachkräftebedarf und Stellenbesetzungsdauer 80
      3.2.2 Maßnahmen zur Fachkräftesicherung 82
   3.3 Altersstruktur und betriebliches Gesundheitsmanagement 84
      3.3.1 Altersstruktur 84
      3.3.2 Betriebliches Gesundheitsmanagement 85
   3.4 Aus- und Weiterbildung 87
      3.4.1 Besetzung von Ausbildungsplätzen 87
      3.4.2 Akademisierung der Ausbildung in der Frühpädagogik und in der Pflege 88
      3.4.3 Voraussetzungen für eine berufsbegleitende akademische Qualifizierung 90
   3.5 Besondere Zielgruppen 93
      3.5.1 Arbeitslose 93

	3.5.2	Exkurs: Heidelberger Qualifizierungsprojekt „Neue Wege pflegen" eines Wohlfahrtsverbandes für SGB II-Kunden im Pflegebereich	94
	3.5.3	Wiedereinsteigerinnen und Berufsrückkehrerinnen	95
	3.5.4	Mitarbeiter/innen unterhalb der Fachkraftebene	97
4	**Diskussion der Ergebnisse sowie Fazit und Ausblick**		**99**
	4.1	Ergebnisse für Frühpädagogik und Pflege sowie Handlungsansätze	99
	4.2	Fazit und Ausblick	102
Literaturverzeichnis			**104**

1 Einleitung

1.1 Einführung in das Thema

Im Pflegebereich und in der Frühpädagogik vollziehen sich aktuell grundlegende Veränderungen infolge der Bevölkerungsentwicklung und bildungspolitischer Entscheidungen in Deutschland. Der demografische Wandel führt dazu, dass in den kommenden Jahren der Anteil älterer Menschen in unserer Gesellschaft und damit auch die Anzahl der Pflegebedürftigen deutlich zunehmen werden. Der Anteil von 65- bis 80-Jährigen wird von 15 Prozent im Jahr 2008 auf 20 Prozent im Jahr 2060 ansteigen, der Anteil der über 80-Jährigen wächst im gleichen Zeitraum von fünf auf 14 Prozent (Statistisches Bundesamt (Destatis), 2009, S. 16). Statistische Vorausberechnungen gehen bei der Anzahl von pflegebedürftigen Menschen von einem Zuwachs von 2,13 Millionen im Jahr 2005 auf 2,91 Millionen im Jahr 2020 und auf rund 3,36 Millionen im Jahr 2030 aus (Statistische Ämter des Bundes und der Länder, 2008, S. 24).

Gleichzeitig wird der Anteil der Menschen im erwerbsfähigen Alter (ca. 20 bis 65 Jahre) im Zuge des prognostizierten Bevölkerungsrückgangs sinken. Ende 2008 lebten ca. 82 Millionen Menschen in Deutschland, im Jahr 2060 wird die Gesamtbevölkerung noch ca. 65 bis 70 Millionen Personen umfassen (Destatis, 2009, S. 12). Die von der Bevölkerungsabnahme besonders betroffene Gruppe der Erwerbsfähigen wird im gleichen Zeitraum von 50 Millionen auf 36 Millionen zurückgehen (Destatis, 2009, S. 17). Diese Entwicklung wird sich auf alle Branchen, also auch den Gesundheits- und Pflegesektor, auswirken. In den vergangenen Jahren hat die Arbeitslosigkeit in Gesundheits- und Pflegeberufen signifikant abgenommen (Bundesagentur für Arbeit (BA), 2011, S. 12). Aktuell gestaltet sich die Besetzung vakanter Stellen, insbesondere für Ärzte, Altenpfleger sowie Gesundheits- und Krankenpfleger, immer schwieriger. Die Bundesagentur für Arbeit spricht daher von einem „flächendeckenden Fachkräftemangel" im Berufsfeld Gesundheit und Pflege (BA, 2011, S. 15).

Vor diesem Hintergrund kam eine im Herbst 2010 veröffentlichte Studie der Unternehmensberatung PriceWaterhouseCoopers zu dem alarmierenden Ergebnis, dass schon ab 2020 ein gravierender Fachkräftemangel im Gesundheitswesen droht und zu diesem Zeitpunkt ca. 56.000 Ärzte und rund 140.000 nicht-ärztliche Fachkräfte fehlen werden. Bis 2030 – so lautet die Schätzung – wird sich die Situation dramatisch zuspitzen, sodass sich die Personallücke bei Ärzten auf 165.000 und bei den nicht-ärztlichen Fachkräften auf nahezu 800.000 vergrößert. Ursache für die Unterversorgung ist primär die demografische Entwicklung. Infolge des prognostizierten Personalmangels wird es zwischen ambulanten und stationären Einrichtungen zu einem verschärften Wettbewerb um Fachkräfte kommen (PriceWaterhouseCoopers (PWC), 2010, S. 10). Pohl prognostiziert in seiner Studie für das Jahr 2020 einen deutlichen steigenden Bedarf an Pflegearbeitskräften von derzeit 561.000 auf 700.000 bis 900.000 Beschäftigten (Vollzeitäquivalenten), abhängig vom künftigen Engagement pflegender Angehöriger (Pohl, 2010, S. 375). Afentakis und Maier gehen in ihrer Untersuchung von einem Arbeitskräftemangel im Pflegebereich ab 2018 aus, der sich bis 2025 auf 255.000 bis 265.000 Erwerbstätige ausweitet (Afentakis & Maier, 2010, S. 994). Vor ähnlich großen Herausforderungen steht auch die Frühpädagogik.

Mehrere internationale wissenschaftliche Studien haben in den vergangenen Jahren die Relevanz frühkindlicher Bildungserfahrungen für die weitere Entwicklung eines Menschen aufgezeigt. Eine qualitativ hochwertige Frühpädagogik steht dabei, so die Erkenntnisse der Studien, in Zusammenhang mit dem Ausbildungsniveau der Fachkräfte in Kindertageseinrichtungen (Kirstein, Fröhlich-Gildhoff & Haderlein, 2012, S. 7). Die wissenschaftlichen Befunde und bildungspolitischen Entscheidungen der Bundesregierung haben dazu geführt, dass erstmals 2004 kindheitspädagogische Studiengänge an deutschen Hochschulen ihren Lehrbetrieb aufgenommen haben (ebd.). Damit passt sich Deutschland an den internationalen Standard der Erzieherausbildung an, die in zahlreichen Ländern bereits auf akademischem Niveau erfolgt. Im Zuge einer anderen bildungspolitischen Weichenstellung gilt ab August 2013 für Kinder zwischen einem und drei Jahren ein gesetzlicher Anspruch auf einen Platz in einer Kindertagesstätte. Nach aktuellen Schätzungen liegt der entsprechende Bedarf bei 780.000 Plätzen – und damit um 30.000 höher als 2007 von Bund, Ländern und Kommunen angenommen (Bundesministerium für Familie, Senioren, Frauen und Jugend (BMFSFJ), 2012a). Insbesondere Kommunen sind daher gezwungen, zusätzliche Betreuungsplätze für Kinder und Stellen für Erzieher/innen zu schaffen, um so Klagen von Eltern zu vermeiden. Der starke Ausbau des Betreuungsangebots für Kinder unter drei Jahren führte zu einem entsprechend zunehmenden Bedarf an Erziehern[20], der nicht allein durch zusätzliche Ausbildungsplätze gedeckt werden konnte. Da sich für Erzieher nun zusätzliche Einsatzmöglichkeiten bieten und die Anzahl der ausgebildeten Erzieher in den letzten Jahren nicht signifikant angestiegen ist, erweist sich für Kindergärten die Gewinnung von pädagogischen Fachkräften als zunehmend schwierig. Bundesweit lag von Januar bis Oktober 2012 die Zahl der arbeitslosen Erzieher meist nur wenig über der Anzahl der gemeldeten offenen Stellen, im Juni und Juli überstieg die Anzahl der offenen Stellen die Anzahl der gemeldeten Arbeitslosen. In Westdeutschland bestand sogar vier Monate lang (von März bis Juni) ein solcher Stellenüberhang (BA, Statistik-Service Südwest, 2012).

Ebenso wie im Gesundheits- und Pflegesektor ist eine kurzfristige Qualifizierung von Fachkräften auch in der frühkindlichen Bildung nicht möglich, da die reguläre Ausbildung zum staatlich anerkannten Erzieher – je nach Bundesland – insgesamt vier bis fünf Jahre dauert (Kultusministerkonferenz (KMK), 2012, S. 24). Angesichts der steigenden Anforderungen an Beschäftigte benötigen sowohl Pflegeeinrichtungen als auch Kindergärten Personal, das auf Fachkraft- und akademischem Niveau qualifiziert ist. Somit stehen Sozialunternehmen im Pflegesektor und Träger von Kindergärten/Kindertageseinrichtungen deutschlandweit aktuell vor ähnlichen Herausforderungen hinsichtlich der Sicherung des Fachkräftebedarfs und müssen entsprechende Strategien entwickeln.

---

[20] Für eine bessere Lesbarkeit wird nachfolgend die männliche Form des jeweiligen Berufs genannt. Sofern nicht anders genannt, beziehen sich alle Aussagen sowohl auf weibliche als auch auf männliche Beschäftigte.

Mit der zunehmenden Akademisierung erfolgt auch im Pflegebereich eine Anpassung an das internationale Niveau, da in zahlreichen Ländern bereits seit Jahren Pflegefachkräfte an Hochschulen ausgebildet werden. Seit 2011 gibt es im Pflegebereich an einzelnen Hochschulen und Fachschulen kombinierte Ausbildungsmodelle, die eine dreijährige Pflegeausbildung mit einem Bachelorstudium verbinden.[21] Bachelor-Absolventen werden damit zusätzlich über eine abgeschlossene Berufsausbildung verfügen. Diese neuen Studienmodelle ergänzen die schon zuvor in Voll- oder Teilzeit und berufsbegleitend angebotenen (Aufbau-) Studiengänge wie zum Beispiel Pflegemanagement, Pflegepädagogik und Pflegewissenschaft. Parallel dazu zeichnet sich in Deutschland eine Ausbildungsreform der Pflegeberufe ab. Momentan verfügen Fachkräfte im Pflegebereich zumeist über eine abgeschlossene dreijährige Ausbildung entweder als Altenpfleger, Gesundheits- und Krankenpfleger oder als Gesundheits- und Kinderkrankenpfleger. Das Bundesgesundheitsministerium plant die Einführung einer generalistischen Pflegeausbildung, die die drei genannten Berufe in den nächsten Jahren ablösen soll (Bundesministerium für Gesundheit, 2012).

1.2 Daten zur Arbeitsmarktlage in Heidelberg 2012

Vor dem Hintergrund der beschriebenen allgemeinen Trends in der Frühpädagogik und in der Pflege stellt sich zunächst die Frage, wie die momentane Lage auf einem lokalen Arbeitsmarkt aussieht. Am Beispiel von Heidelberg werden nachfolgend zunächst aktuelle Arbeitsmarktdaten der Bundesagentur für Arbeit vorgestellt. Im Fokus stehen hier die Berufe Altenpfleger, Gesundheits- und Krankenpfleger sowie Erzieher. Dabei ist der überdurchschnittliche hohe Beschäftigtenanteil des Pflege- und Gesundheitsbereichs in Heidelberg zu berücksichtigen. So lag hier beispielsweise der Anteil von Krankenschwestern und -pflegern sowie Hebammen unter den sozialversicherungspflichtig Beschäftigten Mitte 2011 bei ca. 5,9 Prozent, in Baden-Württemberg und in der gesamten Bundesrepublik hingegen bei 2,4 und 2,7 Prozent (BA, Statistik-Service Südwest, 2012). Die Arbeitslosenquote im Stadtgebiet Heidelberg bewegte sich von Januar bis Oktober 2012 zwischen 4,3 und 4,8 Prozent, damit lag sie deutlich unter dem Bundesdurchschnitt (zwischen 6,5 und 7,4 Prozent) im gleichen Zeitraum (Agentur für Arbeit Heidelberg, 2012, und BA, 2012b).

In Heidelberg waren von Januar bis Oktober 2012 für Krankenschwestern und -pfleger[22]/Hebammen durchschnittlich ca. 33 offene Stellen (Minimum 19, Maximum 44) gemeldet, ihnen standen insgesamt (Rechtskreis SGB II und III) durchschnittlich elf Arbeitslose (Minimum 6, Maximum 17) mit entsprechender Berufsausbildung gegenüber. Gemessen an der Gesamtzahl von 4.746 sozialversicherungspflichtig beschäftigte Kranken-

---

[21] Dazu gehören in der Metropolregion Rhein-Neckar die Hochschule Ludwigshafen und die Akademie für Gesundheitsberufe Heidelberg.
[22] Die ursprünglichen Bezeichnungen für den heutigen Beruf Gesundheits- und Krankenpfleger/in lauteten vor 2004 Krankenschwester bzw. Krankenpfleger. Die BA-Klassifikation der Berufe fasst Krankenschwestern und –pflege mit Hebammen zusammen.

schwestern und –pfleger sowie Hebammen (Stichtag 30. Juni 2011) waren weniger als ein Prozent der Stellen vakant. (BA, Statistik-Service Südwest, 2012).
Im Zeitraum Januar bis Oktober 2012 gab es für Altenpfleger im Monatsdurchschnitt 21 gemeldete Vakanzen (Minimum 15, Maximum 28) und – bezogen auf beide Rechtskreise – 49 Arbeitslose (Minimum 37, Maximum 58) mit dieser beruflichen Qualifikation.[23]
Für Erzieher waren von Januar bis Juni maximal zwei offene Stellen, von Juli bis Oktober 2012 im Monatsdurchschnitt 51 offene Stellen (Minimum 48, Maximum 54) gemeldet, seit Jahresbeginn gab es insgesamt – in beiden Rechtskreisen – durchschnittlich fünf arbeitslose Erzieher (Minimum drei, Maximum zehn) (BA, Statistik-Service Südwest, 2012b).[24]
In diesem Zusammenhang ist zu berücksichtigen, dass die landesweite und bundesweite Mobilität von Fachkräften in den drei Berufen individuell unterschiedlich ausgeprägt ist. Auf offene Stellen in Heidelberg bewerben sich daher nicht automatisch Arbeitslose aus anderen Regionen Baden-Württembergs oder der Bundesrepublik – dies gilt vor allem dann, wenn der Arbeitgeber nicht überregional bekannt ist. Da ein bundesweiter Bedarf an Pflegefachkräften und Erziehern existiert, entscheiden sich Arbeitslose – insbesondere wenn sie familiäre Verpflichtungen haben – tendenziell eher für einen wohnortnahen Arbeitsplatz. Bei der Anzahl der offenen Stellen ist zudem zu berücksichtigen, dass Vakanzen nicht immer der Bundesagentur für Arbeit gemeldet werden und die tatsächliche Zahl offener Stellen manchmal höher liegt. Mitunter können offene Stellen auch nicht durch Arbeitslose besetzt werden, da deren Qualifikation nicht immer zu den Anforderungen des Arbeitgebers passt. Wie Personalverantwortliche und Praktiker in der Pflege und in der Frühpädagogik mit dieser Situation derzeit und künftig umgehen (wollen), wird nachfolgend dargestellt.

1.3 Ziele und Aufbau der Arbeit

Ziel der Analyse ist es, detaillierte Einschätzungen zum Thema Fachkräftesicherung in der Frühpädagogik[25] und in der Pflege und den sich daraus für sie ergebenden Handlungsbedarf zu bekommen. Zudem geht es um künftige Lösungsansätze angesichts des demografischen Wandels und eines prognostizierten steigenden Fachkräftebedarfs. Hierzu werden Experten aus beiden Bereichen zu den Themen Fachkräftesicherung, Akademisierung der jeweiligen Ausbildungsberufe sowie zu Qualifizierungsmaßnahmen im Sozial- und Gesundheitssektor befragt. Die bei der Exploration gewonnenen Erkenntnisse dienen zur Identifizierung von Orientierungspunkten für künftige Datenerhebungen im Kontext des Forschungsprojektes BEST WSG sowie für die bedarfsgerechte Weiterentwicklung von Personalplanungs- und Personalentwicklungskonzepten von Sozialunternehmen.

---

[23] Die Gesamtzahl der sozialversicherungspflichtig beschäftigten Altenpfleger in Heidelberg lässt sich anhand der verfügbaren statistischen Daten nicht bestimmen.
[24] In Heidelberg waren Mitte 2011 insgesamt 954 „Kindergärtnerinnen und Kinderpflegerinnen" sozialversicherungspflichtig beschäftigt Eine Differenzierung in Erzieher und Kinderpfleger ist nicht vorgenommen worden. (BA, Statistik-Service Südwest, 2012a).
[25] Die Bezeichnungen Frühpädagogik, Kindheitspädagogik und frühkindliche Bildung werden nachfolgend synonym verwendet.

Im folgenden 2. Kapitel wird auf die methodische Vorgehensweise eingegangen. Den Hauptteil dieses Beitrags bildet das Kapitel 3 mit einer einleitenden Stichprobenbeschreibung und der nachfolgenden Darstellung ausgewählter Ergebnisse aus den Interviews. Aus Platzgründen konnten in dieser Studie nicht alle Antworten berücksichtigt werden. Die Aussagen von Vertretern aus den Bereichen Frühpädagogik und Pflege sind dabei stets thematisch geordnet und einander gegenübergestellt. Auf diese Weise werden lokale Gemeinsamkeiten und Unterschiede in diesen beiden Branchen besser erkennbar. Im Kapitel 4 findet eine Diskussion der Ergebnisse statt und es werden Handlungsansätze im Kontext der Fachkräftesicherung in der Pflege und in der Kindheitspädagogik aufgezeigt. Ein Fazit rundet das Kapitel ab.

2   Methodische Vorgehensweise

2.1   Qualitative Befragung

Um die Erfahrungsrealität von Experten hinsichtlich der aktuellen Situation in den Bereichen Pflege und Frühpädagogik zu ermitteln, wurde als Untersuchungsmethode das leitfadengestützte Interview eingesetzt. Dies ist die am häufigsten angewandte qualitative Befragungsform. Die durch die teilstandardisierte Befragung vorgegebene Struktur und die gestellten offenen Fragen ermöglichen die Gewinnung von detaillierten Informationen zu bestimmten Aspekten, zudem kann der Interviewer bei Bedarf genauer nachfragen (Kromrey, 2009, S. 364–365). Dieser Ansatz erlaubt eine gewisse Vergleichbarkeit mit den breit gefächerten Äußerungen anderer Interviewpartner. Da es sich bei der vorliegenden Arbeit um eine explorative Befragung handelte, wurden vor den Interviews keine spezifischen Vorannahmen, wohl aber das oben genannte Erkenntnisinteresse formuliert. Die Befragung dient auch zur Ableitung weiterführender Hypothesen. Aufgrund der niedrigen Anzahl von Teilnehmern kann die Pilotbefragung keinen Anspruch auf Repräsentativität erheben, sie liefert aber wichtige Implikationen. Die Fokussierung auf die Bereiche Frühpädagogik und Pflege ergibt sich aus der inhaltlichen Ausrichtung des Forschungsprojektes BEST WSG – Berufsintegrierte Studiengänge zur Weiterqualifizierung im Sozial- und Gesundheitswesen, in dessen Kontext die Arbeit entstanden ist.

Die umfangreichen Daten wurden kategorisiert sowie mit dem Programm MAXQDA codiert. Auf diese Weise konnten sie systematisch ausgewertet und Faktoren identifiziert werden, die aus Expertensicht zu einer Fachkräftesicherung in der Frühpädagogik und in der Pflege beitragen. Eine statistische Auswertung erfolgte nur dann, wenn entsprechend numerische Daten vorlagen, etwa bei der Verteilung der Altersstruktur (Bortz & Döring, 2009, S. 296–297).

2.2 Zielgruppengewinnung

Die Basis für diesen Artikel bilden insgesamt 34 persönliche Interviews mit Vertreter/innen aus der Alten- und Krankenpflege (17 Personen) sowie der Frühpädagogik (17 Personen), die im Zeitraum von Januar bis Oktober 2012 stattfanden. Über Einzelpersonen in Schlüsselpositionen eines bundesweit vertretenen Wohlfahrtsverbandes und eines kirchlichen Trägers von Kindergärten konnten insgesamt 15 der 34 Befragten gewonnen werden. Die Kontaktpersonen dienten als Multiplikatoren bei der Zielgruppengewinnung. Die übrigen Teilnehmer/innen konnten durch schriftliche Anfragen akquiriert werden. Für die Auswahl der Befragten in der Pflege war maßgeblich, dass sie entweder eine Leitungsfunktion ausüben oder als „Praktiker/in" über mehrjährige Berufspraxis und zumeist auch über Leitungserfahrung verfügen. Unter den Interviewpartnern aus dem Pflegebereich wurde eine gleichmäßige Verteilung zwischen Krankenpflege sowie ambulanter und stationärer Altenpflege angestrebt. Als Interviewpartner in der frühkindlichen Bildung sollten sowohl Personen, die Leitungsaufgaben bei einem Träger wahrnehmen, als auch Kindergartenleiter mit unterschiedlich langer Berufspraxis berücksichtigt werden. Für die Befragung von Beteiligten an der Qualifizierungsmaßnahme „Neue Wege pflegen" konnte neben den zuständigen Mitarbeitern des Sozialunternehmens und der Regelinstitution auch eine Teilnehmerin gewonnen werden. Zudem kam es bei der Akquise darauf an, Pflege und Frühpädagogik hinsichtlich der jeweiligen Anzahl der Gespräche möglichst gleichmäßig zu berücksichtigen. Zur Stichprobenbeschreibung siehe Kapitel 3.1.

Zunächst wurden die infrage kommenden Interviewpartner über das Forschungsvorhaben und den Zweck der Befragung schriftlich informiert. Zusätzliche Aktivitäten zur Motivierung der angefragten Personen waren nicht notwendig, was die Aktualität und Bedeutung des Themas Fachkräftesicherung unterstreicht. Nachdem sie ihre Teilnahme schriftlich zugesagt hatten, erhielten alle 34 Experten jeweils einige Tage vor dem Gesprächstermin die Fragen zugeschickt. Dadurch konnten sie sich auf das Interview vorbereiten und numerische Daten zusammenstellen. Die persönlichen Gespräche dauerten in der Regel ca. ein- bis eineinhalb Stunden, in einzelnen Fällen auch bis zu zweieinhalb Stunden. Vor dem Hintergrund ihrer individuellen beruflichen Expertise äußerten sich die Befragten unterschiedlich ausführlich zu bestimmten Themen. Daher wurden in mehreren Fällen nicht alle Fragen innerhalb des Interviews beantwortet. Die Anzahl der Antworten zu den einzelnen Fragen schwankt daher.

2.3 Leitfadendesign

2.3.1 Grundsätzliches Leitfadendesign

Der Fragebogen war in seiner Grundstruktur für die meisten Interviews in den Bereichen Frühpädagogik und Pflege weitgehend identisch und umfasste insgesamt 32 (Pflege) bzw. 34 (Frühpädagogik) Fragen. Alle Fragen lassen sich den vier Themenfeldern (1) Fachkräftesicherung, (2) Altersstruktur und betriebliches Gesundheitsmanagement (BGM), (3) Aus- und Weiterbildung sowie (4) besondere Zielgruppen zuordnen. Fragen zu diesen Themenfeldern sind Indikatoren für aktuelle Einschätzungen zum Fachkräftebedarf. Nachfolgend werden die einzelnen Themenfelder kurz vorgestellt.

Fachkräftesicherung
Vor dem Hintergrund des prognostizierten Fachkräftebedarfs ging es um Fragen zur Wahrnehmung dieses Bedarfs, zur Stellenbesetzungsdauer sowie zu möglichen Maßnahmen zur Fachkräftesicherung. Darüber hinaus interessierte die Frage, auf welche Weise eine Attraktivitätssteigerung für Berufe in der Pflege und in der Kindheitspädagogik erreicht werden kann.

Altersstruktur und BGM
Dieser Themenblock umfasst Fragen hinsichtlich der Altersstruktur in Sozialunternehmen und dem betrieblichen Gesundheitsmanagement. Für die Beschäftigten spielt die langfristige Sicherung der gesundheitlichen Leistungsfähigkeit angesichts physisch und psychisch anspruchsvoller Tätigkeiten eine wichtige Rolle. Das Thema des betrieblichen Gesundheitsmanagements scheint zu diesem Zwecke von Relevanz.

Aus- und Weiterbildung
In diesem Themenfeld werden Ansichten zu einer möglichen Akademisierung der Ausbildung und einer möglichen Höherqualifizierung von Leitungspersonal und Fachkräften mit mehrjähriger Berufserfahrung erfragt. Angesichts der Diskussion um eine Akademisierung der Ausbildung im Pflegebereich und in der Frühpädagogik sowie steigender Arbeitsanforderungen stellt sich auch für Fachkräfte die Frage einer möglichen berufsbegleitenden akademischen Weiterqualifizierung.[26] Die in den Interviews gewonnenen Erkenntnisse zu den Voraussetzungen für die Teilnahme von beruflich Qualifizierten an einer berufsbegleitenden akademischen Weiterqualifizierung können zudem in die Konzeption entsprechender berufsintegrierter Studiengänge einfließen.

Besondere Zielgruppen
Unter besonderen Zielgruppen werden Arbeitslose, Berufsrückkehrerinnen/Wiedereinsteigerinnen und gering qualifizierte Beschäftigte verstanden. *Arbeitslose* mit fehlender/anderer Qualifikation bilden eine Personengruppe, die – entsprechende Motivation und Eignung vorausgesetzt – für eine Qualifizierung in den beiden Bereichen (prinzipiell) gewonnen werden könnte. Hier ist zu fragen, welche Rolle sie bisher bei der Personalgewinnung gespielt hat und inwieweit sich hier vielleicht eine Änderung abzeichnet. Dies gilt auch für

---

[26] Hier ergibt sich eine enge inhaltliche Verknüpfung mit dem Verbundpartner im Forschungsprojekt, der Fachhochschule der Diakonie Bielefeld.

Berufsrückkehrerinnen und Wiedereinsteigerinnen, die ihre Familienphase beenden wollen. Sie verfügen teilweise bereits über eine abgeschlossene Berufsausbildung in der Pflege oder in der frühkindlichen Bildung und haben einen individuell unterschiedlich ausgeprägten (Nach-)Qualifizierungsbedarf, um den aktuellen Anforderungen entsprechen zu können. Dies wirft die Frage auf, inwieweit Sozialunternehmen sich bei der Personalrekrutierung bereits um diesen Personenkreis bemühen. Sowohl in der Alten- und Krankenpflege als auch in der frühkindlichen Bildung sind *Mitarbeiter mit niedriger Qualifikation* beschäftigt. Eine Weiterbildung von Pflegehelfern und Kinderpflegern zu Pflegern bzw. Erziehern würde zu einer Erhöhung der Fachkraftquote führen. Daraus ergibt sich die Frage nach der bisherigen und perspektivischen Nachqualifizierung in Sozialunternehmen. Diese Form der Qualifizierung kann in Personalplanungs- und Personalentwicklungskonzepte einfließen.

2.3.2 Abweichendes Leitfadendesign

Für drei der 17 Interviews mit Vertretern aus dem Pflegebereich wurde ein anderer Fragebogen mit 16 Elementen eingesetzt, da dabei ausschließlich individuelle Einschätzungen zum Qualifizierungsprojekt „Neue Wege pflegen" abgefragt wurden. Sie bezogen sich auf Entstehung, Inhalte, Verlauf und Ergebnisse der Qualifizierungsmaßnahme. Zwei der 17 Interviews mit Experten aus der Frühpädagogik basierten auf einem gegenüber der „normalen" Version modifizierten Fragebogen mit 21 Elementen, weil es hier vorrangig um die von der jeweiligen Gesprächspartnerin absolvierte akademische Ausbildung ging. Ergänzend dazu wurden Fragen zu den Themen Aus- und Weiterbildung und Qualifizierung von Quereinsteigern sowie zu Einschätzungen und Maßnahmen zur Fachkräftesicherung gestellt.

3 Vergleichende Ergebnisdarstellung für die Bereiche Frühpädagogik und Pflege

3.1 Stichprobenbeschreibung

Institutionelle Verteilung

Insgesamt wurden 34 Personen befragt, davon stammten jeweils 17 aus den Bereichen Frühpädagogik und Pflege. Die Befragten lassen sich grob in Personalverantwortliche und Praktiker einteilen. Unter den insgesamt 14 interviewten Personalverantwortlichen werden Geschäftsführer, Pflegedirektoren und Personalleiter von Sozialunternehmen zusammengefasst. Sie verfügen teilweise über jahrzehntelange Berufserfahrung. Von den 20 befragten Praktikern bringen elf Personen ebenfalls Erfahrungen auf Leitungsebene (Kindergartenleitung, Pflegedienstleitung von Sozialstationen) mit. Sie sind ebenfalls meist seit vielen Jahren in ihrer jeweiligen Einrichtung tätig. Unter den übrigen neun Praktikern sind sechs Lehrkräfte an privaten Pflegefachschulen und an staatlichen Fachschulen für Erzieher. Sie haben vor ihrer Lehrtätigkeit und ihrem Studium teilweise eine Ausbildung als Erzieher oder Gesundheits- und Krankenpfleger absolviert. Bei den drei Gesprächspartnern, die in der nachfolgenden Tabelle 3.1 unter der Rubrik „Qualifizierung SGB II Pflege" zusammengefasst sind, handelt es sich um eine Person eines Wohlfahrtsverbandes, um eine Person aus der bewilligenden Regelinstitution und um eine Teilnehmerin.

Tabelle 3.1: Institutionelle Verteilung der Interviewpartner

Bereich	Personalverantwortliche	Praktiker	Gesamtzahl der Gespräche
Kindergärten	5 (35,7%)	9 (45%)	14 (41,2%)
Lehrkräfte an Fachschulen für Erzieher	–	3 (15%)	3 (8,8%)
Ambulante Altenpflege (Sozialstationen)	2 (14,3%)	2 (10%)	4 (11,8%)
Stationäre Altenpflege (Altenpflegeheime)	3 (21,4%)	–	3 (8,8%)
Krankenpflege (Krankenhäuser)	4 (28,6%)	–	4 (11,8%)
Qualifizierung SGB II Pflege	–	3 (15%)	3 (8,8%)
Lehrkräfte an Pflegeschulen	–	3 (15%)	3 (8,8%)
Gesamt (N =)	**14 (100 %)**	**20 (100 %)**	**34 (100 %)**

Alter

Die jüngste befragte Person war zum Zeitpunkt des Gesprächs 24 Jahre alt, die beiden ältesten Befragten waren 59 Jahre alt. Das Durchschnittsalter der Befragten in der frühkindlichen Bildung liegt mit 45,25 Jahren deutlich unter dem der Interviewpartner aus dem Pflegebereich mit 51,12 Jahren. Diese Diskrepanz ist darauf zurückzuführen, dass die Befragten in der Frühpädagogik mehrheitlich Praktiker sind und etwa als Kindergartenleiter teilweise schon in jungen Jahren eine Führungsposition übernehmen. Die Befragten im Pflegebereich hingegen bekleiden mehrheitlich höhere Führungsposition, etwa als Geschäftsführer, die tendenziell von Personen mit langjähriger Berufspraxis und dementsprechend höherem Lebensalter besetzt werden.

Geschlecht

Unter den insgesamt 34 Befragten sind 22 Frauen (64,7 Prozent) und zwölf Männer (35,3 Prozent). Von den 17 Gesprächspartnern in der Pflege sind neun weiblich (52,9 Prozent) und acht männlich (47,1 Prozent). Unter den 17 Interviewpartnern in der Frühpädagogik sind 13 Frauen (76,5 Prozent) und vier Männer (23,5 Prozent).

Beruflicher Hintergrund

Der Bildungsgrad der Gesprächspartner ist – insgesamt gesehen – überdurchschnittlich hoch. Zwölf Befragte aus der Frühpädagogik (70,6 Prozent) und 15 aus dem Pflegebereich (88,2 Prozent) besitzen einen akademischen Abschluss, unter ihnen haben vier bzw. neun Personen auch eine Berufsausbildung absolviert. Besonders auffällig ist der mit 52,9 Prozent sehr hohe Anteil an Gesprächspartnern aus dem Pflegebereich, die neben einer Berufsausbildung auch über einen Studienabschluss verfügen. In der frühkindlichen Bildung liegt dieser Anteil lediglich bei 23,5 Prozent. Dieser Unterschied ist vermutlich darauf zurückzuführen, dass es für Erzieher bislang nicht üblich bzw. notwendig war, sich akademisch weiter zu qualifizieren, um die Leitung eines Kindergartens zu übernehmen. Von den fünf Befragten aus der Frühpädagogik, die eine Berufsausbildung abgeschlossen haben, absolvierten anschließend zwei eine zweijährige berufsbegleitende, auf die Übernahme einer Führungsposition vorbereitende, Weiterbildung. Beide Interviewpartnerinnen aus dem Pflegebereich, die über eine abgeschlossene Pflegeausbildung verfügen, haben sich später zur Pflegedienstleitung weiterqualifiziert. Die berufliche Qualifikation der Befragten wird in der nachfolgenden Tabelle 3.2 deutlich.

Tabelle 3.2: Beruflicher Hintergrund der Interviewpartner

Beruflicher Hintergrund	Frühpädagogik	Pflege	Insgesamt
Berufsausbildung (inklusive nicht-akademische Weiterbildung)	5 (29,4%)	2 (11,8%)	7 (20,6%)
Berufsausbildung und Studium	4 (23,5%)	9 (52,9%)	13 (38,2%)
Studium	8 (47,1%)	6 (35,3%)	14 (41,2%)
Gesamt (N=)	17 (100 %)	17 (100 %)	34 (100 %)

Dauer der Betriebszugehörigkeit

Die Dauer der Betriebszugehörigkeit variiert unter den Befragten zwischen einem halben Jahr und 36 Jahren. Auffallend ist der jeweils hohe Anteil von Personen, die seit mehr als einem Jahrzehnt für denselben Arbeitgeber tätig sind, er liegt in der Frühpädagogik bei 58,8 Prozent (zehn Befragte) und in der Pflege bei 52,9 Prozent (neun Befragte). Dieser Umstand hängt mit dem fortgeschrittenen Alter mehrerer Interviewpartner und der mehr als zehnjährigen Führungserfahrung von jeweils sieben Befragten aus der Frühpädagogik und der Pflege zusammen. Die durchschnittliche Dauer der Betriebszugehörigkeit beträgt bei den Befragten in der Frühpädagogik 11,9 Jahre, in der Pflege liegt der Durchschnittswert bei 14,8 Jahren.

3.2 Fachkräftesicherung

3.2.1 Aktueller Fachkräftebedarf und Stellenbesetzungsdauer

Im Pflegebereich und insbesondere in der Frühpädagogik nimmt die Mehrzahl der Interviewpartner aktuell einen *Fachkräftemangel*[27] wahr. Von 16 Befragten aus der **frühkindli-**

---

[27] Im Leitfaden war nach Einschätzungen zum „Fachkräftemangel" gefragt worden.

chen Bildung geben zehn an, dass ihnen die Stellenbesetzung mangels geeigneter Bewerber zunehmend schwer falle. Eine Expertin aus der Frühpädagogik konstatiert: „Inzwischen gibt es wenige bis gar keine Bewerbungen auf freie Stellen. Es gibt einen Fachkräftemangel bei Erziehern." (Interview 23). Dies habe zur Folge, so zwei andere Befragte, dass Erzieherstellen manchmal mit Kinderpflegern oder temporär mit fachfremden Mitarbeitern von Zeitarbeitsfirmen besetzt werden müssten (Interviews 28 und 30). Angesichts solcher Personalengpässe und der geltenden Qualifikationsanforderungen stellt sich die Frage, inwieweit künftig verstärkt motivierte und geeignete Arbeitslose zum Erzieher ausgebildet werden könnten. Fünf Gesprächspartner haben bislang keinen *Fachkräftemangel* bei der Besetzung von Erzieherstellen wahrgenommen, wobei zwei Befragte einräumen, dass die Bewerberzahlen mittlerweile rückläufig seien. Eine weitere Interviewpartnerin legt sich hier nicht eindeutig fest.

Die Wahrnehmung eines wachsenden *Fachkräftemangels* steht in engem Zusammenhang mit den Erfahrungen bei der Stellenbesetzungsdauer. Wer längere Zeit benötigt, um eine vakante Stelle zu besetzen, wird diesen Suchprozess unter anderem auf den Fachkräftemangel zurückführen. Für sechs Interviewpartner aus dem Bereich Frühpädagogik gestaltet sich die Personalrekrutierung schwierig, sie nehme manchmal mehr als drei Monate, mitunter auch ein Jahr in Anspruch. Die Dauer der Personalsuche variiere je nach Jahreszeit und sei tendenziell während des laufenden Kindergartenjahres schwieriger als zu dessen Beginn (Interviews 23 und 24). Vier Befrage geben an, dass offene Stellen für Erzieher innerhalb von drei Monaten besetzt werden können. Eine der vier Gesprächspartnerinnen – eine Befürworterin der Akademisierung – weist auf die schwierigere Besetzung von Leitungsstellen hin, da diese eine höhere Qualifikation voraussetzten (Interview 19).

Sieben von zwölf Gesprächspartnern aus der **Pflege** sind der Ansicht, dass ein *Fachkräftemangel* besteht. Wichtigstes Indiz dafür ist die geringe quantitative Resonanz auf Stellenausschreibungen, sodass längere Vakanzen entstehen. Eine Befragte aus dem Krankenhausbereich beschreibt die Situation in der ersten Jahreshälfte 2012 so: „Trotz attraktiver Ausschreibungen haben wir keine Bewerbung bekommen, nicht einmal von unqualifizierten Bewerbern." (Interview 11). Eine Gesprächspartnerin aus der ambulanten Altenpflege schildert die konkreten Auswirkungen für pflegebedürftige Menschen: „Seit 1 ½ Monaten können wir in unserer Sozialstation keine neuen Kunden annehmen, weil wir nicht das notwendige Pflegepersonal haben." (Interview 6). Die übrigen fünf Befragten sprechen für ihre Einrichtungen aus unterschiedlichen Gründen nicht von einem *Fachkräftemangel*. Zwei Gesprächspartner aus der stationären Altenpflege geben an, dass es in ihren Einrichtungen aktuell keine offenen Stellen gebe (Interviews 3 und 4). Ein Befragter aus dem Krankenhausbereich differenziert zwischen der problemlosen Stellenbesetzung für Gesundheits- und Krankenpfleger ohne Zusatzausbildung und der schwierigen Rekrutierung von besonders qualifizierten Fachkräften etwa für die Intensivpflege (Interview 10). Nach Ansicht eines weiteren Interviewpartners aus der Altenpflege besteht in Heidelberg derzeit noch kein Fachkräftemangel. Die finanzielle Unterversorgung und die Rahmenbedingungen verhindern, so der Befragte, eine gute Personalausstattung (Interview 12). Drei Befragten verweisen auch auf den Faktor Heidelberg als attraktive Stadt, der sich bei der Stellenbesetzung positiv bemerkbar mache (Interviews 9, 10 und 13).

Drei Gesprächspartner aus dem Pflegebereich äußern sich zur Dauer von Vakanzen. Zwei von ihnen geben an, die Stellenbesetzung erweise sich als schwierig. Eine halbe Stelle in der ambulanten Altenpflege, könne so der Befragte, „seit längerer Zeit" nicht besetzt werden (Interview 2). In einem Krankenhaus, so die Interviewpartnerin, habe die Stellenbesetzung bis zum Frühjahr 2012 „lange gedauert" (Interview 11). In einem anderen Krankenhaus kann hingegen eine offene Stelle für eine Pflegekraft in der Regel innerhalb von drei Monaten besetzt werden (Interview 9).

Eine mögliche Erklärung für die unterschiedliche Stellenbesetzungsdauer in der Pflege, könnte in der höheren Attraktivität der Krankenpflege gegenüber der Altenpflege liegen. Eine weitere Erklärung wäre, dass bestimmte Krankenhäuser aufgrund ihres überregionalen Renommees und vielfältigerer Einsatzmöglichkeiten attraktiver sind als anderen Kliniken. Bei kirchlichen Arbeitgebern ist zudem die jeweilige Handhabung der ACK-Klausel zu berücksichtigen. Die durch diese Klausel geforderte Zugehörigkeit zu einer Religionsgemeinschaft, die Mitglied der Arbeitsgemeinschaft Christlicher Kirchen (ACK) ist, stellt im Allgemeinen eine Einstellungsvoraussetzung dar.

Die sich daraus ableitenden und zu überprüfenden Hypothesen lauten:

H1: Wenden kirchliche Sozialunternehmen die ACK-Klausel bei der Personalrekrutierung an, dann verlängert sich die Stellenbesetzungsdauer.

H2: Der Fachkräftemangel in der Frühpädagogik führt vermehrt zur Einstellung von geringqualifizierten oder fachfremden Personen.

3.2.2 Maßnahmen zur Fachkräftesicherung

Unabhängig von der individuellen Wahrnehmung des momentanen Fachkräftebedarfs ist die künftige Fachkräftesicherung sowohl für einzelne Sozialunternehmen als auch für die Pflegebranche und die Kindheitspädagogik insgesamt ein wichtiges Thema. Dazu wurden den Gesprächspartnern drei Fragen zu einer möglichen Attraktivitätssteigerung der Pflegeberufe bzw. des Erzieherberufs, zu möglichen Verbesserungen der Arbeitsbedingungen und zu Maßnahmen für die künftige Fachkräftesicherung gestellt. Zwölf Befragte aus der Frühpädagogik und zehn Gesprächspartner aus der Pflege nennen dazu sowohl innerbetriebliche Maßnahmen als auch branchenweite Handlungsansätze. In der nachfolgenden Tabelle 3.3 sind die Antworten zu den drei genannten Fragen zusammengefasst. Hier zeigen sich für die beiden Bereiche einige Übereinstimmungen.

Tabelle 3.3: Maßnahmen zur Fachkräftesicherung (Die Zahlen in Klammer geben die jeweilige Anzahl der Nennungen an. Die Tabelle berücksichtigt alle mehrfach genannten Maßnahmen.)

Frühpädagogik (N = 12)	Pflege (N = 10)
Imagekampagne für den Erzieherberuf (8)	Imagekampagne/Imagewandel für Pflegeberufe (5)
Bessere Rahmenbedingungen (8)	Bessere Rahmenbedingungen (4)
Höhere Bezahlung, Vergütung bereits in der Ausbildung (8)	Höhere Bezahlung (4)
Höhere gesellschaftliche Anerkennung (7)	Verstärkte Vereinbarkeit Familie und Beruf (3)
Höherer Personalschlüssel (4)	Flexibilisierung der Arbeitszeiten (3)
Mehr Wertschätzung des Arbeitgebers für seine Mitarbeiter (4)	Höhere gesellschaftliche Anerkennung für Beschäftigte in Pflegeberufen (3)
Regelmäßige Supervision (2)	Gesundheitliche Entlastungsangebote (2)
Einführung eines betrieblichen Gesundheitsmanagements (2)	Mehr Wertschätzung des Arbeitgebers für seine Mitarbeiter (2)
Politik muss etwas tun (2)	
Akademisierung des Erzieherberufs (2)	
Schaffung unbefristeter Vollzeitstellen (2)	

Zahlreiche weitere Maßnahmen werden von den Befragten aus der frühkindlichen Bildung und der Pflege jeweils einmal genannt. Dazu gehören in der Frühpädagogik unter anderem eine häufigere Vergabe unbefristeter Verträge, die Gleichstellung von Kindergarten und Grundschule und die Rücknahme der Anrechnung von Erziehern im Anerkennungsjahr auf den Stellenschlüssel. Im Pflegebereich werden beispielsweise eine verstärkte Ausschöpfung des Potenzials von Krankenpflegehelfern durch deren umfassendere Ausbildung, die Beendigung des allgemeinen Stellenabbaus in der Pflege, eine stärkere Offenheit für die Qualifizierung von Quereinsteigern und das Angebot von Incentives für neue Mitarbeiter (z.B. Unterstützung des künftigen Arbeitgebers bei der Wohnungssuche) vorgeschlagen.

Die meisten Befragten aus der frühkindlichen Bildung (acht) und der Pflege (fünf) sehen jeweils in einer Imagekampagne den wichtigsten Ansatz, um mehr Fachkräfte für ihren jeweiligen Bereich zu gewinnen. In einer solchen Kampagne müsse, so eine Gesprächspartnerin aus der Frühpädagogik, „noch deutlicher werden, welch verantwortungsvoller und arbeitsintensiver Beruf der Erzieherinnenberuf ist" (Interview 33). Dieses Ziel lässt sich auch auf die Pflegeberufe übertragen. Gleichermaßen bedeutsam sind für sie außerdem bessere Rahmenbedingungen und eine höhere Bezahlung, wobei Erzieher bereits in der Ausbildung eine Vergütung erhalten sollten. Der gewünschte Imagewandel für die Pflegeberufe und den Erzieherberuf steht in engem Zusammenhang mit dem von sieben Befragten aus der Frühpädagogik und drei Befragten aus der Pflege geäußerten Wunsch nach einer höheren gesellschaftlichen Anerkennung. Eine Frühpädagogik-Expertin sieht einen engen Zusammenhang mit der von ihr gewünschten Akademisierung der Ausbildung, einer höheren gesellschaftlichen Anerkennung und der finanziellen Ausstattung der Frühpädagogik: „Eine Anhebung der Ausbildung auf akademisches Niveau könnte zu einer höheren Anerkennung führen. Dann würde sich vermutlich die Finanzierung verbessern." (Interview 24). Neben strukturellen Veränderungen schlagen die Befragten auch innerbetriebliche Ansätze vor. Am häufigsten nennen sie eine höhere Wertschätzung der Arbeitgeber für ihre Mitarbeiter sowie gesundheitsfördernde Angebote. Vier Befragten aus der Frühpädagogik ist außerdem ein höherer Personalschlüssel, der eine bessere pädagogische Arbeit mit den Kindern ermöglichen würde, wichtig. Im Pflegebereich wünschen sich jeweils drei Gesprächspartner eine flexiblere Gestaltung der Arbeitszeiten und eine verstärkte Vereinbarkeit von Familie und Beruf, die durch Schicht- und Wochenenddienste erschwert ist.

Die sich daraus ableitenden und zu überprüfenden Hypothesen lauten:

H3: Wenn ein Sozialunternehmen Öffentlichkeitsarbeit betreibt, hat dies einen positiven Einfluss auf die Fachkräftegewinnung.

H4: Wenn ein Sozialunternehmen seinen Beschäftigten die Vereinbarkeit von Beruf und Familie bietet, hat dies einen positiven Einfluss auf die Mitarbeiterbindung und damit auch die Fachkräftesicherung.

H5: Ein hohes gesellschaftliches Ansehen von Pflegeberufe und vom Erzieherberuf wirkt sich positiv auf die Fachkräftesicherung aus.

3.3 Altersstruktur und betriebliches Gesundheitsmanagement

Zum besseren Verständnis der nachfolgenden Einschätzungen zu den Themenbereichen „Aus- und Weiterbildung" und „Zielgruppen" wird zunächst die Altersstruktur vorgestellt. Daran schließen sich die Aussagen zum betrieblichen Gesundheitsmanagement (BGM)[28] an.

3.3.1 Altersstruktur

Die Angaben der Gesprächspartner zur Altersstruktur weichen hinsichtlich ihrer Detailliertheit sowohl in der Frühpädagogik als auch in der Pflege erheblich voneinander ab. Dadurch ist nur eine bedingte Vergleichbarkeit der Aussagen von elf Befragten aus der frühkindlichen Bildung und von acht aus der Pflege gegeben.

Einzelne Kindergartenleitungen nennen lediglich ein Durchschnittsalter oder eine Altersspanne. Andere Interviewpartner differenzieren nach Alterskohorten. Insgesamt ergibt sich eine erhebliche altersmäßige Heterogenität unter den Beschäftigten. Acht der elf Befragten

---

[28] Unter einem Betrieblichen Gesundheitsmanagement werden hier vom jeweiligen Arbeitgeber geförderte Maßnahmen zur Erhaltung und zur Förderung der Mitarbeitergesundheit verstanden (Esslinger, Emmert & Schöffski, 2010). Im Unterschied dazu geht es beim gesetzlich vorgeschriebenen Betrieblichen Eingliederungsmanagement (BEM) um Maßnahmen zur angemessenen Gestaltung des Arbeitsplatzes eines Mitarbeitenden, der nach längerer krankheitsbedingter Abwesenheit wieder seine Arbeit aufnimmt und entsprechend seiner Leistungsfähigkeit eingesetzt werden soll (Deutsche Rentenversicherung, 2013).

geben an, dass in ihrem jeweiligen Kindergarten Mitarbeiter/innen im Alter von mindestens 50 Jahren beschäftigt werden. In einem kirchlichen Kindergarten liegt die Altersspanne der Mitarbeitenden zwischen 32 und 62 Jahren (Interview 27). Während in dieser Einrichtung aus Altersgründen bald Bedarf nach neuen Fachkräften besteht, gibt es in einem anderen Kindergarten eine solche Notwendigkeit nicht. Denn hier liegt das Durchschnittsalter der fünf pädagogischen Fachkräfte bei lediglich 28,8 Jahren (Interview 28).

Eine ähnliche Heterogenität bei der Altersstruktur der Beschäftigten ergibt sich anhand der acht Gespräche mit Vertreter/innen von Pflegeeinrichtungen. Eine Interviewpartnerin aus der stationären Altenpflege äußert sich zur Situation folgendermaßen: „Wir haben eine gemischte Altersstruktur mit einer Tendenz zu erfahreneren Mitarbeitern" (Interview 3). Ein Befragter aus einem Krankenhaus sieht die Altersentwicklung des Pflegepersonals skeptisch: „Die Belegschaft wird ständig älter und die Fluktuationsrate ist zurückgegangen" (Interview 10). Gravierender ist die Situation bei einer Einrichtung der ambulanten Altenpflege, da dort der Altersdurchschnitt „bei knapp über 50 Jahren" liegt. Demzufolge bestehe bei der Sozialstation, so der Interviewpartner, „ebenfalls das Problem der Überalterung". Dazu komme noch „eine hohe Zahl von Erkrankungen" (Interview 2).

Dazu lassen sich folgende zu überprüfenden Hypothesen formulieren:

H6: Steigt das Durchschnittsalter der Belegschaft, bieten Sozialunternehmen mehr altersgerechte Arbeitsplätze (z.B. spezifische Arbeitszeiten und Aufgaben) an.

H7: Um den Fachkräftebedarf sicherzustellen, werden von Sozialunternehmen unabhängig vom Durchschnittsalter ihrer Belegschaft mehr Ausbildungsplätze angeboten. (Vgl. dazu die Kapitel 4.2 und 4.4 des Beitrags „Strategien zur Gewinnung und Bindung von Fachkräften im Sozial- und Gesundheitswesen" von M. Schäfer und K. Loerbroks im gleichen Band. Als potenzielle Auszubildende werden auch Personen (vor allem Frauen) nach der Familienphase angesehen.)

3.3.2 Betriebliches Gesundheitsmanagement

Eine Tätigkeit in der Frühpädagogik oder in der Pflege ist sowohl physisch als auch psychisch beanspruchend, zumal wenn sie in Vollzeit ausgeübt wird (Bräutigam, Evans & Hilbert, 2009, S. 60–67). Daher erscheinen Angebote des Arbeitgebers zur langfristigen Erhaltung der Arbeitsfähigkeit seiner Mitarbeiter naheliegend. Dies gilt umso mehr für Sozialunternehmen, deren Belegschaft durch einen (verhältnismäßig) hohen Altersdurchschnitt gekennzeichnet ist, wie sich bei der Mehrzahl der befragten Einrichtungen zeigte.

Bei der Frage nach der Existenz eines entsprechenden betrieblichen Gesundheitsmanagements werden deutliche Unterschiede bei den Aussagen von jeweils 13 Befragten aus der Frühpädagogik und der Pflege erkennbar. Ein BGM ist bislang in keinem Kindergarten vorhanden, in lediglich zwei Einrichtungen ist es in Vorbereitung bzw. befindet sich im Aus- und Aufbau. Ein BGM im eigentlichen Sinne existiert bislang in acht Kindergärten überhaupt nicht. Allerdings gibt es in zwei dieser Einrichtungen bislang für Mitarbeitende emotionale und mentale Unterstützung in Form von Supervision – sofern ein entsprechender Bedarf bekundet wird – sowie einmal im Rahmen von „Fortbildungen zum Thema ‚Entspannung' und ‚Ernährung' und ‚Älterwerden im Beruf'" (Interview 24). Die Interviewpartner aus drei weiteren Kindergärten gehen nicht auf die etwaige Existenz eines BGM ein, sondern verweisen in ihren Antworten auf notwendige Veränderungen der Rahmenbedingungen bzw. auf das Bestehen eines betrieblichen Eingliederungsmanagements.

Angesichts der hohen Anzahl von Kindergärten mit Beschäftigten über 50 Jahre (acht von elf befragten Einrichtungen) und des relativ hohen Anteils an Vollzeitbeschäftigten ist die geringe derzeitige Ausprägung des BGM umso auffallender. Eine mögliche Erklärung für das weitgehende Fehlen eines solchen Angebots ist die bislang mangelnde Sensibilisierung des jeweiligen Trägers für dieses Thema.

In der Pflege ist diese Sensibilisierung offenkundig bereits stärker ausgeprägt. Fünf der 13 Gesprächspartner aus diesem Bereich berichten, dass ein BGM in ihrem jeweiligen Unternehmen – zumindest in Ansätzen – bereits existiert, in einer Klinik seit mittlerweile fünf Jahren (Interview 9). So werden beispielsweise regelmäßig mit Unterstützung von Krankenkassen „betriebliche Gesundheitstage" veranstaltet, zudem gesundheitsfördernde Kurse wie etwa „Rückenschule" und „Stressbewältigung" angeboten. Für den Vertreter des Krankenhauses mit einem seit fünf Jahren bestehenden Angebot dient das strukturierte betriebliche Gesundheitsmanagement „auch als Mittel, um unsere Attraktivität als Arbeitgeber zu erhöhen" (Interview 9). Die Bedeutung eines BGM bei der Personalrekrutierung unterstreicht eine Befragte aus der ambulanten Altenpflege: „Es ist definitiv ein Vorteil, wenn ein Arbeitgeber ein Gesundheitsprogramm anbietet, das macht Eindruck auf Bewerber" (Interview 5).

Zwei Gesprächspartner bereiten in ihrer jeweiligen Einrichtung momentan oder für das kommende Jahr die Einführung eines betrieblichen Gesundheitsmanagements vor. Dabei sollen in einem Krankenhaus besondere Angebote für ältere Beschäftigte konzipiert werden. Dies geschieht auch angesichts der Tatsache, dass es für diesen Personenkreis derzeit nur „ganz wenige Nischen (gibt), in denen eine ältere Pflegekraft altersgerecht und würdig eingesetzt werden kann" (Interview 11). Vier Interviewpartner geben an, dass ein (institutionalisiertes) betriebliches Gesundheitsmanagement bei ihnen nicht besteht und derzeit einzelne Maßnahmen angeboten werden. Ein Krankenhaus offeriert seinen Mitarbeitenden „verbilligte Konditionen für den Besuch in (…) Fitnessstudios" (Interview 8). Ein Altenpflegeheim verpflichtet seine Beschäftigten zur Teilnahme an „Schulungen in rückenschonender Arbeitsweise" und setzt „zudem auf den Einsatz von Hilfsmitteln" (Interview 4). Einen solchen Teilnahmezwang lehnt dagegen ein Interviewpartner für seine Mitarbeiter in der ambulanten Altenpflege ab: „Aus Arbeitgebersicht steht fest: Gesundheitsfürsorge kann nicht angeordnet werden." Er wünscht sich gleichwohl eine stärkere Sensibilisierung für gesundheitliche Belange: „Momentan hapert es bei vielen Mitarbeitenden mit dem Ins-Bewusstsein-Nehmen der Gesundheit" (Interview 2). Zwei der 13 Befragten gehen nicht auf die mögliche Existenz eines BGM ein, sondern verweisen in ihren Antworten auf notwendige Veränderungen der Rahmenbedingungen. Trotz einer stärkeren Sensibilisierung für das BGM besteht in der Pflege noch Potenzial für einen weiteren Ausbau, der vereinzelt auch schon im Kontext der Fachkräftegewinnung gesehen wird.

Die sich daraus ableitenden und zu überprüfenden Hypothesen lauten:

H8: Die Schaffung bzw. der Ausbau eines betrieblichen Gesundheitsmanagements wirkt sich positiv auf die Gewinnung und Bindung von Fachkräften aus.

H9: Die positive Wirkung eines bestehenden BGM auf potenzielle Bewerber lässt sich auch auf potenzielle Interessenten an einem Quereinstieg ausweiten. Werden Pflege und Frühpädagogik etwa durch ein verbreitetes BGM stärker als attraktive Arbeitsbereiche wahrgenommen, wirkt sich dies positiv auf die Bereitschaft zu einem beruflichen Neustart aus.

H10: Die Schaffung eines betrieblichen Gesundheitsmanagements hat einen positiven Einfluss auf die Erhaltung der Beschäftigungsfähigkeit älterer Arbeitnehmer.

3.4 Aus- und Weiterbildung

3.4.1 Besetzung von Ausbildungsplätzen

Mit der Besetzung von Ausbildungsplätzen sind in der **Frühpädagogik** Stellen für Erzieher im Anerkennungsjahr gemeint. Angehende Erzieher/innen besuchen zunächst in der Regel drei Jahre lang eine entsprechende Fachschule und wechseln danach in einen Kindergarten zur weiteren praktischen Ausbildung. Auszubildende in der Pflege sind dagegen während der gesamten dreijährigen Ausbildung im Ausbildungsbetrieb tätig.

Die Aussagen von elf Befragten aus der Frühpädagogik und von zehn Gesprächspartnern aus der Pflege ergeben ein uneinheitliches Bild hinsichtlich der Besetzung von Ausbildungsstellen. Während sich für jeweils vier Befragte aus beiden Bereichen die Rekrutierung von Nachwuchskräften als schwierig erweist, gelingt sie bei den sieben bzw. sechs anderen Interviewten (relativ) problemlos.

Eine Kindergartenleiterin berichtet, dass sich in diesem Jahr die Suche nach vier geeigneten Erzieherinnen im Anerkennungsjahr schwieriger gestalte als in den vergangenen 15 Jahren. Im April 2012 war in diesem Kindergarten für einen Ausbildungsplatz noch immer keine geeignete Bewerberin für das im September beginnende Kindergartenjahr gefunden worden (Interview 26). Ein anderer Interviewpartner aus der Frühpädagogik verweist ebenfalls auf die zunehmenden Probleme bei der Rekrutierung von zwei Auszubildenden und räumt ein: „In den letzten Jahren waren wir froh, die Stellen überhaupt besetzen zu können." Als Ursache für diese Entwicklung nennt er das Qualifikationsprofil der Bewerber: „Es erweist sich leider zunehmend als ein Problem, dass die Auszubildenden den gestiegenen Anforderungen in manchen Bereichen nicht mehr genügen." (Interview 18).

Eine mitunter unzureichende Qualifikation bei den Bewerbern stellen vereinzelt auch Kindergartenleiterinnen fest, für deren jeweilige Einrichtung die Stellenbesetzung insgesamt keine Probleme bereitet. Eine Befragte beklagt: „Die Qualität der Auszubildenden hinsichtlich Wissen und Motivation ist oft schlecht" (Interview 27). Ein bei einem Träger beschäftigter Gesprächspartner will mit Unterstützung derzeitiger Auszubildender neue Wege bei der Rekrutierung künftiger Nachwuchskräfte gehen: „Es wird von uns momentan gemeinsam mit jungen Leuten in den Kindertagesstätten daran gearbeitet, eine Strategie zu entwickeln (...) Es sollen Formen gefunden werden, die junge Menschen ansprechen." (Interview 22). Sechs Gesprächspartner haben konkrete Zahlen zum jeweiligen Verhältnis Bewerberzahl und Ausbildungsplätze genannt. Die Relationen bewegen sich aktuell zwischen 2,0 bis 3,3 Bewerbern pro Platz.

In der **Pflege** weichen die entsprechenden Zahlenverhältnisse stark voneinander ab. Vier Vertreter aus der ambulanten Altenpflege nannten Relationen zwischen 2,0 und 5,0 – also Werte, die teilweise identisch, teilweise höher sind als im Kindergartenbereich. Nach Angaben des Vertreters einer Pflegeschule gehen bei ihm jährlich so viele Bewerbungen für den Beruf Gesundheits- und Krankenpfleger ein, dass nicht nur alle Ausbildungsplätze mit passenden Interessenten besetzt werden können, sondern auch eine Warteliste für potenzielle Nachrücker erstellt wird (Interview 13). Die sehr starke Nachfrage – auf einen Ausbildungsplatz kamen im Oktober 2011 statistisch betrachtet 8,8 Bewerber (Interview 12/Statistische Übersicht der Pflegeschule) – hängt nach Angaben des Befragten mit dem sehr guten Ruf und der bundesweiten Bekanntheit der Einrichtung zusammen (Interview 13). Im Vergleich zur Krankenpflege ist das Verhältnis Bewerber zu Ausbildungsplätzen in der Altenpflege deutlich niedriger, was auf eine geringere Beliebtheit dieses Ausbildungsberufes schließen lässt.[29] Eine Vertreterin aus der ambulanten Altenpflege gibt beispielsweise an, die beiden vorhandenen Ausbildungsplätze für Altenpfleger mangels passender Bewerber nicht besetzen zu können (Interview 6). Die offenkundig geringere Beliebtheit der Altenpflege erschwert die Fachkräftesicherung zusätzlich. Da in den geplanten Datenerhebungen keine Jugendlichen befragt werden, wird auf die Formulierung von Hypothesen verzichtet.

3.4.2 Akademisierung der Ausbildung in der Frühpädagogik und in der Pflege

Die seit 2004 stetig zunehmende Anzahl von Studienangeboten in der Frühpädagogik und in der Pflege ist Indiz für eine fortschreitende Akademisierung der Ausbildung in diesen bei-

---

[29] Eine geringe Neigung von Jugendlichen, eine Ausbildung im Gesundheits- oder Sozialwesen zu beginnen, zeigte sich auch bei einer im Oktober 2012 in Mannheim im Rahmen des Forschungsprojekts BEST WSG durchgeführten nicht-repräsentativen Umfrage unter 150 Teilnehmern der „GoSocial!", einer Messe für Sozial- und Pflegeberufe – darunter auch Altenpfleger. Auf die Frage nach Anreizen für die Aufnahme einer Ausbildung oder eines Studiums in einem Sozial- oder Gesundheitsberuf – wobei Mehrfachnennungen möglich waren – gaben 30 Prozent der befragten Jugendlichen „mehr Interesse an einem solchen Beruf" an, 18 Prozent nannten „mehr Geld für Ausbildung/Arbeit", 12,7% wünschten sich ein „besseres Ansehen in der Gesellschaft" und 2,7 Prozent „mehr Informationen zu diesen Berufen". 38,7 Prozent der befragten Teilnehmer machten keine Angaben zu möglichen Anreizen.

den Bereichen. Sowohl in der frühkindlichen Bildung als auch im Pflegebereich ist jeweils eine deutliche Mehrheit der Befragten – aus unterschiedlichen Gründen – für eine Anhebung der Ausbildung auf akademisches Niveau (siehe Tabelle 3.4).

Tabelle 3.4: Einstellungen zur Akademisierung der Ausbildung in der Frühpädagogik und in der Pflege

Frühpädagogik (N = 16)			Pflege (N = 11)		
Pro	Contra	Unentschieden	Pro	Contra	keine Meinung
12 (75%)	3 (18,75%)	1 (6,25%)	8 (72,7%)	1 (9,1%)	2 (18,2%)

Befürworter in der **Frühpädagogik** sehen eine hochschulische Ausbildung angesichts der „hohen Erwartungen an die Qualität der frühpädagogischen Einrichtungen (…) [als] ein unabdingbares ‚Muss'" (Interview 24). Eine Befragte sieht Vorteile für den gesamten Berufsstand, der durch die Akademisierung aufgewertet werde (Interview 33). Damit verbindet sich die Hoffnung auf eine größere Attraktivität des Berufsfeldes und infolgedessen eine leichtere Gewinnung von Nachwuchskräften. Zwei weitere Befragte sprechen sich explizit für verschiedene Ausbildungsformen für Erzieher aus, neben einem Studium solle auch weiterhin die Fachschulausbildung angeboten werden (Interviews 29 und 33).

Die drei Gegner einer akademischen Ausbildung in der frühkindlichen Bildung nennen unterschiedliche Gründe. Eine Befragte sieht beispielsweise einen Bachelor-Abschluss für Erzieher schlicht als „nicht notwendig" an (Interview 34). Sie verweist stattdessen auf die auf leitungsinteressierte Erzieher zugeschnittene Fortbildung „FOF – Fachwirt Organisation und Führung". Eine andere gibt an, ihr sei unklar, wo Absolventen eines frühpädagogischen Studiums eingesetzt werden sollen. Aus ihrer Sicht werden die akademisch ausgebildeten Frühpädagogen „für Stellen qualifiziert, die so derzeit noch gar nicht vorhanden sind" (Interview 30). Damit benennt sie einen wichtigen Punkt, für den anhaltender Klärungsbedarf besteht.

Anhänger einer Akademisierung im **Pflegebereich** finden in den immer anspruchsvolleren Aufgaben, in der attraktiveren Perspektive für Abiturienten (und der damit verbundenen Hoffnung auf eine steigende Zahl von Bewerbern), im vorhandenen Bedarf nach besser qualifizierten Fachkräften für Leitungspositionen, in der möglichen Imageaufwertung des Berufsbildes und in der „Gleichstellung mit anderen Berufsgruppen hinsichtlich der Akademisierung" (Interview 14) gute Gründe. Ebenso wie in der Frühpädagogik sprechen sich auch zwei Interviewpartner aus dem Pflegebereich für die Beibehaltung der dreijährigen Fachkraftausbildung neben einem Studium aus. Ein Befürworter aus dem Krankenhausbereich lehnt gleichwohl eine verpflichtende Akademisierung ab, „da der Bedarf an Pflegekräften dann nur noch schwerlich gedeckt werden könnte" (Interview 10). Aus seiner Sicht soll die akademische Ausbildung ergänzend zur weiterhin anzubietenden klassischen Krankenpflegeausbildung erfolgen.

Eine Befragte begründet ihre ablehnende Haltung mit der Skepsis „hinsichtlich einer flächendeckenden Einführung in Deutschland" und den Zweifeln an der Praxistauglichkeit einer akademischen Ausbildung (Interview 5). Zwei Interviewpartner positionieren sich nicht eindeutig als Befürworter oder Gegner einer Akademisierung. Für den Personalchef eines Krankenhauses stellt sich stattdessen die Frage nach der Gehaltshöhe und den Einsatzmöglichkeiten der Krankenpfleger mit Bachelor-Abschluss. Der Geschäftsführer eines Altenpflegeheims argumentiert ähnlich und hält eine akademische Ausbildung in der Altenpflege erst dann für sinnvoll, „wenn auch entsprechende Stellen vorhanden sind" (Interview 4). Diese Aussage verdeutlicht, dass die Forderung nach einer Akademisierung bisher nicht einhergeht mit der Schaffung von adäquaten Stellen für akademisch qualifizierte Mitarbeiter.

Die sich daraus ableitenden und zu überprüfenden Hypothesen lauten:

H11: Vertreter von Sozialunternehmen befürworten eine Akademisierung unter der Bedingung, dass akademisch ausgebildete Fachkräfte über eine starke Praxisorientierung (z.B. durch Praxissemester) verfügen.

H12: Vertreter von Sozialunternehmen befürworten eine Akademisierung unter der Bedingung, dass es in der jeweiligen Einrichtung einen Bedarf nach akademisch qualifizierten Fachkräften gibt.

3.4.3 Voraussetzungen für eine berufsbegleitende akademische Qualifizierung

Im Kontext der zunehmenden Akademisierung der Frühpädagogik empfehlen Experten eine Ausweitung der Möglichkeiten für berufsbegleitende Hochschulstudiengänge für Erzieher und plädieren dafür, dass bis 2020 in jeder Kindertageseinrichtung zumindest eine akademisch ausgebildete Fachkraft beschäftigt sein wird (vbw – Vereinigung der Bayerischen Wirtschaft, 2012, S. 13). Ein Hochschulstudium mit dem Beruf und mitunter auch familiären Verpflichtungen in Einklang zu bringen, stellt Erzieher und Pflegefachkräfte vor eine beachtliche Herausforderung. Um dieser gerecht werden zu können, bedarf es bestimmter Voraussetzungen, die in Tabelle 3.5 genannt werden.

Für jeden zweiten Interviewpartner aus der Frühpädagogik sind bessere Aufstiegschancen und eine höhere Bezahlung nach Abschluss des berufsbegleitenden Studiums besonders wichtig. Gleichermaßen bedeutsam sind für sie das Lernformat „Blended Learning" (Kombination aus Präsenzphasen und Online-Lernmodulen) und die von immerhin sechs Befragten gewünschte Freistellung durch den Arbeitgeber. Für die Gesprächspartner aus der Pflege ist während des Studiums ebenfalls eine Freistellung durch den Arbeitgeber wichtig. Eine höhere Vergütung nach dem erfolgreichen Abschluss des Studiums hat für zwei Personen aus dem Pflegebereich eine gleichermaßen hohe Priorität. Die Aussagen „Mehr Stellen für akademisch qualifizierte Mitarbeiter schaffen" und „Adäquaten Arbeitsplatz nach Abschluss des Studium in Aussicht stellen" von Vertretern aus der Pflege entsprechen in etwa dem von Experten aus der frühkindlichen Bildung geäußerten Wunsch nach "Aufstiegschancen".

Angesichts der vergleichsweise niedrigen Gehälter für Erzieher und Pflegefachkräfte spielt die Finanzierbarkeit eines berufsbegleitenden Studiums eine wichtige Rolle. Da eine Reduzierung des Beschäftigungsumfangs für die Dauer des Studiums mit Gehaltseinbußen einhergeht, wünschen sich drei Befragte aus der Frühpädagogik und zwei aus dem Pflegebereich eine finanzielle Absicherung durch den Arbeitgeber. Je nach Höhe der Studiengebühren für den passenden Studiengang entstehen unter Umständen erhebliche Zusatzkosten, die von den Studierenden angesichts ihres Einkommensniveaus oft nicht ohne weiteres übernommen werden können. Daher sprechen sich drei Gesprächspartner aus der Kindheitspädagogik und ein Vertreter aus der Pflege für eine Kostenübernahme durch den Träger bzw. Arbeitgeber aus.

Zur Frage der Zugangsmöglichkeiten zu einem berufsbegleitenden Bachelorstudium für Fachkräfte mit abgeschlossener Ausbildung und Berufspraxis äußerten sich jeweils zwei Befragte aus der Frühpädagogik und dem Pflegebereich. Für eine Zulassung auch ohne schulische Hochschulzugangsberechtigung plädierten beide Vertreter aus dem Erziehungsbereich und ein Pflegeexperte. Ein weiterer Befragter aus der Pflege möchte, dass examinierte Pflegefachkräfte künftig ebenfalls die Möglichkeit haben, den Studiengang "Interprofessionelle Gesundheitsversorgung" zu belegen. Dieser seit 2011 in Heidelberg angebotene Studiengang beinhaltet neben der akademischen Qualifizierung auch eine Berufsausbildung im Pflegebereich. Für studierwillige Pflegekräfte mit abgeschlossener Ausbildung müssten die Zulassungsvoraussetzungen für den Studiengang entsprechend angepasst werden.

Für jeweils zwei Befragte aus der frühkindlichen Bildung soll das Studium auch einen inhaltlichen Mehrwert darstellen bzw. stärker in die Praxis integriert sein. Solche Auffassungen äußerten Vertreter aus dem Pflegebereich nicht. Eine Interviewpartnerin aus der ambulanten Altenpflege zeigt sich skeptisch hinsichtlich der Studienbereitschaft von Pflegefachkräften und nennt deshalb keine entsprechenden Voraussetzungen. Ihrer Meinung nach muss es für examinierte Pflegerinnen und Pfleger "einen klar erkennbaren Anreiz" für "zwei Jahre Teilzeittätigkeit in einem schweren Beruf und eine akademische Ausbildung" geben. Aus Sicht der Befragten wäre somit eine Doppelbelastung von Studium und Beruf – selbst dann wenn der Pflegeberuf nur in Teilzeit ausgeübt wird – sehr hoch. Sie verweist auf die "sehr geringen Aufstiegschancen" in der Pflege und stellt den Nutzen einer berufsbegleitenden Hochschulausbildung für den Berufsalltag infrage: "Ein akademischer Abschluss nützt in der Praxis dem Patienten nichts." (Interview 5).

Tabelle 3.5: Voraussetzungen für eine Teilnahme an einer berufsbegleitenden akademischen Weiterqualifizierung (Die Zahlen in Klammern geben die Anzahl der Nennungen an. Mehrfachnennungen waren möglich.)

Frühpädagogik (N = 14)	Pflege (N = 8)
Bessere Perspektiven	
• Aufstiegschancen (hinsichtlich der Position und der Arbeitsbereiche) nach dem Studium (7)	• Mehr Stellen für akademisch qualifizierte Mitarbeiter schaffen (2)
	• Adäquaten Arbeitsplatz nach Abschluss des Studiums in Aussicht stellen (1)
Finanzielle Anreize	
• Höhere Bezahlung nach Abschluss der Weiterqualifizierung (7)	• Höhere Bezahlung nach Abschluss der Weiterqualifizierung (2)
Studienformat und Studieninhalte	
• Studienformat Blended Learning (7)	Keine Nennungen
• Studium stärker in die Praxis integrieren (Studium als Teil der Arbeitszeit anrechnen) (2)	
• Vermittlung von „wirklich neuen Inhalten" / „interessanten Studieninhalten" (dabei enge Praxisorientierung) (2)	
Unterstützung durch den Arbeitgeber	
• Freistellung durch den Arbeitgeber (6)	• Freistellung durch den Arbeitgeber (3)
• Finanzielle Absicherung für das Studium (3)	• Finanzielle Absicherung für das Studium (2)
• Kostenübernahme durch den Träger (3)	• Förderung durch den Arbeitgeber (nach vorheriger Einzelfallprüfung) (2)
	• Kostenübernahme durch den Arbeitgeber (1)
Zulassungsvoraussetzungen	
• Zulassung zum Studium auch ohne Abitur (sofern abgeschlossene Berufsausbildung als Fachkraft und drei bis fünf Jahre Berufserfahrung vorhanden sind) (2)	• Zulassung zum Studium auch ohne Abitur (sofern abgeschlossene Berufsausbildung als Fachkraft und Berufspraxis vorliegen) (1)
	• Für examinierte Pflegefachkräfte einen Quereinstieg in ein Pflegestudium ermöglichen (1)

Die sich daraus ableitenden und zu überprüfenden Hypothesen lauten:

H13: Das Angebot zusätzlicher Entwicklungsperspektiven nach Studienabschluss wirkt sich positiv auf die Bereitschaft von beruflich Qualifizierten aus, an einer berufsbegleitenden akademischen Qualifizierung teilzunehmen.

H14: Eine finanzielle Unterstützung durch den Arbeitgeber erhöht die Wahrscheinlichkeit einer Aufnahme eines berufsbegleitenden Studiums.

3.5 Besondere Zielgruppen

3.5.1 Arbeitslose

Angesichts der bereits erwähnten demografischen Entwicklung stellt sich bei der Fachkräftesicherung die Frage, inwieweit dafür – neben Nachwuchskräften – weitere Zielgruppen in den Fokus genommen werden sollten. In der Kindheitspädagogik und in der Pflege bejaht jeweils eine Mehrheit der Befragten die Qualifizierung von (Langzeit-)Arbeitslosen zum Erzieher bzw. zur Pflegefachkraft.

Tabelle 3.6 zeigt, dass diese Mehrheit in der Pflege deutlich, in der Frühpädagogik hingegen sehr knapp ausfällt. (Vgl. dazu die kritische Stimmen zu einer Rekrutierung von Arbeitslosen/Quereinsteigern in Kapitel 4.2 des Beitrags „Strategien zur Gewinnung und Bindung von Fachkräften im Sozial- und Gesundheitswesen" von M. Schäfer und K. Loerbroks im gleichen Band.)

Tabelle 3.6: Ansichten zu Qualifizierungen in den Bereichen Frühpädagogik und Pflege für Arbeitslose

Frühpädagogik (N = 7)		Pflege (N = 12)		
Pro	Contra	Pro	Contra	Unentschieden
4 (57,1%)	3 (42,9%)	8 (66,7%)	3 (25%)	1 (8,3%)

Eine mögliche Erklärung für die größere Zustimmung unter den Befragten aus dem Pflegebereich könnte sein, dass hier auch verschiedene kürzere Qualifizierungsangebote mit niedrigerem Anforderungsniveau bestehen, die zum Beispiel zum Berufsabschluss „Altenpflegehelfer" führen. Für die Befürworter unter den Interviewpartnern in beiden Bereichen ist die persönliche und fachliche Eignung, die stets im Einzelfall geprüft werden müsse, unabdingbare Teilnahmevoraussetzung. Ein Interviewpartner aus dem Pflegebereich fasst prägnant zusammen: „Denkbar ist es dann, wenn die individuelle Motivation und Eignung stimmen." (Interview 12). Eine Befragte aus dem Krankenhausbereich zeigt sich „grundsätzlich (…) offen, Arbeitslose zu qualifizieren" und würde es begrüßen, wenn bei Umschulungen das dritte Ausbildungsjahr ebenfalls finanziert würde (Interview 11).

Für eine Kindergartenleiterin steht die Idee einer Umschulung von Langzeitarbeitslosen zu Erziehern im Widerspruch zur zeitgleich erhobenen Forderung nach einer hochwertigen Ausbildung für pädagogische Fachkräfte: „Frühkindliche Bildung wird als so wichtig hingestellt, und dann kommt man mit dem Plan, Langzeitarbeitslose in Kitas einzusetzen. Das passt irgendwie nicht zusammen" (Interview 30). Daher lehnt die Befragte eine Beschäftigung von Arbeitslosen in Kindergärten und deren Qualifizierung im frühkindlichen Bereich ab. Ein Interviewpartner aus dem Krankenpflegebereich sieht in Qualifizierungsprojekten im Pflegebereich keinen „zielführenden Weg". Sofern ein entsprechender Wille vorhanden sei, so der Befragte, böte sich Interessenten die Möglichkeit, „innerhalb der Pflege in verschiedene Bereiche ein(zu)steigen" (Interview 10). Ein anderer Gesprächspartner aus dem Krankenpflegebereich erwähnt die „aufgrund der insgesamt komfortablen Bewerbersituation" bislang fehlende Notwendigkeit, die Gruppe der (Langzeit-)Arbeitslosen in den Fokus der Fachkräftegewinnung zu nehmen (Interview 13).

Die sich daraus ableitenden und zu überprüfenden Hypothesen lauten:

H15: Aufgrund des steigenden Fachkräftebedarfs steigt bei Sozialunternehmen die Bereitschaft, Arbeitslose für eine Tätigkeit in der Pflege oder Frühpädagogik zu gewinnen und zu qualifizieren.

H16: Die persönliche und fachliche Eignung von Arbeitslosen für eine Qualifizierung in Frühpädagogik und Pflege ist im Einzelfall zu prüfen und festzustellen.

3.5.2 Exkurs: Heidelberger Qualifizierungsprojekt „Neue Wege pflegen" eines Wohlfahrtsverbandes für SGB II-Kunden im Pflegebereich

Für ein Heidelberger Sozialunternehmen stellt sich die Situation im Pflegebereich anders als für Befragte aus dem Krankenhausbereich dar. Dem Verband geht es darum, „Langzeitarbeitslose(n) ein spezielles Angebot (zu) unterbreiten" und so diese Personengruppe bei der „(Wieder-)Herstellung der Ausbildungsfähigkeit" zu unterstützen (Interview 18). Deshalb hat der Verband im Jahr 2011 gemeinsam mit der zuständigen Regelinstitution die achtmonatige Qualifizierungsmaßnahme „Neue Wege pflegen" für Personen ab 25 Jahren initiiert, die von April bis Dezember 2011 erstmals und im Jahr 2012 erneut stattfand. Sie soll „als vorgeschaltetes Modul die für eine Ausbildung erforderliche Ausdauer testen" (Interview 18). Die im Jahr 2011 von der Regelinstitution (Interview 16) rekrutierten 14 freiwilligen Teilnehmer im Alter von 26 bis 58 Jahre verfügten teilweise über eine abgeschlossene Berufsausbildung oder ein abgeschlossenes Studium. „Neue Wege pflegen" ist ein niederschwelliges Qualifizierungsangebot mit eigens konzipiertem Curriculum, bei dem der theoretische Unterricht und die Praxisphasen wechselweise in Teilzeit stattfanden (Interview 15). Die Schulferien waren unterrichtsfrei, um so auch Personen mit Familienpflichten eine durchgehende Teilnahme zu ermöglichen. In den beiden je vierwöchigen Praktika waren die Teilnehmer in verschiedenen Pflegeeinrichtungen des Verbandes oder anderer Träger in Heidelberg eingesetzt. Eine sozialpädagogische Mitarbeiterin des Wohlfahrtsverbandes begleitete die Teilnehmer während der gesamten Qualifizierung. Nach Ende der Maßnahme äußerten sich die Teilnehmer in den Gesprächen mit der zuständigen Koordinatorin in der Regelinstitution insgesamt sehr positiv und lobten etwa die Verzahnung von Theorie und Praxis. Sie zeigten sich gleichwohl ernüchtert, wenn sich bestehende Vorstellungen von Pflege als falsch erwiesen (Interview 16). Insgesamt konnten acht der 14 Teilnehmer in sozialversicherungspflichtige Beschäftigungen vermittelt werden – dies gelang zum Teil bereits im Laufe der Qualifizierungsmaßnahme (Interview 16). Davon haben vier Personen eine Ausbildung in der Alten- oder Krankenpflege begonnen, vier sind als Helfer in der Alten- oder Behindertenpflege oder als Alltagsbegleiter (zusätzliche Betreuungskraft im Altenpflegeheim) tätig. Eine ehemalige Teilnehmerin absolviert seit Oktober 2011 eine Ausbildung zur Altenpflegerin und beurteilt das Programm „Neue Wege pflegen" rückblickend positiv: „Eine Vorqualifizierung ist für beide Seiten – Arbeitgeber und Arbeitnehmer – sinnvoll. Durch die Vorqualifizierung können beide Seiten erkennen, ob es passt." (Interview 17). Keiner der vier Männer, die 2011 an „Neue Wege pflegen" teilgenommen haben, hatte bis März 2012 eine Stelle gefunden (Interview 15). Erst im Juni nahm einer von ihnen eine Tätigkeit in der Behindertenpflege auf. Mit dem Qualifizierungsprojekt wird die Hoffnung verbunden: „Je mehr Menschen diese niederschwellige Bildung bekommen, umso mehr wird es Menschen geben, die sich für eine höherwertige Ausbildung interessieren." (Interview 15). „Neue Wege pflegen" ist somit ein mittelbares Instrument, um dem Fachkräftebedarf in der Pflege zu begegnen. Aus Sicht der Projektverantwortlichen ist „Neue Wege pflegen" auch übertragbar, zum Beispiel auf Wiedereinsteigerinnen nach der Familienphase, mit und ohne Erfahrungen in der Pflege (Interview 15).

3.5.3 Wiedereinsteigerinnen und Berufsrückkehrerinnen

Im Vergleich zu (Langzeit-)Arbeitslosen mit fehlender oder fachfremder Qualifikation können Erzieherinnen und Pflegefachkräfte nach Ende ihrer individuellen Familienphase – je nach Dauer der Abwesenheit – relativ schnell in ihren erlernten Beruf zurückkehren. Gegebenenfalls sind bei Wiederaufnahme einer Berufstätigkeit Anpassungsqualifizierungen notwendig, um den aktuellen Anforderungen gerecht werden zu können. In Abhängigkeit von der Dauer der Familienphase lassen sich Berufsrückkehrerinnen und Wiedereinsteigerinnen unterscheiden. Die Bundesagentur für Arbeit definiert Berufsrückkehrerinnen als Frauen, die in der Regel nach mindestens einjähriger (familienbedingter) Erwerbsunterbrechung wieder erwerbstätig sein bzw. erneut in ihrem erlernten Beruf arbeiten wollen. Als Wiedereinsteigerinnen werden Frauen bezeichnet, die in der Regel nach mehr als drei Jahren (familienbedingter) Erwerbsunterbrechung wieder erwerbstätig sein wollen (BA-Definition „Wiedereinstieg in den Beruf", 2012). Darunter sind auch Personen, die in einem anderen als ihrem erlernten bzw. zuletzt ausgeübten Beruf arbeiten wollen oder müssen. Für sie würde die Aufnahme einer Tätigkeit im Sozial- und Gesundheitswesen einen Quereinstieg in einen fachfremden Bereich darstellen. (Vgl. dazu die Einschätzungen zu Quereinsteigern in Kapitel 4.2 des Beitrags „Strategien zur Gewinnung und Bindung von Fachkräften im Sozial- und Gesundheitswesen" von M. Schäfer und K. Loerbroks im gleichen Band.)

Um Wiedereinsteigerinnen und Berufsrückkehrerinnen für ein Sozialunternehmen zu gewinnen, bedarf es nach Ansicht der Befragten aus der Frühpädagogik und der Pflege verschiedener Ansätze, die sich in die vier Kategorien Arbeitszeitmodelle, Vereinbarkeitsproblematik, Qualifizierung und Rückkehrmanagement zusammenfassen lassen. Neun Interviewpartner aus dem Bereich der **frühkindlichen Bildung** halten das Angebot flexibler Arbeitszeiten für besonders wichtig. Mehrfach wird explizit die Möglichkeit zu einer Teilzeitbeschäftigung erwähnt. Die von vier Gesprächspartnern genannte Vereinbarkeit von Familie und Beruf steht in engem Zusammenhang zu den flexiblen Arbeitszeiten. Befragte, die die Vereinbarkeit nannten, erwähnten auch flexible Arbeitszeiten oder sprachen explizit von Teilzeitmodellen. Eine Kindergartenleiterin sieht in einer kostenlosen Kinderbetreuung einen Anreiz für eine frühere Rückkehr aus der Elternzeit (Interview 25). Fünf Befragte plädieren für nichtakademische Qualifizierungsangebote für Wiedereinsteigerinnen und Berufsrückkehrerinnen, um sie so wieder an den Arbeitsalltag und seine aktuellen Anforderungen heranzuführen. Ein Vertreter aus dem Kindergartenbereich wünscht sich eine staatliche Förderung des Wiedereinstiegs (Interview 22). Drei Befragte unterbreiten zudem Vorschläge, um Wiedereinsteigerinnen und Berufsrückkehrerinnen als neue Mitarbeiterinnen zu gewinnen und potenzielle Rückkehrwillige an den Arbeitgeber zu binden. Dazu gehören unter anderem jährliche Informationsveranstaltungen und die Pflege des Kontaktes zu Mitarbeiterinnen in der Elternphase durch das jeweilige Sozialunternehmen.

Die Gewinnung und Bindung von Wiedereinsteigerinnen hat auch für die Interviewpartner aus der **Pflege** einen hohen Stellenwert. Einer dieser Befragten berichtet, dass rückkehrwilligen Mitarbeiterinnen die jeweils gewünschten Arbeitszeiten gewährt werden. Im Gegenzug benennt die betreffende Person vor der Rückkehr aus der Familienphase drei individuell passende Einsatzbereiche innerhalb des Krankenhauses. Aus diesen drei Optionen wählt die Pflegedirektion dann ein Aufgabenfeld aus (Interview 10). Hinsichtlich der drei genannten anderen Kategorien gibt es Übereinstimmungen zur frühkindlichen Bildung. Beispielsweise möchte eine Vertreterin aus der ambulanten Altenpflege, dass der Arbeitgeber eine Kinderbetreuung selbst anbietet oder vermittelt (Interview 6). Eine andere Vertreterin aus der ambulanten Altenpflege plädiert für die Schaffung finanzieller Anreize für einen Arbeitgeber, der Wiedereinsteigerinnen einstellt (Interview 5).

Ungeachtet der genannten Vorschläge wird in weiteren Aussagen der Befragten deutlich, dass die Mehrzahl der von ihnen vertretenen Sozialunternehmen bislang nichts zur Gewinnung von Wiedereinsteigerinnen und Berufsrückkehrerinnen unternommen hat. Von den zehn Gesprächspartnern aus der **Frühpädagogik** bestätigen sieben eine solche Zurückhaltung, lediglich zwei Arbeitgeber sind hier bereits aktiv – bei einem der beiden gibt es ein formales betriebliches Rückkehrmanagement. Für die Kindergartenbeauftragte eines kirchlichen Trägers sind Wiedereinsteigerinnen – trotz bisher fehlender Bemühungen – gleichwohl bei der künftigen Personalrekrutierung relevant: „Die Wiedereinsteigerinnen bilden prinzipiell ein Potenzial für die Einstellung von Fachkräften." (Interview 19). Eine Kindergartenleiterin geht einen anderen, eigenständigen Weg, sie setzt bei der Personalsuche auf ihr persönliches Netzwerk von Erzieherinnen (Interview 27).

In der **Pflege** geben sechs von neun Befragten an, dass ihr Arbeitgeber sich bisher nicht um Berufsrückkehrerinnen und Wiedereinsteigerinnen bemüht hat. Lediglich drei Sozialunternehmen haben sich für diese Zielgruppe bereits engagiert. Arbeitgeber im Pflegebereich nennen für ihre Zurückhaltung unterschiedliche Gründe. Der Geschäftsführer eines Krankenhauses räumt zum Beispiel ein: „Wiedereinsteigerinnen waren bislang nicht unbedingt unsere Zielgruppe" (Interview 9). Der Befragte definiert dabei Wiedereinsteigerinnen als Frauen, die nach längerer Familienphase wieder erwerbstätig sein und in die Pflege einsteigen wollen. Im Unterschied dazu bezeichnet er ehemalige Mitarbeiterinnen, die ihre Familienzeit beenden wollen, als Berufsrückkehrerinnen. Für sie, so der Geschäftsführer, sei das Krankenhaus „jederzeit bereit, einen Wiedereinstieg individuell zu gestalten" (Interview 9). Zwei Gesprächspartner aus der stationären Altenpflege berichten von einer geplanten trägerübergreifenden Informationsveranstaltung für Wiedereinsteigerinnen. Zu diesem Personenkreis zählen für sie Pflegefachkräfte, die nach ihrer Familienphase eine fachfremde Tätigkeit aufgenommen haben. Wer sich zu einer Rückkehr in die Pflege entschließt, soll zunächst befristet beschäftigt und in dieser Zeit auch (nach-)qualifiziert werden (Interviews 3 und 4).

Die sich daraus ableitenden und zu überprüfenden Hypothesen lauten:

H17: Sozialunternehmen haben das Potenzial von Wiedereinsteigerinnen und Berufsrückkehrerinnen noch nicht in vollem Umfang erkannt und umgesetzt.

H18: Ein betriebliches Rückkehrmanagement erhöht die Wahrscheinlichkeit eines Wiedereinstiegs von (berufserfahrenen) Wiedereinsteigerinnen und Berufsrückkehrerinnen in den Erzieherberuf und in die Pflege.

H19: Eine entsprechende Förderung durch den Arbeitgeber erhöht die Bereitschaft von Wiedereinsteigerinnen, sich akademisch weiter zu qualifizieren.

Als weitere Hypothese lässt sich aus aktuellem Anlass formulieren und überprüfen:

H20: Die ab April 2013 geltende vollständige Förderung einer Umschulung in der Altenpflege durch die BA führt zu einer steigenden Anzahl von berufsfremden Wiedereinsteigerinnen bei entsprechenden Qualifizierungen.

3.5.4 Mitarbeiter/innen unterhalb der Fachkraftebene

In der frühkindlichen Bildung und im Pflegebereich sind jeweils Mitarbeiter/innen beschäftigt, die eine kürzere und weniger qualifizierte Ausbildung unterhalb der Fachkraftebene absolviert haben. Dabei handelt es sich um Kinderpfleger/innen sowie um Alten- und Krankenpflegehelfer. Personen mit einem solchen Abschluss können prinzipiell durch eine Nachqualifizierung die Fachkraftebene (Erzieher bzw. Altenpfleger- und Krankenpfleger) erreichen. Nach Erreichen dieser Ebene und entsprechender Berufspraxis wäre dann auch eine berufsbegleitende akademische Weiterqualifizierung möglich. Eine berufsbegleitende Höherqualifizierung zur Fachkraft könnte zum Beispiel durch Teilnahme an – zumeist von privaten Bildungsträgern angebotenen – Vorbereitungslehrgängen für die Externenprüfung erfolgen und im Einzelfall durch die Bundesagentur für Arbeit gefördert werden. Im Kontext der Qualifizierung für die Fachkräfteebene wird daher auch auf diesen Personenkreis eingegangen, der in der Personalplanung- und Personalentwicklung von Sozialunternehmen ebenfalls eine Rolle spielt. (Vgl. dazu die Experteneinschätzungen in Kapitel 4.5.1 „Entwicklungsperspektiven und (Nach-)Qualifikationen" von M. Schäfer und K. Loerbroks im gleichen Band.)

Die Gesprächspartner/innen aus der Frühpädagogik und der Pflege sprechen sich jeweils mit deutlicher Mehrheit für eine Nachqualifizierung von Beschäftigten mit dem Ziel eines höheren Berufsabschlusses aus. Elf von zwölf Befragten aus der *frühkindlichen Bildung* halten diese Erhöhung des individuellen Qualifikationsniveaus für sinnvoll. Unter den elf Befürwortern wird eine *systematische* – also eine flächendeckend für alle Kinderpfleger angebotene – Höherqualifizierung kontrovers gesehen. Die Gegner eines pauschalen Höherqualifizierungsangebots halten Einzelfallprüfungen für geeigneter. Eine Kindergartenleiterin bezieht in dieser Frage keine eindeutige Position. Stattdessen plädiert sie dafür, dass „tendenziell nur Erzieher ausgebildet werden" (Interview 23). Damit spricht sie sich indirekt für eine Abschaffung des Ausbildungsberufs Kinderpfleger/in aus.

Acht von 13 Befragten aus dem **Pflegebereich** begrüßen eine Nachqualifizierung, wobei es auch unter den Befürwortern kritische Stimmen gibt. Die dabei angeführten Argumente sind identisch mit den von Befragten aus der Frühpädagogik genannten Gründen. Ein Gesprächspartner aus der stationären Altenpflege verweist zudem auf finanzielle Gesichtspunkte, die eine Höherqualifizierung teilweise erschweren: „Manche Helferinnen können es sich aus finanziellen Gründen nicht leisten, eine solche Qualifizierung zu absolvieren" (Interview 1). Ein Lehrer an einer Fachschule für Altenpflege will die Altenpflegehelfer-Ausbildung aufwerten, indem sie von einem auf zwei Jahre verlängert wird. Nach einer anschließenden zweijährigen Berufspraxis soll nach seinen Vorstellungen die Fachkräfteebene erreicht sein (Interview 12). Vier Gesprächspartner legen sich in ihren Antworten nicht eindeutig auf eine Position fest. Eine Personalverantwortliche aus dem Krankenhausbereich vermisst bei den in der Klinik angestellten Pflegehelfern die Bereitschaft zur Weiterbildung (Interview 11).

Die sich daraus ableitenden und zu überprüfenden Hypothesen lauten:

H21: Eine stärkere finanzielle Förderung von Weiterbildungen durch Sozialunternehmen hat bei gering qualifizierten Beschäftigten einen positiven Einfluss auf die Bereitschaft zur Teilnahme an Höherqualifizierungen.

H22. Wenn ein Sozialunternehmen seinen Beschäftigten mit geringer Qualifikation ein höheres Gehalt in Aussicht stellt, erhöht dies die Teilnehmerzahl bei Nachqualifizierungen.

H23: Wenn ein Sozialunternehmen seinen Beschäftigten mit geringer Qualifikation zusätzliche Aufstiegsmöglichkeiten in Aussicht stellt, erhöht dies die Teilnehmerzahl bei Nachqualifizierungen.

4 Diskussion der Ergebnisse sowie Fazit und Ausblick

4.1 Ergebnisse für Frühpädagogik und Pflege sowie Handlungsansätze

Fachkräftesicherung

Die Aussagen der Befragten aus beiden Bereichen zeichnen ein anderes Bild vom Heidelberger Arbeitsmarkt in der Pflege und in der Frühpädagogik als dies die statistischen Daten nahelegen. Dabei ist zu berücksichtigen, dass anhand der Statistik keine Rückschlüsse auf die jeweilige Stellenbesetzungsdauer möglich sind. Die Einschätzungen der Experten hinsichtlich der teilweise erheblichen Schwierigkeiten bei der Deckung des Fachkräftebedarfs werden in der Fachliteratur für die Frühpädagogik (vgl. Kettner, 2010, S. 29) und für den Pflegebereich (vgl. Bräutigam & Scharfenorth, 2011, S. 298) bestätigt. Die beiden letztgenannten Autoren konstatieren „Der Arbeitsmarkt muss damit heute schon als ausgeschöpft gelten."

Zur Sicherung des Fachkräftebedarfs empfehlen die Gesprächspartner sowohl innerbetriebliche Maßnahmen als auch strukturelle Reformen. Eine Auffassung, die in der Literatur geteilt wird. Behr (2012, S. 299 und 303) hält beispielsweise gezielte Maßnahmen zur Fachkräftesicherung im Pflegebereich für notwendig, um Personal langfristig zu binden. Zugleich plädiert er für einen Imagewandel zur Steigerung der Attraktivität einer Tätigkeit in der Pflege. Kettner (2010, S. 33, 34 und 36) sieht für den Bereich Frühpädagogik zielführende Ansätze in einer besseren Bezahlung von pädagogischen Fachkräften und akademisch ausgebildeten Frühpädagogen sowie in einer verstärkten Lobbyarbeit für die frühkindliche Bildung.

Auf die Frage der Beibehaltung oder Aufhebung der ACK-Klausel bei kirchlichen Arbeitgebern wird in Fachpublikationen zur Pflege und zur Frühpädagogik nicht eingegangen. Auf längere Sicht dürfte es auch in der Frühpädagogik den Arbeitgebern immer schwerer fallen, diese Einstellungsvoraussetzung aufrecht zu erhalten. Eine vollständige Aufhebung würde allerdings das Alleinstellungsmerkmal kirchlicher Träger im Kindergartenbereich beenden.

Altersstruktur und betriebliches Gesundheitsmanagement

Zur Altersstruktur in Kindergärten konnten in der Literatur keine vergleichbaren Zahlen ermittelt werden. Eine aktuelle Statistik der Bundesagentur für Arbeit zur Altersverteilung bei Erziehern und Kinderpflegern in Baden-Württemberg belegt allerdings den hohen Altersdurchschnitt. Demnach sind 37,4 Prozent und somit mehr als jede dritte Beschäftigte 45 Jahre und älter, knapp jede Zehnte (11,1 Prozent) ist sogar älter als 55 Jahre (BA, Arbeitsmarktmonitor, 2012). Für den Pflegebereich konstatieren Fenchel (2012, S. 15) sowie Bräutigam und Scharfenorth (ebd., 2011, S. 297) einen steigenden Anteil von Beschäftigten über

50 Jahren. Bräutigam und Scharfenorth nennen für 2009 bei Gesundheits- und Krankenpflegern einen bundesweiten Anteil von 23,9 Prozent (2011, S. 297). Dieser Wert liegt unter den für ein Altenpflegeheim und ein Krankenhaus in Heidelberg ermittelten – nichtrepräsentativen – Prozentanteilen von 28 bzw. 41 Prozent. Eine mögliche Erklärung hierfür könnte die in den beiden Einrichtungen sehr niedrige Fluktuation bei Beschäftigten über 50 Jahre sein.

Das Thema Betriebliches Gesundheitsmanagement ist in Studien zum Pflegebereich – im Unterschied zu Publikationen zur frühkindlichen Bildung – bereits ein Thema. Behr (2012, S. 301 und 304), Bräutigam und Scharfenorth (2012, S. 299) sowie Bettig (2012, S. 90) heben in ihren jeweiligen Aufsätzen die Bedeutung betrieblicher Gesundheitsförderung für die Personalbindung und die Sicherung der Arbeitsfähigkeit von Beschäftigten im Pflegebereich hervor. Freiling und Gottwald (2012, S. 272–273) sehen in einem betrieblichen Gesundheitsmanagement einen Bestandteil einer „demografieorientierten Personalpolitik". Die Forschungslage spiegelt die Heidelberger Situation wider. Hier ist ein BGM in der frühkindlichen Bildung bisher kaum vorhanden, im Pflegebereich hingegen besteht es zumindest teilweise – vor allem im Krankenhausbereich.

Die Einrichtung bzw. der weitere Ausbau eines BGM ist notwendig zur Gesundheitsförderung unter den Beschäftigten in der Frühpädagogik und in der Pflege, vor allem angesichts des steigenden Anteils älterer Beschäftigter. Nach seiner Etablierung kann sich das BGM zu einem Vorteil im Wettbewerb um Fachkräfte entwickeln.

Aus- und Weiterbildung

Mehrere Befragte aus der Frühpädagogik führen Probleme bei der Besetzung von Ausbildungsplätzen vor allem auf das schwache Qualifikationsprofil von Erziehern nach Ende ihrer schulischen Ausbildung zurück. Abweichend davon hält Kettner die schlechte Bezahlung für entscheidend dafür, dass der Erzieherberuf für junge Menschen unattraktiv ist und daher zu wenige Interessenten tatsächlich die Ausbildung absolvieren (Kettner, 2010, S. 33). Die Besetzung von Ausbildungsplätzen gelingt in Heidelberg leichter für Gesundheits- und Krankenpfleger als bei Altenpflegern. Fenchel geht allgemein davon aus, dass angesichts des sinkenden Auszubildendenpotenzials die Besetzung von Ausbildungsplätzen in der Pflege schwieriger wird. Stärker als bislang werden bei jungen Leuten dabei Kriterien wie Arbeitsbedingungen und Entlohnung eine Rolle spielen (Fenchel, 2012, S. 14).

In der inzwischen sehr umfangreichen Literatur zum Thema Akademisierung der Frühpädagogik werden die Vorzüge und die Notwendigkeit einer Ausbildung auf hochschulischem Niveau hervorgehoben (vgl. Balluseck, 2008; vbw – Vereinigung der Bayerischen Wirtschaft, 2012 und Robert-Bosch-Stiftung, 2008). Diese Auffassung wird von einer großen Mehrheit der Befragten aus der frühkindlichen Bildung ebenfalls vertreten. Für den Pflegebereich zeigt sich gleichermaßen eine Übereinstimmung zwischen der mehrheitlich befürworteten Akademisierung und den dazu in der Forschung vertretenen Positionen (vgl. Stöver, 2010, S. 39).

Für die Bereitschaft zu einer berufsbegleitenden akademischen Qualifizierung werden von den Befragten aus beiden Bereichen zahlreiche Voraussetzungen genannt. Dazu gehören etwa Aufstiegschancen, eine höhere Bezahlung und eine Förderung, vor allem Freistellung, durch den Arbeitgeber. Die Problematik der Freistellung wird auch von Kettner genannt. Sie plädiert dafür Weiterbildungszeiten in einem ausreichenden Umfang im Personalschlüssel zu berücksichtigen und stärker den Nutzen entsprechender Qualifizierungen zu sehen (Kettner, 2012, S. 82). Für ein systematisch zertifiziertes Weiterbildungsprogramm für Erzieher spricht sich der Aktionsrat Bildung aus, um sie – ohne Hochschulstudium – zu einem höheren Fachkräftestatus zu führen (vbw – Vereinigung der Bayerischen Wirtschaft, 2012, S. 14). Bei der Diskussion um eine Akademisierung ist sowohl für die Frühpädagogik als auch für die Pflege zu berücksichtigen, dass bislang keine ausreichende Anzahl adäquater Stellen für entsprechende Hochschulabsolventen zur Verfügung steht und sie nicht ihrer Ausbildung entsprechend bezahlt werden. Um die Bereitschaft zu einem berufsbegleitenden Studium für Fachkräfte aus der Pflege und der frühkindlichen Bildung zu fördern, müssen zunächst innerbetrieblich eine bessere Vereinbarkeit mit dem Beruf und Aufstiegsoptionen ermöglicht werden.

Besondere Zielgruppen
Die Befragten aus beiden Bereichen sehen Eignung und Motivation als die entscheidenden Kriterien für eine Qualifizierung von Arbeitslosen in ihrer jeweiligen Branche an. Eine pauschale „Öffnung" lehnen die Befragten ab. In der Literatur zum Pflegebereich wird dagegen auf die Bedeutung von Gehalt und Attraktivität des Berufs hingewiesen, um einen Quereinstieg zu fördern (vgl. Pohl, 2010, S. 375 und Afentakis & Maier, 2010, S. 1001). Im Kapitel 3.5.2 wurde als Beispiel für eine erfolgreiche Qualifizierung das Projekt „Neue Wege pflegen" vorgestellt. An dieser Stelle sei auf eine Initiative auf Landesebene verwiesen. Im Oktober 2012 fand in Hamburg eine von der Arbeitsagentur, dem Jobcenter und der Senatsverwaltung veranstaltete Informations- und Jobbörse für Erzieher statt, zu der Arbeitslose aus beiden Rechtskreisen eingeladen wurden. Die Freie und Hansestadt Hamburg übernimmt für 40 Arbeitslose, die sich ab Februar 2013 zum Erzieher umschulen lassen wollen, die Finanzierung des dritten Ausbildungsjahres.[30]

Nach Angaben der Befragten aus der Frühpädagogik und der Pflege wird das Potenzial von Wiedereinsteigerinnen und Berufsrückkehrerinnen bislang nur partiell und nicht systematisch genutzt. Freiling und Gottwald plädieren bei der Personalpolitik im Pflegebereich für „eine Ansprache erweiterter Zielgruppen" und zählen dazu auch Berufsrückkehrerinnen, die „im Rahmen von Rückkehrkonzepten" für einen Wiedereinstieg in den Pflegebereich gewonnen werden sollen (ebd., 2012, S. 271). Praktische Hilfe können Wiedereinsteigerinnen nach mehrjähriger Familienphase auch im Rahmen des ESF-Programms „Perspektive Wiedereinstieg" (www.perspektive-wiedereinstieg.de) bekommen, das vom Bundesministerium

---

[30] E-Mail der Pressesprecherin der AA Hamburg an den Autor vom 18.10.2012 und 7.2.2013.

für Familie, Senioren, Frauen und Jugend sowie der Bundesagentur für Arbeit umgesetzt wird.

Sowohl in der frühkindlichen Bildung als auch im Pflegebereich befürwortet eine deutliche Mehrheit der Befragten eine Höherqualifizierung von Mitarbeitern unterhalb der Fachkraftebene. Der Aktionsrat Bildung spricht sich für eine systematische Weiterqualifizierung von Kinderpflegern aus und fordert, Kinderpfleger nicht mehr einzustellen (vgl. vbw – Vereinigung der Bayerischen Wirtschaft, 2012, S. 14). Damit würde der Beruf Kinderpfleger letztlich abgeschafft werden. Für den Pflegebereich finden sich in der Literatur keine Aussagen zu einer möglichen (systematischen) Höherqualifizierung von Pflegehelfern. Ein eventuell zukunftsweisendes Modell stellt die seit 2008 als Pilotprojekt angebotene zweijährige Gesundheits- und Krankenpflegehelferausbildung am Robert-Bosch-Krankenhaus in Stuttgart dar (Landtag von Baden-Württemberg, 2009).

4.2   Fazit und Ausblick

Die Befragung von Heidelberger Experten aus der Pflege und der Frühpädagogik hat – über die konkreten Einblicke in die Situation „vor Ort" hinaus – wichtige Erkenntnisse zu den Themen Quereinstieg und Akademisierung in diesen beiden Branchen geliefert. Die Aussagen der 34 Gesprächspartner spiegeln die –von der Statistik der Bundesagentur für Arbeit indizierte – derzeitige Lage auf dem Heidelberger Arbeitsmarkt für Pflegefachkräfte und für Erzieher nicht wider. Mehrheitlich fällt den Arbeitgebern in der Pflege und in der frühkindlichen Bildung die Stellenbesetzung mit geeigneten Personen schwer. Die Befragung der Experten ergab ferner, dass die für die kirchlichen Sozialunternehmen geltende ACK-Klausel – je nach Arbeitgeber – unterschiedlich ausgelegt wird. Je strikter sie umgesetzt wird, desto schwerer gestaltet sich die Rekrutierung von Fachpersonal. Trägerübergreifend ist für die Krankenpflege außerdem zu berücksichtigen, dass der „Faktor Heidelberg" – also die besondere Attraktivität (vgl. Müller, 2012) des Arbeitsortes – die Suche nach Auszubildenden und Fachkräften derzeit teilweise erleichtert. In den Aussagen der Befragten im Pflegebereich und in der Frühpädagogik fällt auf, dass trotz des formulierten Fachkräftebedarfs auf bestimmte Personengruppen meist wenig oder überhaupt nicht zurückgegriffen wird. Im Hinblick auf die Rekrutierung von Arbeitslosen für einen Quereinstieg und von berufserfahrenen Wiedereinsteigerinnen/Berufsrückkehrerinnen für eine Rückkehr in den Pflegebereich oder in die Kindergärten bestehen noch (deutliche) Optimierungsmöglichkeiten. Dabei ist zu berücksichtigen, dass entsprechende Qualifizierungsmaßnahmen keinen „Königsweg" der Fachkräftesicherung darstellen und sie nicht zu einer Abwertung der in diesen Branchen tätigen Fachkräfte führen dürfen. (Vgl. dazu die zusammenfassende Einschätzung zu Quereinsteigern in Kapitel 4.2 des Beitrags „Strategien zur Gewinnung und Bindung von Fachkräften im Sozial- und Gesundheitswesen" von M. Schäfer und K. Loerbroks im gleichen Band.)

Inwieweit sich an der aktuellen Personalsituation in der Altenpflege im Zuge der im Dezember 2012 unterzeichneten „Ausbildungs- und Qualifizierungsoffensive Altenpflege" von Bundesministerien, Wohlfahrtsverbänden und der Bundesagentur für Arbeit etwas ändern wird, lässt sich momentan noch nicht sagen. In der für die Jahre 2013 bis 2015 geltenden Vereinbarung verpflichtet sich die Bundesagentur für Arbeit zur Wiedereinführung der dreijährigen Umschulungsförderung für den Ausbildungsberuf Altenpfleger/in (vgl. BMFSFJ, 2012b). Eine in den Jahren 2009 und 2010 geltende ähnliche Regelung nährt die Hoffnung, dass die Zahl der Quereinsteiger künftig tendenziell ansteigen wird. Verbesserungspotenzial zeigt sich auch hinsichtlich der Personalbindung. Eine flächendeckende Einführung eines betrieblichen Gesundheitsmanagements in der Frühpädagogik und dessen Ausbau in der Pflege würde tendenziell eine positive, motivierende Wirkung auf Beschäftigte entfalten und als zusätzlicher Anreiz für potenzielle Mitarbeiter dienen. Als weitere innerbetriebliche Maßnahme zur Fachkräftesicherung und als Element der Personalentwicklung bietet sich die verstärkt geförderte Höherqualifizierung von gering qualifizierten Mitarbeitern an. Im Kontext der angestrebten Akademisierung von Pflegeberufen und des Erzieherberufs sind nach Einschätzung der Befragten innerbetriebliche und strukturelle Veränderungen notwendig. Dabei werden – für eine berufsbegleitende akademische Weiterbildung von Fachkräften – insbesondere bessere Aufstiegschancen und eine höhere Bezahlung nach Studienabschluss, bessere Rahmenbedingungen sowie eine Förderung/Freistellung durch den Arbeitgeber genannt. Wenn diese Voraussetzungen erfüllt wären, ist anzunehmen, dass die Anzahl der studierwilligen berufserfahrenen Mitarbeiter und infolgedessen der Akademisierungsgrad in Pflege und Frühpädagogik ansteigen. Um berufsfremde Interessenten, z. B. Abiturienten, fachfremde Studienabbrecher, für ein grundständiges Studium der Frühpädagogik bzw. der Pflege oder für einen Quereinstieg in diese Bereiche zu gewinnen, ist eine wahrnehmbare Steigerung der Attraktivität der Berufsfelder von elementarer Bedeutung. Sie kann durch bessere Arbeitsbedingungen, einen Imagewandel und die dadurch bewirkte höhere gesellschaftliche Anerkennung sowie politische Beschlüsse hervorgerufen werden. Als Beispiel für eine solche politische Entscheidung sei die Einführung des Ausbildungsmodells PiA (Praxisintegrierte Ausbildung) im Herbst 2012 in Baden-Württemberg genannt. Indem bei dieser dreijährigen dualen Berufsausbildung von Anfang an eine Vergütung gezahlt wird, sollen der Erzieher-Beruf attraktiver und zusätzliche Auszubildende gewonnen werden. (Ministerium für Kultus, Jugend, Sport Baden-Württemberg, 2012, S. 1–3).

Angesichts des fortschreitenden grundlegenden Wandels in der Frühpädagogik und in der Pflege besteht schon jetzt ein akuter Handlungsbedarf. Inwieweit dem prognostizierten enormen Fachkräftebedarf in der Pflege begegnet werden und eine qualitativ höherwertige frühkindliche Bildung erreicht werden kann, wird davon abhängen, wie in den nächsten Jahren die Weichen gestellt werden. Dabei sind Sozialunternehmen, Gesellschaft und Politik gleichermaßen gefordert, denn nur gemeinsam kann eine demografiefeste und qualitativ zufriedenstellende Lösung gelingen.

Literaturverzeichnis

Afentakis, A. & Maier, T. (2010). Projektionen des Personalbedarfs und -angebots in Pflegeberufen bis 2025. *Wirtschaft und Statistik, 11,* 990-1002.

Agentur für Arbeit Heidelberg (2012). *Arbeitsmarkt in Zahlen. Arbeitsmarktreport Agentur für Arbeit Heidelberg Januar bis November 2012.* Heidelberg.

Balluseck, H. v. (2008). Der Kontext der akademischen ErzieherInnenausbildung. In H. v. Balluseck, E. Kruse, A. Pannier & W. Schnadt (Hrsg.), *Von der ErzieherInnen-Ausbildung zum Bachelor-Abschluss. Mit beruflichen Kompetenzen ins Studium,* (16–54). Uckerland: Schibri.

Behr, T. (2012). Nachhaltige Strategien der Personalbindung und Personalfindung im Überblick. In U. Bettig, M. Frommelt & R. Schmidt (Hrsg.), *Fachkräftemangel in der Pflege. Konzepte, Strategien, Lösungen* (295–305). Heidelberg: medhochzwei.

Bettig, U. (2012). Aufgabendifferenzierung innerhalb der Pflegeprofession. In U. Bettig, M. Frommelt & R. Schmidt (Hrsg.), *Fachkräftemangel in der Pflege. Konzepte, Strategien, Lösungen* (81–91). Heidelberg: medhochzwei.

Bortz, J. & Döring, N. (2009). *Forschungsmethoden und Evaluation. Für Human- und Sozialwissenschaftler* (4. Aufl.). Heidelberg: Springer.

Bräutigam, C., Evans, M. & Hilbert, J. (2009). Arbeitsgestaltung und Qualifizierung in Kliniken und Heimen: gegenwärtige Problematik und zukünftige Herausforderungen. In A.J.W. Goldschmidt & J. Hilbert (Hrsg.), *Gesundheitswirtschaft in Deutschland. Die Zukunftsbranche* (58–83). Wegscheid: Wikom.

Bräutigam, C. & Scharfenorth, K. (2011). Personalbindung und Personalgewinnung im Krankenhaus. Herausforderungen der Fachkräftesicherung in Pflege und Medizin. In A.J.W. Goldschmidt & J. Hilbert (Hrsg.), *Krankenhausmanagement mit Zukunft. Orientierungswissen und Anregungen von Experten* (296–309). Stuttgart u.a.: Thieme.

Bundesagentur für Arbeit (2011). *Der Arbeitsmarkt in Deutschland - Arbeitsmarktberichterstattung. Gesundheits- und Pflegeberufe.* Nürnberg.

Bundesagentur für Arbeit (2012a). Fachkräfteengpässe in Deutschland Analyse Juni 2012. Zugriff am 12.12.2012 unter: http://statistik.arbeitsagentur.de/Statischer-Content/Arbeitsmarktberichte/Berichte-Broschueren/Arbeitsmarkt/Generische-Publikationen/BA-FK-Engpassanalyse-2012-06.pdf

Bundesagentur für Arbeit (2012b). Arbeitsmarkt im Überblick. Zugriff am 12.12.2012 unter: http://statistik.arbeitsagentur.de/nn_31902/Statischer-Content/Arbeitsmarktberichte/Monatsbericht-Arbeits-Ausbildungsmarkt-Deutschland/Monatsberichte/Monatsberichte.html (November 2012).

Bundesagentur für Arbeit, Arbeitsmarktmonitor (2012). *Fachkräferadar für die Berufe Erzieher, Kinderpflege in Baden-Württemberg sowie Krankenschwestern, -pfleger, Hebammen in Baden-Württemberg.* Nürnberg.

Bundesagentur für Arbeit, Definition „Wiedereinstieg in den Beruf" (2012). Zugriff am 15.12.2012 unter http://www.arbeitsagentur.de/nn_26260/zentraler-Content/A10-Fachdienste/A104-Chancengleichheit/Allgemein/Wiedereinstieg.html

Bundesagentur für Arbeit, Statistik-Service Südwest (2012). Statistiken zum Arbeitsmarkt Heidelberg, Baden-Württemberg, Deutschland 2012. Auftragsnummern 149462 und 150683. Frankfurt.

Bundesministerium für Familie, Senioren, Frauen und Jugend (2010). *Perspektive Wiedereinstieg. Ziele, Motive und Erfahrungen von Frauen vor, während und nach dem beruflichen Wiedereinstieg.* Quantitative Repräsentativuntersuchung von Sinus Sociovision im Auftrag des Bundesministeriums für Familie, Senioren, Frauen und Jugend (4. Aufl.) Berlin.

Bundesministerium für Familie, Senioren, Frauen und Jugend (2012a). Gute Kinderbetreuung. Pressemitteilung vom 6. November 2012. Berlin. Zugriff am 5.12.2012 unter: http://www.bmfsfj.de/BMFSFJ/Presse/pressemitteilungen,did=118986.html

Bundesministerium für Familie, Senioren, Frauen und Jugend (2012b). Start der „Ausbildungs- und Qualifizierungsoffensive Altenpflege". Pressemitteilung vom 13. Dezember 2012. Berlin. Zugriff am 15.12.2012 unter: http://www.bmfsfj.de/BMFSFJ/Presse/pressemitteilungen,did=194494.html

Bundesministerium für Gesundheit (2012). Eckpunkte zur Vorbereitung des Entwurfs eines neuen Pflegeberufegesetzes. Vorgelegt von der Bund-Länder-Arbeitsgruppe Weiterentwicklung der Pflegeberufe. Berlin. Zugriff am 15.12.2012 unter: http://www.bmg.bund.de/fileadmin/dateien/Downloads/P/Pflegeberuf/20120301_Endfassung_Eckpunktepapier_Weiterentwicklung_der_Pflegeberufe.pdf

Deutsche Rentenversicherung (2013). Betriebliches Eingliederungsmanagement (BEM). Zugriff am 30.01.2013 unter: http://www.deutsche-rentenversicherung.de/Allgemein/de/ Navigation/ 3_Fachbereiche/02_ArbeitgeberUndSteuerberater/07_bem/was_ist_bem_node.html

Esslinger, A.S., Emmert, M. & Schöffski, O. (2010). *Betriebliches Gesundheitsmanagement. Mit gesunden Mitarbeitern zum Erfolg.* Wiesbaden: Gabler.

Fenchel, V. (2012). Demografische Aspekte des Fachkräftemangels. In U. Bettig, M. Frommelt & R. Schmidt (Hrsg.), *Fachkräftemangel in der Pflege. Konzepte, Strategien, Lösungen* (3–17). Heidelberg: medhochzwei.

Freiling, T. & Gottwald, M. (2012). Dem Fachkräftemangel in der Pflege begegnen – Personalpolitik demografieorientiert gestalten. In U. Bettig, M. Frommelt & R. Schmidt (Hrsg.), *Fachkräftemangel in der Pflege. Konzepte, Strategien, Lösungen* (261–277). Heidelberg: medhochzwei.

Kettner, A. (2010). Was sind uns Erzieherinnen und Erzieher wert? Fachkräftemangel: Herausforderungen für Politik und Praxis. In Evangelischer KITA-Verband Bayern (Hrsg.): *Durchblick*, *1*, 29–36.

Kettner, A. (2012). *Warum wir mehr und bessere Kitas brauchen. Zum Zusammenhang von frühkindlicher Bildung und Fachkräftepotenzialen*. IAB Bibliothek 338. Hrsg. vom Institut für Arbeitsmarkt- und Berufsforschung. Bielefeld: Bertelsmann.

Kirstein, N., Fröhlich-Gildhoff, K. & Haderlein, R. (2012). *Von der Hochschule an die Kita. Berufliche Erfahrungen von Absolventinnen und Absolventen kindheitspädagogischer Bachelorstudiengänge*. Hrsg. vom Deutschen Jugendinstitut. Weiterbildungsinitiative Frühpädagogische Fachkräfte (WiFF). WiFF-Expertisen 27. München.

Kromrey, H. (2009). *Empirische Sozialforschung. Modelle und Methoden der standardisierten Datenerhebung und Datenauswertung mit ausführlichen Annotationen aus der Perspektive qualitativ-interpretativer Methoden von Jörg Strübing* (12. Aufl.) Stuttgart: Lucius & Lucius.

Kultusministerkonferenz (2012). Rahmenvereinbarung über Fachschulen (Beschluss der Kultusministerkonferenz vom 07.11.2002 i.d.F. vom 02.03.2012). Zugriff am 15.12.2012 unter: http://www.kmk.org/fileadmin/veroeffentlichungen_beschluesse/2002/2002_11_07-RV-Fachschulen.pdf

Landtag von Baden-Württemberg (2009). Drucksache 14/5266 vom 15.10.2009. Kleine Anfrage der Abgeordneten Katrin Altpeter (SPD) zur Weiterentwicklung der Pflegeberufe. Stuttgart. Zugriff am 5.12.2012 unter: http://www9.landtag-bw.de/WP14/Drucksachen/5000/14_5266_d.pdf

Ministerium für Kultus, Jugend und Sport (2012). Infodienst Kindergarten, Nr. 25, November/Dezember 2012, S. 1–3. Stuttgart. Zugriff am 5.12.2012 unter: https://anmelden.km-bw.de/servlet/PB/show/1383593/ID%20Kindergarten_Ausgabe%2025_November_Dezember2012.pdf

Müller, E. M. (2012). *Ressourcenausstattung als strategischer Erfolgsfaktor der Regionalentwicklung – Eine Analyse am Beispiel der Europäischen Metropolregion Rhein-Neckar*, Köln: Kölner Wissenschaftsverlag.

Pohl, C. (2010). Der zukünftige Bedarf an Pflegearbeitskräften in Deutschland: Modellrechnungen für die Bundesländer bis zum Jahr 2020. In *Comparative Population Studies – Zeitschrift für Bevölkerungswissenschaft*, 35, 357–378.

PriceWaterhouseCoopers (2010). *Fachkräftemangel. Stationärer und ambulanter Bereich bis zum Jahr 2030*. ohne Ort.

Robert-Bosch-Stiftung. (2008). *Frühpädagogik studieren – ein Orientierungsrahmen für Hochschulen*. Stuttgart.

Statistische Ämter des Bundes und der Länder (2008). Demografischer Wandel in Deutschland. Auswirkungen auf Krankenhausbehandlungen und Pflegebedürftige im Bund und in den Ländern. Heft 2. Wiesbaden. Zugriff am 5.12.2012 unter: https://www.destatis.de/DE/Publikationen/Thematisch/Bevoelkerung/VorausberechnungBevoelkerung/KrankenhausbehandlungPflegebeduerftige.html

Statistisches Bundesamt (2009). Bevölkerung Deutschlands bis 2060. 12. koordinierte Bevölkerungsvorausberechnung. Annahmen und Ergebnisse. Begleitmaterial zur Pressekonferenz am 18. November 2009 in Berlin. Wiesbaden. Zugriff am 4.12.2012 unter: https://www.destatis.de/DE/Publikationen/Thematisch/Bevoelkerung/VorausberechnungBevoelkerung/BevoelkerungDeutschland2060Presse5124204099004.pdf?__blob=publicationFile

Stöver, M. (2010). *Die Neukonstruierung der Pflegeausbildung in Deutschland. Eine vergleichende Studie typischer Reformmodelle zu Gemeinsamkeiten und Differenzen sowie deren Nachhaltigkeit*. Schriftenreihe Gesundheit, Pflege, Soziale Arbeit, Band 28. Lage: Jacobs.

vbw – Vereinigung der Bayerischen Wirtschaft (2012). *Professionalisierung in der Frühpädagogik. Qualifikationsniveau und -bedingungen des Personals in Kindertagesstätten*. Gutachten des Aktionsrats Bildung. Münster: Waxmann.

Strategien zur Gewinnung und Bindung von Fachkräften im Sozial- und Gesundheitswesen. Ergebnisse einer Befragung zu Personalentwicklungskonzepten und zur Attraktivität des Arbeitsfeldes.

Miriam Schäfer, Katharina Loerbroks

Inhaltsverzeichnis

1 Einleitung 111
2 Methodisches Vorgehen 111
   2.1 Qualitative Befragung 111
   2.2 Zielgruppengewinnung 112
   2.3 Durchführung 113
   2.4 Auswertung 113
3 Stichprobenbeschreibung 114
4 Personalentwicklungsstrategien im Umgang mit dem Fachkräftemangel .. 114
   4.1 Gibt es einen Fachkräftemangel im Sozial- und Gesundheitswesen? ... 114
   4.2 Strategien der Zielgruppengewinnung 117
      4.2.1 Strategie 1: Gewinnung von QuereinsteigerInnen 117
      4.2.2 Strategie 2: Gewinnung von MigrantInnen 120
      4.2.3 Strategie 3: Gewinnung junger Menschen 122
   4.3 Strategien der Mitarbeiterbindung 123
      4.3.1 Entwicklungsperspektiven 123
      4.3.2 Vereinbarkeit Familie und Beruf 125
      4.3.3 Attraktive Arbeitsbedingungen 125
   4.4 Resümee: Welche Strategien haben sich in der Praxis am besten bewährt? ... 126
      4.4.1 Aus Unternehmenssicht 126
      4.4.2 Die Sicht der Verbände 128
      4.4.3 Die Sicht der Wissenschaft 129
      4.4.4 Die Sicht der Personalvermittler 129
      4.4.5 Ausblick 130
5 Die Attraktivität sozialer Berufe 131
   5.1 Arbeitsbedingungen 132

	5.1.1	Arbeitszeiten	132
	5.1.2	Entwicklungsperspektiven und Aufstiegschancen	133
	5.1.3	Arbeitsdichte, Arbeitsbelastung	134
	5.1.4	Arbeitsatmosphäre	135
	5.1.5	Gestaltung des Arbeitsvertrages	135
5.2	Image		136
	5.2.1	Das eigene Selbstverständnis	137
	5.2.2	Die Selbstdarstellung der Branche	137
	5.2.3	Die gesellschaftliche Wahrnehmung	139
5.3	Finanzielle Aspekte		140
5.4	Sinnhaftigkeit des Tuns		142
5.5	Gestaltungsspielräume in der Arbeit		142

6 Fazit 143

Literaturverzeichnis 146

1 Einleitung

Aufgrund des demographischen Wandels kann davon ausgegangen werden, dass das Fachkräfteangebot durch das sinkende Erwerbspersonenpotenzial abnehmen wird (vgl. Bundesagentur für Arbeit, 2012, S. 3; McKinsey Deutschland, 2012, S. 6). In einigen Branchen und Regionen ist bereits die Rede von einem Fachkräftemangel, in anderen wird dieser für die kommenden Jahre prognostiziert: McKinsey Deutschland (ebd.) erwartet für das Jahr 2020 einen Fachkräftemangel von 2 Mio. Personen. Auch wenn sich die verschiedenen Prognosen hinsichtlich der Größenangaben deutlich unterscheiden, kann davon ausgegangen werden, dass Personal zu einer zentralen strategischen Ressource und Fachkräfte zum bedeutenden Wettbewerbsfaktor für Unternehmen werden (ebd., S. 7).

Vor allem im Sozial- und Gesundheitsbereich sieht die Bundesagentur für Arbeit (2012, S. 7) dauerhafte Lücken zwischen Nachfrage und Angebot – auch weil hier der Markt nur bedingt über die Löhne gesteuert werden kann. Es stellt sich also die Frage, welche Strategien im Sozial- und Gesundheitswesen im Umgang mit dem drohenden und/oder schon vorhandenen Fachkräftemangel greifen können. Dieser Frage wurde in einer Pilotstudie im Rahmen des Projekts „Berufsintegrierte Studiengänge zur Weiterqualifizierung im Sozial- und Gesundheitswesen" (BEST WSG) an der Fachhochschule der Diakonie in Bielefeld nachgegangen.

2 Methodisches Vorgehen

2.1 Qualitative Befragung

Methodisch wurde eine qualitativ-explorative Herangehensweise gewählt, um die Einschätzung von ExpertInnen zu bestimmten Sachverhalten einzuholen, die in dieser Tiefe quantitativ nicht hätten erhoben werden können. Meuser und Nagel (2009, S. 472f.) halten für die Erfassung von Expertenwissen das offene Leitfadeninterview für das Erhebungsinstrument der Wahl. Offen gestaltet sollte es deshalb sein, damit die ExpertInnen auch über die Leitfragen hinaus Gelegenheit haben, zu erläutern, Beispiele zu geben, zu extemporieren usw. Im Gegensatz zum narrativen Interview kommt dem Leitfaden im Experteninterview ein besonderer und unverzichtbarer Stellenwert zu: Zum einen erfüllt dieser die Funktion, den ExpertInnen auf Augenhöhe begegnen zu können, in dem durch die Vorbereitung der Leitfragen eine thematische Kompetenz unter Beweis gestellt wird. Zum anderen ist er unabdingbares methodisches Werkzeug, um das Interview eben genau auf das Expertenwissen zu lenken. Darüber hinaus sorgt der Leitfaden für eine Vergleichbarkeit der verschiedenen Experteninterviews und ermöglicht so eine strukturierte Auswertung (vgl. ebd., S. 476). Der Entwicklung des Leitfadens kommt also eine besondere Rolle zu (vgl. Helfferich, 2011, S. 179ff.).

Der Leitfaden für die Interviews wurde in vier Themenbereiche gegliedert, die jeweils durch eine zentrale Fragestellung eingeleitet wurden:

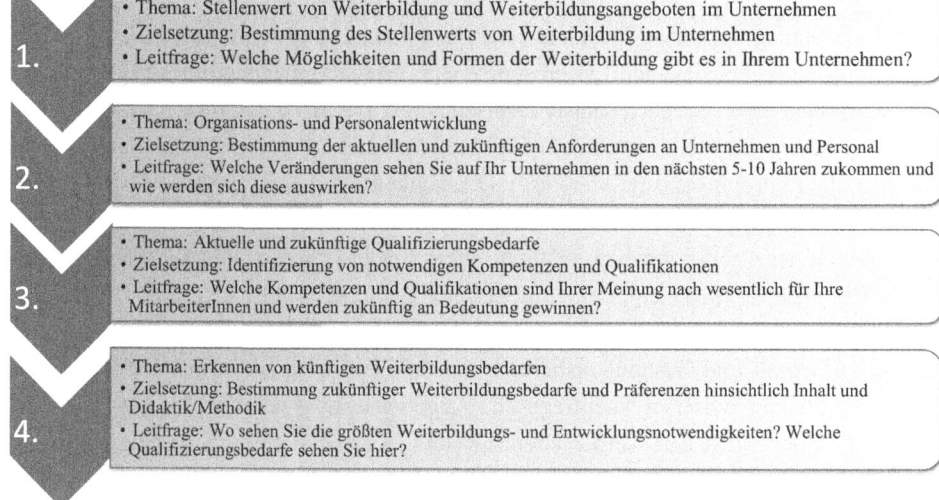

Abbildung 2.1: Themenfelder der Interviews

Abschließend wurden die ExpertInnen noch zu ihren Erwartungen und Wünschen an Hochschulen befragt.
Für die folgende Auswertung zu Strategien der Mitarbeitergewinnung und -bindung und zur Attraktivität des Sozial- und Gesundheitswesens waren vor allem die Themenfelder 1 und 2 relevant.

2.2 Zielgruppengewinnung

Die Auswahl und Rekrutierung der ExpertInnen erfolgte nach folgenden Kriterien: Eine zentrale Zielgruppe für unsere Fragestellungen stellten VertreterInnen der Sozialunternehmen dar. Diese generierten sich zum Großteil aus den Gesellschaftern der Fachhochschule der Diakonie, die potenzielle neue Studiengänge mittragen müssen und deren Mitarbeiterschaft ebenso als potenzielle Studierende verstanden werden können. Es wurden alle Gesellschafter als Interviewpartner angefragt. Zudem wurden auch die Studierenden der Fachhochschule der Diakonie, die selbst größtenteils berufstätig und zum Teil in Leitungspositionen tätig sind, angefragt, ob sie Interesse an einem Interview haben oder ExpertInnen aus ihrem Unternehmen vermitteln können. Die zweite wichtige Zielgruppe, vor allem auch im Hinblick auf die weiteren Fragestellungen der Pilotstudie, stellten die Weiterbildungseinrichtungen dar, die z.T. auch Kooperationspartner im Verbundprojekt BEST WSG sind. Um auch die Hochschulsicht einzubeziehen, wurden noch Professorinnen und Professoren im Bereich Gesundheit und Soziales gewonnen.

2.3 Durchführung

Die Interviews wurden von drei wissenschaftlichen MitarbeiterInnen des Projekts BEST WSG im Zeitraum von März bis Juli 2012 durchgeführt. Von den 29 Interviews wurden 26 persönlich geführt, die restlichen erfolgten telefonisch. Die Dauer der Interviews lag zwischen 26 und 96 Minuten, das Gespräch wurde jeweils aufgezeichnet.

2.4 Auswertung

Die Transkription der Interviews erfolgte durch studentische Hilfskräfte. Dazu wurden einfache Transkriptionsregeln zugrunde gelegt, da metasprachliche Informationen und sprachliche Färbungen keine Rolle für die Auswertung spielten. Alle Transkripte wurden durch die/den jeweiligen Interviewer/in noch einmal Korrektur gelesen.
Dann erfolgte die Codierung mit dem Programm MaxQDA, wobei eine Mischform von deduktiver und induktiver Herangehensweise gewählt wurde (vgl. Kuckartz, 2005, S. 453). Anhand der vier Themenkomplexe des Interviewleitfadens wurden vier Segmente im Sinne von Metacodes gebildet, die Erstellung der Codes erfolgte dann induktiv aus den Transkripten heraus. Insgesamt wurden 1598 Codierungen in den 29 Transkripten vorgenommen, das Codesystem umfasste in diesem ersten Schritt 158 Codes. Im nächsten Analyseschritt wurden die vergebenen Codes verdichtet und anhand dessen bestimmte Themenkomplexe herausgearbeitet. So ergab sich ein erweitertes Codesystem mit weiteren, differenzierteren Subcodes, das eine systematische Auswertung erlaubte. In der konkreten Auswertung wurden schließlich die Aussagen aus den Einzelcodierungen paraphrasiert und zusammengefasst und mit entsprechenden Textstellen belegt (vgl. Meuser & Nagel, 2009, S. 476f.; Kuckartz, 2005, S. 452). Dabei wurden die ExpertInnen so anonymisiert, dass Branche und Geschlecht noch erkennbar bleiben: Der erste oder die ersten beiden Buchstaben des Kürzels stehen für die Branche (WB = Weiterbildung, U = Unternehmen, HS = Hochschule, BV = Bundesverband, LV = Landesverband, P = Personalvermittlung), nach dem Unterstrich folgt „w" oder „m" für das Geschlecht der Befragten und dann eine Nummer (Beispiel: WB_m2 steht für einen männlichen Experten aus der Weiterbildung).

Die Ergebnisse wurden zu den folgenden Themenkomplexen zusammengefasst:

1. Personalentwicklungsstrategien im Umgang mit dem Fachkräftemangel
2. Die Attraktivität sozialer Berufe
3. Qualifizierungsbedarfe und –formen
4. Barrieren und Anreize für Weiterbildung und Studium
5. Profil der Hochschule von morgen

Im vorliegenden Artikel werden die Ergebnisse der Themenkomplexe 1 und 2, die sich vorwiegend auf die Unternehmen beziehen, referiert. Die Ergebnisse zu den Themenkomplexen 3-5, die sich auf den Hochschulbereich beziehen, werden im Artikel „Implikationen für die Hochschule: Qualifizierungsbedarfe, Barrieren und Anreize, Zukunft von Hochschule" vorgestellt.

3 Stichprobenbeschreibung

Insgesamt wurden 29 ExpertInnen interviewt. Die Verteilung der ExpertInnen nach Branche stellt sich folgendermaßen dar:

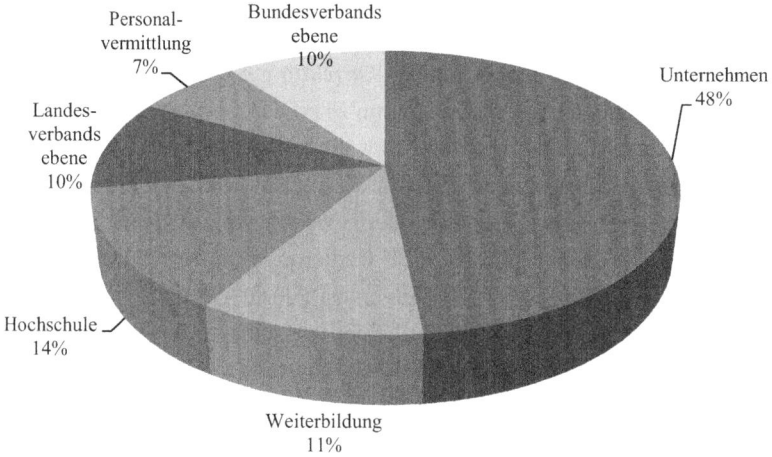

Abbildung 3.1: Verteilung nach Branche

38% der befragten ExpertInnen waren Frauen. 55% der ExpertInnen waren in Unternehmen und Organisationen tätig, die zur Diakonie gehören.

4 Personalentwicklungsstrategien im Umgang mit dem Fachkräftemangel

4.1 Gibt es einen Fachkräftemangel im Sozial- und Gesundheitswesen?

Der Fachkräftemangel wird von fast allen Befragten als eine der zentralen Herausforderungen in den nächsten fünf bis zehn Jahren beschrieben. Etwa die Hälfte der Befragten berichten auch schon aktuell von Engpässen in ihren Einrichtungen. Für die Frage nach dem Fachkräftemangel ist vor allem der regionale Faktor relevant:

> „Im Sozial- und Gesundheitswesen, wie in allen Branchen, gibt es immer sehr regionale Arbeitsmärkte. Also, bei aller Globalisierung, bei aller Mobilität in Europa haben wir doch noch sehr regional unterschiedliche Arbeitsmärkte." [U_m7 23]

Ein besonderes Problem besteht bei der Besetzung von Leitungspositionen sowie von befristeten Vertretungsstellen:

> *"Aber ich kann dazu im Grundsatz einmal sehr klar sagen: Die Frage der qualifizierten Leitung ist gerade unter dem Topthema Personalgewinnung noch mal potenziert eine der schwierigsten Fragen aktuell und auch in der Zukunft." [U_m5 48]*

Der Pflegebereich scheint in besonderem Maße betroffen, vor allem die Fach- und Hilfskraftquote von 50/50 in der Altenhilfe wird von einigen Befragten als nicht mehr haltbar genannt.

> *"Es gibt mittlerweile ja schon erste Regionen und auch erste Träger, bei denen die Heimaufsicht aufgrund des Personalmangels bei Fachkräften bereit ist, noch niedrigere Fachkraftquoten zu verabreden. Da gibt es eine Region und der Träger sagt, ich finde einfach kein Fachkraftpersonal mehr, ich kann das nicht ändern und dann sagt die Heimaufsicht, ok, dann 60% Hilfskräfte, 40% Fachkräfte oder 30/70, was aber eben de facto bedeutet, mit noch weniger Fachkräften muss ich die Qualität der Arbeit sichern. (...) Das heißt dann aber auch, dass Einrichtungen der stationären Altenhilfe dann zeitweise nur mit Hilfskräften besetzt sind. Das ist schon ein fragwürdiger Standard." [U_m7 37]*

Der Fachkräftemangel und die geringe Bewerberzahl bei ausgeschriebenen Stellen führen auch dazu, dass vermehrt schlechter qualifiziertes Personal eingestellt werden muss.

> *"...also beim Fachkräftebedarf muss man dazu sagen, da ist es ja so: es gibt den quantitativen, es gibt einen qualitativen und es gibt einen gefühlten und der Letzte ist immer der Anstrengendere, aber der qualitative ist nicht zu unterschätzen. Das heißt, die sagen, wir haben zwar Bewerberinnen, aber die halten wir für nicht geeignet." [LV_w2 32]*

> *"Also, im Moment können Sie gar keine Anforderungen stellen, weil der Markt ist leer." [U_w3 91]*

Hier kommen auf die Einrichtungen also neue Anforderungen zu: Eine gute Begleitung beim Einstieg ins Unternehmen, zusätzliche Unterstützungsleistungen wie z.B. Mentorenprogramme und ggf. Programme zur Nachqualifizierung sind notwendig, um weniger qualifizierte Fachkräfte entsprechend nachzuschulen.

Neben den regionalen Unterschieden werden aber auch Unterschiede im Hinblick auf die Attraktivität der Einrichtung festgestellt.

> *"...wir kriegen zum Beispiel völlig unterschiedliche Rückmeldungen, wir kriegen die Rückmeldung, dass gute Träger, die auch gute Arbeitsbedingungen anbieten und auch einen guten Ruf haben, was ihre Arbeit betrifft, dass die weniger Probleme haben, als andere. Wir kriegen so fünfzig/fünfzig, die einen sagen, es ist eine Katastrophe, die anderen sagen, ja, es ist schwieriger geworden, aber wir finden nach wie vor für freie Stellen Personal."*

> *[LV_w2 32]*

Für die Träger gilt es also, sich im Markt gut zu positionieren und um MitarbeiterInnen mit Anreizen im Sinne von attraktiven Rahmenbedingungen etc. zu werben. Strategischer und dauerhafter Personalentwicklung kommt hier eine entscheidende Rolle zu.

> „Also, wenn man mal an so eine chronologische Berufsbiographie denkt, würde ich sagen, muss ein Personalentwicklungskonzept natürlich erst mal anknüpfen an den Fachkräftemangel in spezifischen Handlungsfeldern. Also, ich muss gucken, wie komme ich an genügend Leute ran? Wie stelle ich mich als Arbeitgeber attraktiv dar? Zum Beispiel durch familienfreundliche oder arbeitszeitflexible Beschäftigungsmöglichkeiten. Welches Image, welche Kultur meiner Institution transportiere ich auch nach außen? Werde ich öffentlich wahrgenommen? Gelte ich als ein attraktiver Arbeitgeber, oder eher einer, wo man hingeht, weil man nichts Besseres gefunden hat?" [HS_w1 13]

Wenn es aber tatsächlich objektiv keine oder zu wenig Fachkräfte gibt, um die man noch ringen kann, reicht auch das nicht mehr aus. Dann muss es darum gehen, Arbeitsprozesse zu verändern und den Marktgegebenheiten anzupassen:

> „Ich habe aber die andere Seite, die ich nicht mehr lösen kann, weil ich sage, objektiv gibt es eben zu wenig. (...) Ich muss mich umstellen und zwar von meiner Arbeit her, von den Strukturen, von den Prozessen. (...) Also müssen wir anders arbeiten, schneller arbeiten geht da nicht, und anders arbeiten heißt: Prozesse anders organisieren und auch personell anders aufstellen. Die, die gut ausgebildet sind, die sehr qualifiziert sind, darf ich nicht belasten mit Aufgaben, wo ich eigentlich sag, ja meine Güte, das kann jeder machen, ich übertreibe es mal. Dann müssen es andere tun, aber dann muss ich die Kräfte, die ich qualifiziert habe, natürlich zu 80, 90% dann auch einsetzen für diese Aufgabe und das heißt, ich muss meine Prozesse verändern." [U_m4 33]

Das bedeutet also eine andere Aufgabenverteilung: Fachkräfte müssen verstärkt und ausschließlich inhaltlich-konzeptionell arbeiten, Prozesse steuern und organisieren und andere Aufgaben an die weniger gut qualifizierten MitarbeiterInnen delegieren.

> „Und dann brauchen Sie sehr gut ausgebildete Mitarbeiter, die eben auch in der Lage sind, schlecht ausgebildete oder wenig ausgebildete Mitarbeiter anzulernen. (...) Das heißt, Sie werden den ganzen Prozess noch mal zerlegen und neu wieder zusammensetzen und da werden auch wieder neue Aufgaben auf die Menschen zukommen, die gut ausgebildet sind." [U_w3 3]

Das führt auch dazu, dass die gut qualifizierten Fachkräfte vermehrt anleiten müssen und dafür entsprechende Kompetenzen benötigen.

> „Aber wenn ich davon mal absehe, heißt es ja, dass die Mitarbeitenden mit Fachkraftrolle, noch mehr in der Anleitung tätig sein müssen. Also, das ist ein Qualifizierungsbedarf, der da für mich deutlich sichtbarer wird. Je mehr wir mit Hilfskräften oder angelernten Kräften arbeiten müssen in den Arbeitsfeldern, egal in welchen, desto mehr müssen wir die Fähigkeiten der Anleitung, Einarbeitung, Qualifizierung on-the-job durch die Fach- und Führungskräfte verbessern. Und das ist dann automatisch so eine Notwendigkeit oder ein Bedarf, der sich da entwickelt." [U_m7 37]

4.2 Strategien der Zielgruppengewinnung

Die ExpertInnen wurden nach ihrer Meinung und ihren Erfahrungen zur Gewinnung neuer Zielgruppen befragt. Dabei standen vor allem die Zielgruppen QuereinsteigerInnen und Menschen mit Migrationshintergrund im Fokus der Fragen. Es zeigte sich jedoch, dass für die Unternehmen vor allem die Gewinnung junger Menschen vor der Berufswahl das zentrale Thema ist.

4.2.1 Strategie 1: Gewinnung von QuereinsteigerInnen

Bei den Befragungen gab es überwiegend positive Äußerungen zu dem Thema, einige wenige Äußerungen beleuchteten die mit der Gewinnung von QuereinsteigerInnen verbundenen Schwierigkeiten bzw. lehnten diese Personalentwicklungsstrategie zur langfristigen Deckung des Fachkräftebedarfs ab.

> *„Also ich habe aus eigener Bildungserfahrung eigentlich sehr positiv das erlebt, wenn Leute, sagen wir mal in der Mitte ihrer Berufskarriere umschulen und sagen, so jetzt war ich Angestellter in irgendeinem anderen Bereich, technisch oder verwaltungsmäßig oder was auch immer, und jetzt möchte ich mit 40, 45 noch mal wirklich sehr bewusst in eine soziale Tätigkeit hineingehen und mich eben dafür umschulen lassen. Das sind in der Regel Menschen, die sehr gut wissen, was sie tun, die das mit einer besonderen Eigenmotivation tun und wo man, denke ich, obwohl die dann auch zehn Jahre nicht mehr im Bildungsgeschehen waren oder so und das auch noch mal mühsam lernen müssen, wie das Lernen sozusagen neu funktioniert, habe ich den Eindruck, dass man dort sehr gute Mitarbeitende finden kann und dass es von daher ein wichtiges Bewerberpotenzial ist. Also auf die Leute mittleren Alters zu gucken und sie für einen Sozialberuf zu gewinnen."* [U_m5 34]

Bandbreite an QuereinsteigerInnen

QuereinsteigerInnen stellen keine homogene Zielgruppe dar, vielmehr zeigte sich eine große Bandbreite an Personengruppen, für die ein Quereinstieg in Frage kommen könnte.
Mehrmals wurde von den Befragten an Personen (überwiegend Frauen) nach der Familienphase gedacht, die entweder ein neues Aufgabenfeld suchen oder ihre erste Ausbildung absolvieren wollen.

> *„Also ein typisches Szenario ist ja die (...) Frau, die nach einer Kinderphase noch mal neu guckt, wie möchte ich jetzt sozusagen meine zweite berufsbiografische Hälfte angehen und dann auch sehr bewusst sagt, Kinder sind groß, ich kann es mir auch leisten, bewusst noch mal mich sozusagen fortzubilden, um dann mit Vollpower mit Anfang 40 in den neuen Beruf zu gehen.* [U_m5 36]

> *„Ganz viele Frauen, die irgendwie mal eine Büroausbildung gemacht haben und nach der Familienphase sagen 'Ich will nicht wieder ins Büro, da ist der Zug auch abgefahren. Gibt es für mich nicht eine Möglichkeit im sozialen Bereich unterwegs zu sein?' Bis hin zu so Konstrukten, dass solche Frauen auch sagen 'Ich würde gerne mal irgendwie drei Monate schnuppern, mal gucken, ob das was für mich ist`, und wir haben da auch gute Erfahrungen mit gemacht."* [U_w255]

Eine weitere Zielgruppe für einen Quereinstieg in Sozial- und Gesundheitsberufe sehen die ExpertInnen in AbsolventInnen des Freiwilligen Sozialen Jahres (FSJ), die teilweise zuvor bereits eine Ausbildung in einem ganz anderen Feld gemacht haben. TeilnehmerInnen des Bundesfreiwilligendienstes (BFD) rücken ebenfalls in den Blick, u.a. auch deswegen, da dieser Dienst im Gegensatz zum Zivildienst auch älteren Menschen offensteht.

> *„Also wir haben da schon mal überlegt im Rahmen des Bundesfreiwilligendienstes, der ja auch zugängig ist für ältere Menschen, also älter als 27. Da hatten wir schon mal überlegt, ob man über dieses Tor letztendlich dann auch Seiteneinsteiger gewinnen kann, die (...) vielleicht nach der Familienphase oder aufgrund von gesundheitlichen Einschränkungen in ihrem erlernten Beruf nicht tätig sein können und (...) für sich erproben, ob ein Beruf oder eine Tätigkeit in einem sozialen Bereich möglich ist." [U_m1 36]*

Eine weitere Zielgruppe könnten aus Sicht von ExpertInnen Personen sein, die aufgrund der körperlichen und/oder psychischen Belastungen in ihrem bisher ausgeübten Beruf erschöpft sind und bis zum Eintritt ihrer Rente noch einmal wechseln wollen, um eine ganz andere Tätigkeit auszuüben.

> *„Wenn ein Maurer oder ein Handwerkermeister bis 67 auf dem Bau stehen soll oder sonst wo, das kann der nicht. Also, auch da müsste man ja mal überlegen, volkswirtschaftlich gesehen, ob so jemand dauerhaft eher der Renten- und Krankenkasse zur Last liegt oder ob er nicht doch noch mal eine andere Perspektive auch für sich hat, wo er auch noch mal 5, 10 Jahre in dem Umfang tätig sein kann." [HS_m1 43]*

> *„Es gibt auch eine ganze Anzahl Männer, die mit Anfang 40 von ihrem alten Beruf so erschöpft oder auch genervt sind, dass sie sagen, mir bleibt gar keine andere Wahl, persönlich betrachtet, als hier jetzt noch mal einen Schwenk zu machen." [U_m5 36]*

Nachqualifizierung

Grundsätzlich gilt es zu berücksichtigen, dass der Einsatz von QuereinsteigerInnen keine kurzfristige Lösung sein kann, da in jedem Fall genau geschaut werden muss, in welchem Umfang und auf welchem Gebiet eine (Nach-)Qualifizierung notwendig ist.

> *„Ich habe hier einen Handwerker, der den Beruf aus bestimmten Gründen nicht mehr wahrnehmen kann, oder mit Mitte vierzig in dem Berufsfeld nicht mehr vermittelbar ist (...). Warum kann er nicht noch zwanzig Jahre in der Behinderteneinrichtung arbeiten? Aber der muss natürlich noch eine vernünftige Ausbildung bekommen." [U_m6 54]*

> *„Also, die haben wir in den letzten fünf Jahren im Grunde verdoppelt und haben Maßnahmen für Quereinsteiger auf den Weg gebracht und da, von diesen Maßnahmen für Quereinsteiger, ist das, was mit über achtzig Prozent am meisten genutzt wird, ist die berufsbegleitende Ausbildung." [LV_w2 66]*

Dazu existieren im Bundesland Berlin für die Ausbildung von QuereinsteigerInnen in den Beruf ErzieherIn bereits Modelle und verschiedene Möglichkeiten:

> *„Wir haben sozusagen drei Wege, wir haben die berufsbegleitende Ausbildung, wir haben die sogenannten verwandten Berufe. Das sind so Kinderkrankenschwester und Erziehungs-*

> *wissenschaftler und Grundschullehrerin, die haben (...) Auflagen, Module, die sie in einem bestimmten Zeitraum erfüllen müssen. Und wir haben die "Nicht-Schülerprüfung" eingeführt, aber das ist die schwerste Hürde. (...) Muss sie auch sein, weil sie im Grunde voraussetzt, dass jemand entweder den Vorbereitungskurs macht, oder sehr gut selbstorganisiert ist zum selbstorganisierten Lernen. Man muss im Grunde eine pädagogische Vorerfahrung haben, sonst schafft man aus dem Stand keine Nicht-Schülerprüfung."* [LV_w2 66]

Als Strategie hat sich auch als hilfreich und sinnvoll erwiesen, im eigenen Unternehmen anderweitig qualifizierte Kräfte oder Mitarbeitende ohne berufliche Qualifikation, im Sinne eines Quereinstiegs, für einen bestimmten Bereich weiter zu qualifizieren.

> *„Quereinsteiger ja, also das ist überhaupt kein Problem per Nachqualifizierung. Wir haben ein ganz schönes Beispiel für eine Quereinsteigerin, gut, das ist eine sehr schöne Ausnahme. Es gab mal so ein Programm, AS hieß das, Arbeit statt Sozialhilfe, also für unqualifizierte Kräfte. Da hat eine aus Polen stammende Dame mit ganz schlechten Deutschkenntnissen als Küchenhilfe angefangen und hat gemerkt, dass ihr die Arbeit in einem Altenheim Spaß macht. Aber Küche, das war auf die Dauer nichts, ob sie denn nicht so bei der Pflege da irgendwie mal mitmachen könnte. (...) Dann hat sie diese Kurzausbildung als Pflegehilfskraft gemacht und hatte aber den Ehrgeiz mehr zu machen, hat dann berufsbegleitend die Fachkraftausbildung gemacht, hat dann die Ausbildung zur Pflegedienstleitung gemacht und ist jetzt Pflegedienstleitung bei uns."* [U_m8 61]

Die Nachqualifizierung von QuereinsteigerInnen gelingt dann am besten, wenn sie in Verbindung mit einer gründlichen Kompetenzanalyse erfolgt:

> *„Dann könnte man gucken, welche Kompetenzen bringt er aus seiner Qualifikation, aus seiner beruflichen Erfahrung mit? Und welche Kompetenzen fehlen, die man dann in Teilqualifikationen vermitteln könnte. Also, ich kann mir das durchaus vorstellen unter der Maßgabe, dass tatsächlich dann eine kompetenzbasierte Analyse der Leute erfolgt und dann, im Rahmen einer Personalentwicklung, durchaus mit Zusatz der Teilqualifikationen man diese Dinge verändern kann."* [HS_m1 41]

Skepsis und Contra: QuereinsteigerInnen sind nicht die Lösung

Der Einsatz von QuereinsteigerInnen muss differenziert betrachtet werden und wird an einigen Stellen von den Befragten auch sehr skeptisch bis ablehnend beantwortet. Es ist aus dieser Sicht nicht der Königsweg zur Bewältigung des Fachkräftebedarfs. Auf keinen Fall darf damit eine Abwertung der schon tätigen ausgebildeten Fachkräfte verbunden sein:

> *„Ja, und wir hatten interessante Konflikte, als es losging mit dem Fachkräftebedarf - zum Teil auch in der Presse falsch wiedergegebenen Zitaten - dass (...) eben auch Quereinsteiger in den Kitas eine Chance haben. (...) Wir kriegten auch völlig empörte Rückmeldungen von Erzieherinnen, die gesagt haben: Das kann doch wohl nicht wahr sein, wir haben eine Fachausbildung, wir sind jahrelang im Beruf, wir haben eine Berufserfahrung und jetzt kann jeder Fliesenleger in die KiTa. Das haben die als unglaublich abwertend empfunden. Und das ist auch richtig."* [LV_w2 82]

Es muss auch im Vorfeld sehr genau danach geschaut werden, für welches Feld Quereinsteiger benötigt werden und auf welche Vorerfahrungen zurückgegriffen werden kann.

„In vielen anderen Bereichen der Sozialwirtschaft haben wir aber (...) gemerkt, dass es sehr schwierig ist, dass die Logiken im Bereich der Sozialwirtschaft eigene Logiken sind und da sehen wir die Tendenz sowohl in Mitgliedsorganisationen als auch auf Verbandsebene, dass man stärker wieder dazu übergeht, mit Leuten zu arbeiten, die in der Sozialwirtschaft quasi sozialisiert sind, da die Strukturen kennen, weil sich das einfach für die Arbeit bewährt hat." [BV_m1 53-57]

„Also Quereinsteiger sehe ich im Pflegebereich eher wenig, im Bereich von Management, Verwaltung ist das nicht so ein Problem, da kann man sagen ja klar warum denn nicht. Wenn einer die Pizza managt, dann managt der auch ein Krankenhaus, (...) der kann sich ja einfinden und reinfinden, also da würde ich sagen, gut ausgebildet, warum denn nicht (...). Aber eine Pflegekraft?" [U_m4 35]

„Also ich wundere mich schon manchmal, wer alles so denkt, er könnte plötzlich mit Menschen mit Behinderungen gut arbeiten." [U_w5 41]

Bei der ganzen Frage der Gewinnung von QuereinsteigerInnen ist ein zusätzlicher wichtiger Aspekt, dass zumindest während der Zeit der (Nach-)Qualifizierung, aber eventuell auch langfristig im Vergleich zur vorherigen Tätigkeit, mit Einkommenseinbußen gerechnet werden muss. Dieser Aspekt spielt gerade für Menschen, die eine Familie zu versorgen haben, eine erhebliche Rolle. Hier bedarf es Lösungen wie z.B. einer Unterstützung durch die Bundesagentur für Arbeit oder unternehmensinterner Lösungen.

4.2.2 Strategie 2: Gewinnung von MigrantInnen

Die Mehrheit sieht in der Beschäftigung von Menschen mit Migrationshintergrund einen möglichen Lösungsansatz, jedoch zeichnet sich zum einen ab, dass auch dies nur **ein** Lösungsbaustein sein kann, zum anderen, dass dieser Ansatz sehr voraussetzungsvoll ist: Es gilt u.U. Sprachbarrieren zu überwinden, mit kulturellen Unterschieden umzugehen und neue Wege von Anerkennungsmöglichkeiten zu schaffen, wenn ausländische Abschlüsse vorliegen. Aufgrund dieser Barrieren sehen einige Befragte ausländische Beschäftigte eher im Bereich der Hilfstätigkeiten und weniger im Fachkraftbereich. Hier gilt es, entsprechende Angebote wie Sprach- oder Kulturkurse und Möglichkeiten der Nachqualifizierung zu schaffen. Eine mögliche Lösung im Sinne eines Win-Win-Effekts wird auch in der Kooperation mit ausländischen Ausbildungseinrichtungen gesehen:

„Wir hatten jetzt mit einem polnischen Träger eine Diskussion und da ging es dann darum, was kann unser Beitrag sein, deren Ausbildungsqualität zu steigern und die schicken vielleicht für bestimmte Praktikumsphasen dann Leute aus ihrer Ausbildung hierhin, wohl wissend, dass dann ein gewisser Klebeeffekt ist, (...) also beide Seiten profitieren doch in irgendeiner Form." [U_w4 55]

Für den verstärkten Einsatz von Menschen mit Migrationshintergrund spricht vor allem auch eine notwendige interkulturelle Öffnung und Multikulturalität, die im Hinblick auf das heterogene Klientel der Sozialunternehmen zunehmend wichtiger wird. In diesem Zusammenhang wird in den diakonischen Unternehmen auch über die Notwendigkeit der Zugehörigkeit zu einer Kirche der Arbeitsgemeinschaft christlicher Kirchen (ACK-Klausel) kontrovers diskutiert: Zwar wird diese als notwendig für ein christlich-diakonisches Unternehmensprofil gesehen, es gibt aber auch Ansätze, dies mehr über Inhalte als über die Konfessionszugehörigkeit zu transportieren.

> *„Weil ich kann darauf freier verzichten, wenn ich das durch Inhalt und Diskurs ersetze. Also, wenn mir an der Sache liegt, dann würde ich auf den Inhalt setzen, statt auf die Formel, also akzeptiere ich eine größere Öffnung bei der ACK-Frage..." [U_m7 45]*

Der regionale Faktor ist hier ein entscheidender: In manchen Regionen, vor allem auch im Osten Deutschlands, ist es gar nicht möglich, konfessionell gebundene Fachkräfte zu finden. Hier gibt es bereits unternehmensinterne Schulungen, in denen konfessionslosen oder muslimischen MitarbeiterInnen christlich-diakonische Grundgedanken vermittelt werden.
Andererseits wird das diakonische Profil und die Werteorientierung christlicher Sozialunternehmen auch als Wettbewerbsvorteil gesehen, den es zu erhalten und zu gestalten gilt – auch wenn das dann unter Umständen zu einer Personalselektion führt:

> *„Ein Punkt, hab ich eben schon mal gesagt, der zu unseren strategischen Zielen gehört, ist die ganze Frage der Wertebindung, und auch des Wertebezugs zur konkreten Praxis, das ist ein wichtiges Vorhaben, das wir jetzt in den nächsten Jahren umsetzen werden, wir sind davon überzeugt, dass das zu einer gewissen Personalselektion auch führt, dass wir da nicht jeden kriegen, aber dass wir damit doch auch als Arbeitgebermarke glaubwürdig bleiben, und auch Wettbewerbsvorteile haben." [WB_m2 13]*

Spannend ist in diesem Zusammenhang sicherlich die Frage, wie dieses diakonische Profil denn gestaltet und vor allem auch für die Klientel erkennbar sein soll:

> *„Bei uns mit einem diakonischen Hintergrund, das ist ja eine zunehmende Frage, ist das eigentlich wichtig, wo sind wir da erkennbar? Hatte gerade gestern Abend eine Diskussion, da sagten sie hier in unserem Krankenhaus, seit die Schwestern mit dem Häubchen nicht mehr da sind, kann man das gar nicht erkennen, dass wir ein diakonisches Haus sind." [U_m4 47]*

Diejenigen Befragten, die in der zunehmenden Gewinnung von MigrantInnen keine Lösung sehen, geben vor allem die mangelnde Beherrschung der deutschen Sprache sowie kulturelle Unterschiede, auch im Berufsverstandnis, als Grunde an.

> *„Hier haben wir das Verständnis aus dem Mittelalter: Eine Hebamme leitet eine Geburt. In Russland ist das so: Der Arzt leitet die Geburt und die Hebamme ist wie eine Schwester. Also die hat immer auf Anweisung zu arbeiten." [U_w3 49]*

Ebenfalls genannt wird, dass die Anwerbung ausländischer Fachkräfte das Problem nur verschiebt, ausländische Märkte z.T. auch schon leer sind und strukturschwache Länder dadurch ausbluten könnten. Andersherum wird aber auch ein Abwanderungstrend deutscher Fachkräfte, vor allem aus der Pflege gesehen, weil die Rahmenbedingungen dort attraktiver sind:

"Es ist eher umgekehrt, dass Fachkräfte abwandern. In die Schweiz und überall hin, nach Finnland, in die skandinavischen Länder, ja. Also diejenigen, die pflegerisch gut arbeiten wollen, in der Praxis pflegerisch gut arbeiten wollen, die entscheiden sich nicht selten, dass sie Deutschland verlassen." [HS_w2 23]

4.2.3 Strategie 3: Gewinnung junger Menschen

Den vielversprechendsten Ansatz sehen die Befragten darin, Menschen bereits in jungem Alter für die Sozial- und Gesundheitswirtschaft zu interessieren und so als künftige Fachkräfte zu gewinnen. Das bedeutet, diese potenziellen Nachwuchskräfte möglichst früh, z.B. über die Schulen anzusprechen und ihnen konkrete Angebote zu machen, Sozialunternehmen kennenzulernen (über Praktika, Hospitationen, Erlebnistage, Expertenunterricht usw.), denn:

"Also, wir haben eigentlich selten jemanden, der hat Abitur gemacht und nach dem Abitur entscheidet er sich Sozialpädagogik zu studieren, wenn er vorher zu diesen Handlungsfeldern noch gar keine Beziehungen hatte." [HS_w1 17]

Hier bietet es sich an, junge Menschen über den Bundesfreiwilligendienst (BFD) oder das Freiwillige Soziale Jahr (FSJ) zu gewinnen. Viele Träger haben dazu bereits eigene Programme aufgelegt:

"Und das ist eine ganz tolle Sache, weil wir da in die Berufskollegs gehen, wir gehen an die Realschulen, wir gehen an die Gymnasien und werben dafür, dass die Leute - bei uns ist das eben viel flexibler - zwischen drei Monaten und einem Jahr, auch bis eineinhalb Jahren, bei einem guten Taschengeld, bei einer guten Begleitung, Sozialpraktikum machen können, und viele gehen von da in eine soziale Ausbildung." [U_m6 60]

In diesem Bereich erhöhen die Sozialunternehmen ihre Anstrengungen, vermutlich auch bedingt durch den Wegfall des Zivildienstes, deutlich.

Ein weiteres wichtiges Standbein sind für die größeren Träger die eigenen Ausbildungsstätten:

"Die Ausbildungsanstrengungen sind ja auch enorm, also wir haben Jahr für Jahr so über 100 Berufspraktikantenplätze, wir bilden also auch sehr verstärkt aus. Im Altenpflegebereich ja auch. Und auch im kaufmännischen Bereich, sprich im Verwaltungsbereich, bilden ja auch jedes Jahr so 2,3 junge Menschen aus. Also die halbe Geschäftsstelle besteht eigentlich aus ehemaligen Auszubildenden." [U_m1 34]

Allerdings ist die Ausbildung im eigenen Unternehmen auch nicht immer eine Garantie dafür, die Auszubildenden dann auch als MitarbeiterInnen zu gewinnen:

"(...) bis hin, dass wir aus der Krankenpflegeschule, weiß ich nicht, da hundert Schüler haben und dreißig oder was oder zwanzig wollen nur zu uns. Da glaube ich muss man mit so einem Konzept ansetzen. Wie gewinne ich gerade die jungen, dass die zu uns kommen wollen und sagen, das ist ein toller Beruf und das ist ein tolles Haus und da will ich hin, da passieren spannende Sachen - und ich habe eine Entwicklungsperspektive." [U_m4 21]

Als Schlüsselfiguren für die Gewinnung von Auszubildenden werden u.a. die PraxisanleiterInnen in den Einrichtungen gesehen. Das hängt auch damit zusammen, dass für die Auszubildenden heute ein höherer Einführungs- und Unterstützungsbedarf gesehen wird.

> *„Ich glaube, also die gehen mit 16/17 dann in diese Ausbildung (...), sind aber vielleicht im Vergleich zu 1965 da etwas unselbstständiger, haben eine viel höhere Erwartung an Unterstützung, an Begleitung. Das kann ich jetzt für richtig oder falsch halten. Das ist aber erst mal eine Tatsache und darauf, glaube ich, müssen Unternehmer reagieren und sagen, ich muss die so reinführen in mein Unternehmen, mein Krankenhaus, dass die da erst mal gerne sind, und dass sie sich da wohlfühlen, und dass die sich da zurecht finden. Nicht wie wir es teilweise gehört haben, da sitzen dann drei Krankenschwestern, oh die haben sich gar nicht um mich gekümmert, die haben da nur Kaffee getrunken und mich haben sie dahin geschickt zu dem schwer kranken Patienten. Das ist natürlich auch mal Realität, so. Nicht durchgängig, aber eben auch mal, und ich glaube diese Unterstützungsleistung ist von zentraler Bedeutung. Das können wir machen." [U_m4 23]*

Das bedeutet, es geht zum einen darum, die Attraktivität der Branche gerade für junge Menschen herauszustellen, zum anderen gilt es dann, das eigene Unternehmen so aufzustellen, dass es attraktive Arbeitsbedingungen für junge Menschen bietet, denn: Die Konkurrenz um Fachkräfte nimmt auch innerhalb der Branche, innerhalb der Träger und sogar innerhalb einer Einrichtung zu.

> *„Wir haben mittlerweile ein internes Konkurrenzproblem, was Fachkräfte angeht. Also wenn die Behindertenhilfe eine Stelle ausschreibt für eine Fachkraft, dann wird die Altenhilfe nervös, weil die Sorge haben, dass sie dahin wandern." [U_w2 29]*

4.3 Strategien der Mitarbeiterbindung

Sind die MitarbeiterInnen für das eigene Unternehmen gewonnen, geht es im nächsten Schritt darum, sie an das Unternehmen zu binden und dauerhaft zu halten. Hier lassen sich in besonderem Maße drei Strategien der Mitarbeiterbindung ausmachen: 1. Entwicklungsperspektiven für die MitarbeiterInnen, 2. Maßnahmen zur Vereinbarkeit von Familie und Beruf und 3. Attraktive Arbeitsbedingungen.

4.3.1 Entwicklungsperspektiven

> *„Wir brauchen das als Anreizsystem, (...) weil wir wissen, dass wir die nicht monetär binden können auf Dauer, sondern wir müssen denen Perspektiven eröffnen und ganz ganz viele von unseren richtig, richtig guten Pflegekräften, die werden irgendwann den Beruf verlassen oder unsere Organisationen verlassen, wenn sie nicht Entwicklungsperspektiven geboten bekommen." [HS_m2 25]*

Hier geht es also um Angebote für MitarbeiterInnen im Hinblick auf Fort- und Weiterbildung und Karriereplanung, Unterstützungs- und Fördermöglichkeiten für alle und Qualifikationsprogramme für Nachwuchsführungskräfte. Die befragten Unternehmensvertreter berichteten ebenfalls von Maßnahmen und Angeboten, die sie ihren ungelernten bzw. geringer qualifizierten MitarbeiterInnen zur Nachqualifizierung vorgeschlagen haben: So konnte sich z.B. die Kinderpflegerin zur Erzieherin, die Hauswirtschafterin zur Gesundheits- und Krankenpflegeassistentin und die Hilfskraft zur Altenpflegerin qualifizieren.

Diese Maßnahmen könnten einen enormen Effekt haben – laut Bundesagentur für Arbeit (2011) könnte allein die Nachqualifizierung von Geringqualifizierten über alle Branchen hinweg bis 2025 ein Potenzial von bis zu 0,7 Mio. zusätzlicher Fachkräfte in Deutschland schaffen (vgl. ebd., S. 42).

Interessante Zielgruppen für solche Nachqualifizierungen sind auch Frauen nach der Familienphase (vgl. auch Kap. 4.2):

> *„...und ich hoffe auch nach wie vor auf bestimmte Altersgruppen, also ich glaube wirklich die Frauen über 40, die sind ein Thema, die dann auch vielleicht aus familiärer Situation bis dato noch keine so straighte Berufsbiographie hingelegt haben, mit denen man irgendwie noch ganz anders gucken kann. Da geht es immer noch um 25 Jahre Berufsleben, die da vorliegen..." [U_w4 55]*

Das berührt einen weiteren wichtigen Aspekt, der von Einigen sicherlich noch ein Umdenken erfordert: (Nach-)Qualifizierung lohnt sich auch noch im höheren Alter.

> *„Ich würde auch sagen, mit über 50 lohnt es noch. Also ich habe das ja vorhin angesprochen, mit dem Pflegehilfskräften, wenn da jetzt jemand 50 ist und wir machen da noch eine Schnellschussausbildung für zwei Jahre, dann ist der mit 52 examinierte Kraft und kann immer noch 15 Jahre damit arbeiten. (...) Also wir tun immer so, als würden alle irgendwie mit 50 aufhören zu arbeiten, das ist nicht so und das wird nicht so sein." [U_w4 57]*

Solche Maßnahmen sind allerdings auch eine Frage der Finanzierung: Hier hoffen die Unternehmen auf Unterstützung der Bundesagentur für Arbeit, setzen aber auch auf die Entwicklung eigener Finanzierungsmodelle.

Im Hinblick auf die älteren MitarbeiterInnen gewinnt die Erhaltung der Beschäftigungsfähigkeit an Bedeutung. Dies kann in den Augen der Befragten ebenfalls durch Angebote der Weiterentwicklung und -qualifizierung gelingen:

> *„Das Zweite ist, wir müssen mit einer älter werdenden Mitarbeiterschaft arbeiten und müssen die arbeitsfähig erhalten und müssen die eben auch weiterentwickeln. Es kann nicht sein, dass heute einer mit Mitte fünfzig aufhört zu lernen oder sich zu entwickeln, denn der ist noch zehn und bald ist er noch zwölf Jahre im Beruf." [U_m6 44]*

Des Weiteren werden von den befragten ExpertInnen Maßnahmen des betrieblichen Gesundheitsmanagements und die Befähigung zur Selbstsorge genannt:

> *„Man muss das Element der Selbstsorge gezielt schulen. Also die meisten Leitungen, die ich so kenne, da schließe ich mich nicht aus, sind am Limit, weil die Komplexität und der Druck der Leitungsanforderung wirklich immer höher wird. Da muss man auch lernen, dass es sozusagen sowas wie eine Selbsthygiene gibt, die es einem erlaubt, nicht ständig über die eigenen Grenzen zu gehen, sondern über längere Zeit, nachhaltig, und immer noch mit einer gewissen Lockerheit den Leitungsjob machen zu können - und auch mit Freude."[U_m5 50]*

4.3.2 Vereinbarkeit Familie und Beruf

Maßnahmen zur besseren Vereinbarkeit von Familie und Beruf beschränken sich nicht nur auf die Frage der Kinderbetreuung: Zunehmend geht es auch um zu pflegende Angehörige. Um MitarbeiterInnen, die sich um pflegebedürftige Angehörige kümmern müssen, im Unternehmen zu halten, bedarf es ebenfalls auf diese besondere Situation abgestimmter Maßnahmen:

> „...also mein Augenmerk lag jetzt wirklich eher darauf, wie kommen wir in diese nächste Phase quasi, wenn die Eltern alt werden und da Pflege anliegt und das sind im Prinzip dieselben, dieselben Themenstellungen. Also das fängt an damit, gibt es irgendwelche Verknüpfungen zu Tagespflegeeinrichtungen, die der Stiftungsbereich Altenhilfe vielleicht macht, und wo ich dann als Mitarbeiter irgendwie Tagespflege für meine Eltern organisieren kann." [U_w4 61]

Flexible Arbeitszeiten und Betreuungsmöglichkeiten sind Grundvoraussetzungen für eine gute Vereinbarkeit von Familie und Beruf.

Ein weiterer interessanter Aspekt, der allerdings nur in einem Interview angesprochen wurde, betrifft Strategien der Mitarbeiterbindung in der Erziehungszeit. Genannt wurden das Kontakthalten während der Elternzeit, die Teilnahme an unternehmensinternen Veranstaltungen, Angebote zur Weiterqualifizierung und die Möglichkeit, mit wenigen Stunden „sanft" wieder einzusteigen [U_m1 38].

Das Aufrechterhalten von Kontakt und Informationsfluss scheinen hier neben flexiblen Möglichkeiten des Wiedereinstiegs – ggf. auch durch weitere in der Erziehungszeit erworbene Qualifikationen – wichtige Bestandteile der Mitarbeiterbindung zu sein.

> „Das ist natürlich da möglich, (...) dass wir eben Kinderbetreuung anbieten, (...) dass die Kollegen den hausinternen Elternservice nutzen können. Dass wir dahingehend unterstützen und eine Kinderbetreuung für den Tag organisieren, weil es ja da auch schwierig ist, weil man in der Regel keine Betreuung hat in der Elternzeit, weil man ja selbst die Betreuung ist." [U_m1 40]

Dazu kann auch gehören, MitarbeiterInnen Möglichkeiten und Anreize für eine kürzere Elternzeit zu bieten. Für dieses Modell braucht es allerdings adäquate Betreuungsangebote, z.B. in Form von Betriebskitaplätzen.

4.3.3 Attraktive Arbeitsbedingungen

Die Vereinbarung von Familie und Beruf zu ermöglichen, ist ein Aspekt attraktiver Arbeitsbedingungen. Wie Arbeitsbedingungen im Hinblick auf Arbeitszeiten, Entwicklungsperspektiven, Arbeitsbelastung und Arbeitsatmosphäre attraktiv gestaltet werden können, hängt mit der Frage der allgemeinen Attraktivität des Arbeitsfeldes zusammen. Dies wird in Kapitel 5 ausführlich beschrieben.

4.4 Resümee: Welche Strategien haben sich in der Praxis am besten bewährt?

Bei der Frage nach Personalentwicklungsstrategien zur Bewältigung des Fachkräftemangels standen folgende Aspekte im Vordergrund: Welche Strategien sind bereits eingeführt, welche haben sich bereits bewährt und welche sind darüber hinaus denkbar?
Die Antworten zu dieser Thematik und der Blick darauf, was für die Personalentwicklung folgt, waren unterschiedlich und hingen stark davon ab, ob die befragte Person direkt für ein Unternehmen der Sozialwirtschaft, einen Verband oder aus einer außenstehenden Position (z.B. aus der Wissenschaft) antwortet.

4.4.1 Aus Unternehmenssicht

Von Seiten der Unternehmen wird die Notwendigkeit, Mitarbeitende gezielt zu fördern, sie früh für die Sozialwirtschaft zu gewinnen und an das Unternehmen zu binden, zwar gesehen, die Strategien sind jedoch unterschiedlich ausgearbeitet und umgesetzt, was wiederum auch mit der personellen Ausstattung innerhalb der Unternehmen zusammenhängt.

> *"Das, was wir brauchen, ist im Grunde unter dem Gesichtspunkt Personalentwicklung halt auch jemanden, der die stativen, operativen Bedarfe in der Personalentwicklung wahrnimmt, umsetzt, auch im Sinne von Fort- und Weiterbildung und auch da können wir zum Teil mit anderen Werken kooperieren." [U_m6 20]*

Die Aussage könnte als Strategie zur Personalentwicklung weiter entwickelt werden: Ist ein Unternehmen zu klein, um eine eigene Personalentwicklungsabteilung zu betreiben, können durch die Kooperation mit anderen Unternehmen konkrete Angebote zur Mitarbeiterförderung und -bindung geschaffen werden.
Personalentwicklung wird dabei nicht zwangsläufig in einer separaten Abteilung verortet, sondern ist Aufgabe jeder Führungskraft:

> *"Ja wir haben in den letzten 10 Jahren eigentlich einen ganz guten Entwicklungsweg genommen, indem wir gesagt haben, Personalentwicklung ist nicht Aufgabe der Personalabteilung. Sondern Personalentwicklung ist originäre Führungsaufgabe, und wir haben viel dafür getan, die Führungskräfte zu qualifizieren, Kompetenzen eigentlich im Bereich Personalentwicklung auszubauen, zu aktualisieren und diese Rolle auch wahrnehmen zu können." [WB_m2 31]*

Ein hilfreiches Instrument zur Unterstützung der Entwicklung von Personalentwicklungsstrategien bilden die regelmäßigen Mitarbeitergespräche, die in Unternehmen durchgeführt werden:

> *"...wo also die Personalreferentin, die wir haben und der Personalreferent, eine Aufgabe von denen darin besteht, mit denen, die eben im Entsendungsverhältnis sind, darüber zu reflektieren, zu beraten, was gibt es an Möglichkeiten, wo wollen Sie beruflich eigentlich hin? Da führen wir von Potenzialanalyse bis zu berufsbiographischen Gesprächen verschiedene Instrumente durch, um mit denjenigen dann auf Basis dieser Erkenntnisse (...) darüber zu arbeiten, wo soll es denn langfristig hingehen, kurzfristig, wie reagiert man darauf. Und*

dann ist immer eine Frage, was für Bildungsmöglichkeiten gibt es, um diese Schritte hinzukriegen." [U_m7 9]

Mit dieser Strategie – Mitarbeitergespräche in Verbindung mit konkreten Zielvereinbarungen – werden auch diejenigen erreicht, die bisher keine gezielte Förderung erhalten haben bzw. deren Entwicklungspotenzial noch festzustellen ist:

„Was wir aber auch haben, wir haben in den letzten Jahren vermehrt geguckt, auch eben über Personalsteuerung, welche Mitarbeitenden haben woran teilgenommen, sich wie weiterentwickelt im nächsten Jahr. Aber damit entdecken wir natürlich auch die, die sich in Nischen versteckt haben, vor allem davongelaufen sind oder alles gemieden haben." [U_m2 21]

Aus dieser Strategie und aus dem Wissen heraus, dass perspektivisch Fachkräfte schwer zu bekommen und/oder zu binden sind, haben sich bereits konkrete Konzepte ergeben:

„Im Altenhilfebereich haben wir jetzt entwickelt, so ein Konzept für die Qualifizierung von Führungs- und Fachkräftenachwuchs. Das haben wir noch nicht ganz mit der MAV verhandelt, aber hat im Prinzip drei Elemente. Das eine ist, niedrigschwellige Qualifizierungen für ungelernte Mitarbeitende, wir haben eben im Altenhilfefeld 50% Hilfskräfte, die keine Ausbildung haben, und die in Grunddingen zu qualifizieren. Der zweite Teil sind fachspezifische Qualifizierungen, tatsächlich orientiert an Expertenstandards, um einfach dafür zu sorgen, dass zu bestimmten Themen in allen Einrichtungen Fachmitarbeitende sind, die sagen, das ist ein Thema, da kümmere ich mich besonders drum, und der dritte Teil ist die Führungskräftequalifikation, stellvertretende PDLs, Pflegedienstleitungen über Plan heranzubilden. Der Personalmangel wird dazu führen, dass wir Personen verlieren und wenn wir nicht in Not geraten wollen, müssen wir selber mehr Menschen qualifizieren, als wir brauchen." [U_m7 15]

Die beschriebenen Personalentwicklungskonzepte zielen immer auf die Mitarbeiterförderung und -bindung. Dahinter steckt die Idee, dass die Mitarbeitenden sich eher an die Unternehmen binden, die ihnen eine (individuelle) Perspektive im Sinne einer langfristigen Entwicklung bieten. Dabei wird von der gezielten Förderung auch eine positive Wirkung auf andere MitarbeiterInnen und deren Motivation erhofft.

„Und wir haben ein eigenes Instrument auch noch entwickelt in den letzten Jahren, das nennt sich "Lernwerkstatt", in dem wir ganz gezielt einzelne Mitarbeitende (....) fördern, damit sie dann als Katalysatoren auch wieder andere mitnehmen können und diese Gesamtentwicklung gestalten können." [U_m5 26]

Eine individuelle Entwicklungsperspektive zu bieten, ist nicht zwangsläufig mit einem Aufstieg verbunden. Fach- und Projektkarrieren sowie neue fachliche Herausforderungen sind ebenso Perspektiven, die der Mitarbeiterbindung dienen können:

„Das heißt, (...) dass sie fachlich herausgefordert sind, dass sie fachlich mal was anderes machen. Vor allem aber durch Projekte. (...) Die ganze Umorganisation der Arbeit, die damit verbunden ist, das ist ein Riesenthema für die Personalbildung. Ich muss auf der einen Seite, ich muss eigentlich Modelle entwickeln, aus meiner Sicht, dass die Menschen zu acht-

zig Prozent ihre normale Arbeit machen, aber zu zwanzig Prozent freigestellt sind für Projekte." [U_m6 46]

Eine weitere Personalentwicklungsstrategie ist der Blick auf den Erhalt und die Förderung der Gesundheit der Mitarbeitenden. Dazu sind von einigen der Befragten bereits Konzepte zur betrieblichen Gesundheitsförderung und zum betrieblichen Wiedereingliederungsmanagement erarbeitet worden:

"Wir versuchen ja seit mehreren Jahren Ziele nach der Balanced Scorecard zu verfolgen und da ist natürlich das Thema Mitarbeiter durchaus eins, was durchaus so in der Balance zu halten ist. Und das Thema betriebliches Eingliederungsmanagement, betriebliche Gesundheitsförderung hat sich in den Zielvereinbarungen der letzten Jahre, die mit den Regionalgeschäftsführern getroffen wurden, durchaus durchgeschlagen. Was dann in den Regionen mit solchen Zielvereinbarungen gemacht wurde, das ist dann was anderes, das kann dann unterschiedliche Qualitäten haben. Und das kann bis zur Hausebene unterschiedliche Qualitäten haben." [U_m3 40]

Der mit dieser Strategie erwartete Erfolg stellt sich jedoch offenbar nicht so unmittelbar ein wie gewünscht – Angebote werden nicht in dem Maß angenommen, wie es wünschenswert ist. Diese Personalentwicklungsstrategie erscheint vor allem bei denjenigen Mitarbeitenden wirksam, die sich von sich aus schon mit dem Erhalt ihrer Gesundheit auseinandergesetzt haben und in dem Zusammenhang offen sind für Unterstützung durch den Arbeitgeber.

4.4.2 Die Sicht der Verbände

Von Seiten einer Vertreterin auf Landesebene wird die Frage der Implementierung von Personalentwicklungsstrategien als wenig vorangeschritten eingeschätzt.
Nach Auffassung der Expertin müssen sich die Träger gezielt diesen Themen und Anforderungen stellen:

"Also, mein Eindruck ist, dass das nur an wenigen Beispielen systematisch gemacht wird. (...) Das kommt natürlich daher, dass es eben anders ist als früher, dass man sich um Bewerber nicht bemühen musste, sondern hat eine Stelle ausgeschrieben, und hatte mehr Bewerber und konnte aussuchen. Und jetzt müssen die Träger eben sehr gezielt Personalentwicklung machen und auch Personalentwicklungsplanung machen. Und da ist unser Eindruck, dass das sehr unterschiedlich ist." [LV_w2 32]

Ein gelungenes Beispiel beschreibt die Vertreterin eines Wohlfahrtsverbandes auf Landesebene:

"Und wir haben, oder ich habe, ein Personalentwicklungskonzept geschrieben, vor 10 Jahren, mit verschiedenen Bausteinen. Deswegen hatte das da schon, das war noch gar nicht so verbreitet, mehrere Ansatzpunkte, nicht nur Qualifizierung als Personalentwicklungskonzept, sondern auch mit dem Mitarbeiter ins Gespräch kommen, Organisationsentwicklungsthemen, und so weiter." [LV_w1 5]

Ein Baustein-System als Personalentwicklungskonzept hat sich aus Sicht dieser Expertin bewährt. Dazu wurde „Führung" zum Thema gemacht und Führungskräftetrainings als

Inhouse-Schulung für verschiedene Bereiche und unterschiedliche Hierarchieebenen angeboten. Gleichzeitig dienen die Mitarbeiter-Jahresgespräche der Weiterentwicklung des Potenzials der Mitarbeitenden und machen den hohen Stellenwert von Weiterbildung und die Unterstützung der professionellen Weiterentwicklung durch das Unternehmen deutlich. Hilfreich für Akzeptanz und Umsetzung erscheint es, dass dieses Personalentwicklungskonzept mit der Verpflichtung zur Weiterbildung im Haustarifvertrag verankert wurde.

4.4.3 Die Sicht der Wissenschaft

Von Seiten der Wissenschaft wird festgestellt, dass systematische Personalentwicklung im Sinne von erfolgreichen Strategien nicht stattfindet.

> *„Die zweite Frage ist, ob das immer so einen hohen Stellenwert in den Unternehmen genießt, also ob da eine systematische Personalentwicklung gemacht wird, wo man wirklich schaut, welche Person wollen wir wohin entwickeln mit einem klaren Zielhorizont dahinter oder ob das eher so, na die typische Katalog-Weiterbildung so ein bisschen ist. (...) Die Unternehmen würden glaube ich alle sagen, das ist ihnen wahnsinnig wichtig, aber es wird wenig an Ressourcenschöpfungen gestellt, also ein richtiges Personalmanagement haben die in der Regel ja auch nicht." [HS_m2 5]*

> *„Also das Eine ist, dass bisher mit all den Personalern, mit denen ich gesprochen habe, es so ist, dass es wenig Personalentwicklungskonzepte überhaupt gibt, das heißt, das Thema ist nach wie vor stiefkindlich behandelt in den verschiedenen Bereichen." [HS_m1 25]*

Von wissenschaftlicher Seite wird die Notwendigkeit der Entwicklung von Personalentwicklungsstrategien jedoch als dringliche Aufgabe gesehen.

> *„Ich glaube eine professionelle Form der Personalentwicklung, des Personalmanagements, das ist etwas, was die Sozialwirtschaft in Zukunft wird leisten müssen. Das gilt vielleicht insbesondere auch für die freie Wohlfahrtspflege fast noch mehr als für die privaten (...). Die Sozialwirtschaft, so die klassische Wohlfahrtspflege, die gärt, finde ich, in vielen Bereichen noch mehr so im eigenen Saft. Von daher gesehen, glaube ich, dass es da Anstrengung bedarf, um wirklich ein professionelles Personalmanagement aufzubauen." [HS_m2 9]*

> *„Ich persönlich glaube, dass in der Tat Personal als die entscheidende Ressource noch viel viel mehr in den Mittelpunkt rücken wird und da muss man professioneller werden. Es reicht nicht, ein Finanzcontrolling gut aufzusetzen und irgendwelche Kennzahlensteuerungen einzuführen, sondern, wo wir letztendlich hinkommen müssen, ein Unternehmen zu sein, das in der Lage ist, erstens ausreichend gut qualifizierte und motivierte Personen zu gewinnen und die dann aber auch so zu entwickeln und so zu motivieren, dass sie all das, was sie an Wissen haben, an Kompetenzen, an Ideen für mein Unternehmen auch einbringen. Also das klassische Human Resource Management wird, glaube ich, eine zentrale Herausforderung für die Sozialwirtschaft werden." [HS_m2 21]*

4.4.4 Die Sicht der Personalvermittler

Aus der Perspektive einer Personalvermittlung wird die Frage der Verankerung von Personalentwicklungsstrategien in Unternehmen als Notwendigkeit gesehen, gerade im Hinblick darauf, dass Berufsanfängerinnen und Berufsanfänger angebunden und gefördert werden sollen.

> *„Grundsätzlich finde ich, dass Personalentwicklung an und für sich einen sehr hohen Stellenwert in Unternehmen haben sollte. Einfach auch, um eine qualitativ hochwertige Arbeit zu gewährleisten und eine professionelle Arbeit, weil ich sag mal, die Leute kommen von der Uni, die sind ja hoch motiviert, aber denen fehlt in der Regel einmal die Erfahrung und auf der anderen Seite aber auch konkretes methodisches Handwerkszeug. Und das entwickelt sich ja auch alles weiter im Laufe der Jahre und es gibt da ja auch sehr viele neue Erkenntnisse usw. und da finde ich das in dem Zusammenhang einfach extrem wichtig, dass Mitarbeiter regelmäßig fortgebildet werden. Für beide Seiten, also das Unternehmen hat ja auch einen hohen Gewinn dadurch."* [P_w1 17]

4.4.5 Ausblick

Die Frage nach bewährten Personalentwicklungsstrategien gegen den Fachkräftemangel hat bei den Befragten auch zu Ausblicken in die nähere Zukunft geführt: Wie sollen und werden sich die Unternehmen der Sozialwirtschaft den Herausforderungen in den nächsten fünf bis zehn Jahren stellen und welche Notwendigkeiten ergeben sich bereits jetzt daraus?

> *„(...) im Rahmen von mittelfristiger Strategieplanung, müssen wir sagen, was ist in den nächsten fünf Jahren dran an Herausforderungen, welche Ziele sind da, welche Themen, welche personellen Anforderungen? So, und dann müssen wir entsprechend die Fort- und Weiterbildung und die Personalentwicklung darauf abstellen. Und da müssen wir eben auch lernen, antizyklisch zu arbeiten in Zeiten, in denen es einem Bereich gut geht. (...) Und dieses antizyklische Denken in der Personalentwicklung ist auch noch nicht verbreitet."* [U_m6 46]

Antizyklisches Arbeiten ist hier also ein wichtiges Stichwort für eine erfolgreiche und langfristige Personalentwicklung, wie dieses Beispiel zeigt:

> *„Wir haben diese Entscheidung für dieses [Name eines einrichtungsspezifischen freiwilligen Jahres, Anm. d. Verf.] vor 10 Jahren getroffen, und das war nicht ein Glücksfall, sondern wirklich ein gutes Beispiel für langfristiges strategisches Denken jetzt im Personalbereich, das war absehbar, aber eher mal so aus Hochschule, Wissenschaft und Demographie, wir machen das mal jetzt, und sind sehr sehr froh und sehen da auch einen deutlichen Wettbewerbsvorteil, das wir diese Instrumentarien jetzt haben. Die werden nicht hinreichen zur Personalbeschaffung auch zur Personalbindung, aber die sind im Moment sehr hilfreich für uns."* [WB_m2 51]

Ein Unternehmen hat mit der Einführung eines Qualitätsmanagement-Handbuches die Grundlagen für die gezielte Personalentwicklung festgelegt.
Als weitere Strategie zur Mitarbeitergewinnung und -bindung wird die Kooperation mit Universitäten in der Region, z.B. in Form von Projekten, genannt.

> *„Wir haben über verschiedene Projekte, die wir mit Universitäten und Hochschulen (...) machen, frühen Kontakt zu Studierenden, die zum Teil dann, früher war das mal über Diplomarbeiten, heute sind es dann oft über andere Projekte, uns kennenlernen und wir ermun-*

tern sie auch dann in irgendeiner Weise bei uns mal eine Nachtwache zu machen oder Sonstiges. Auf jeden Fall darüber dann auch sozusagen frühzeitig so in Kontakt zu sein, dass dann nach Abschluss der Ausbildung bei uns dann auch eine Bewerbung vielleicht eingeht." [U_m2 30]

Die Notwendigkeit von systematischer Personalentwicklung wird in Verbindung mit den Herausforderungen, die auf die Unternehmen zukommen, durchaus gesehen, sie ist bisher aber nicht unbedingt fest verankert. Es gibt nicht die Strategie oder die Strategien, die sich bewährt haben, vielmehr wird überall daran gearbeitet, herauszufinden, was sich langfristig als hilfreich erweisen könnte.

Personalentwicklung sollte strategisch und vor allem vorausschauend betrieben werden:

„Ja man sollte vorausschauend arbeiten und Mitarbeitern verschiedene Wege ermöglichen, bestimmte Stellen zu übernehmen mit einer strategischen Personalentwicklung (...), indem man schaut: wie muss ich meine Mitarbeiter entwickeln, welche Fort- und Weiterbildung muss ich denen zur Verfügung stellen, damit die mir die Vakanzen, die ich in drei Jahren habe, in fünf Jahren habe, besetze. Das kann über Karrierepfade gelingen, indem man von Anfang an jungen Menschen Wege aufzeichnet, die gegangen werden können in einem bestimmten Berufsfeld. Und das, glaube ich, ist einer der zentralen Punkte." [P_m1 20]

Dies deckt sich auch mit dem McKinsey-Bericht zum Wettbewerbsfaktor Fachkräfte: „Wer die Entwicklung des Mitarbeiterbedarfs über viele Jahre im Voraus kennt und die Bedarfsdeckung langfristig plant, kann sich einen Vorsprung auf dem zunehmend engeren Fachkräftemarkt sichern" (McKinsey Deutschland, 2011, S. 7).

Strategien, um dem Fachkräftemangel zu begegnen, bedürfen einer differenzierten Situations- und Ursachenbeschreibung (vgl. Arbeitsgemeinschaft Kinder- und Jugendhilfe, 2011, S. 9), die im Rahmen dieser Untersuchung nicht geleistet werden kann. Für die Unternehmen bedeutet dies, dass in der Auswahl von Strategien erst einmal die Ursache für einen quantitativen oder qualitativen (oder auch nur gefühlten) Fachkräftemangel identifiziert werden müssen: Liegt es an der Region, an der Einrichtung, am Personalmarketing, habe ich eine hohe Personalfluktuation oder resultiert der Mangel an Fachkräften doch aus der Tatsache, dass die Berufe im Sozial- und Gesundheitswesen (z. B. finanziell) nicht attraktiv genug sind (vgl. McKinsey Deutschland 2011, S. 11)?

5 Die Attraktivität sozialer Berufe

„Ob man den attraktiver gestalten kann, weiß ich nicht. (...) Also im Pflegeberuf muss man pflegen. Und die alten Leute, egal mit welchen Hilfsmitteln, die sind schwer. Und die Arbeitszeiten sind unattraktiv und es wird auch in absehbarer Zeit nicht der Job sein, wo man reich bei wird." [WB_3 31]

Die ExpertInnen wurden gefragt, welche Stellschrauben ihrer Meinung nach geeignet sind, um das Arbeiten im Sozial- und Gesundheitswesen attraktiv(er) zu gestalten. Die Antworten ergaben dabei vielfach Anhaltspunkte dazu, was diese Berufe eigentlich *unattraktiv* macht.

Daraus lassen sich jedoch auf der anderen Seite Aspekte ableiten, um die Attraktivität zu erhöhen.
Im Wesentlichen wurden fünf Faktoren genannt, wobei die ersten drei aufgrund der häufigeren Nennungen offenbar für die Befragten einen deutlich höheren Stellenwert besitzen:

1. Arbeitsbedingungen
2. Image
3. Finanzielle Aspekte
4. Sinnhaftigkeit des Tuns
5. Gestaltungsspielräume in der Arbeit

Diese fünf Aspekte werden im Folgenden näher beleuchtet.

5.1 Arbeitsbedingungen

Das Thema Arbeitsbedingungen, als Grund für die (mangelnde) Attraktivität von Berufen im Sozial- und Gesundheitswesen, wird durchaus kontrovers betrachtet. Vor allem im Vergleich mit anderen Berufen schneidet das Sozial- und Gesundheitswesen in den Augen einiger Befragter gar nicht so schlecht ab:

> *„Und ich kann es auch langsam nicht mehr hören wie ungünstig die Arbeitsbedingungen sind, da gebe ich immer das Beispiel, wenn ich sonntags morgens nachts um halb vier nach Hause komme, (...) dann macht sich (...) die Bäckereifachverkäuferin (...) auf den Weg (...). Also, sie hat die gleiche Herausforderung wie eine Altenpflegerin, die sonntags morgens zum Dienst muss, und sie kriegt es deutlich schlechter bezahlt."* [U_m3 20]

Die verschiedenen Aspekte von Arbeitsbedingungen und die jeweils kontroverse Sicht darauf werden im Folgenden ausgeführt.

5.1.1 Arbeitszeiten

Schichtarbeit, Arbeiten an Abenden und am Wochenende, immer wieder einspringen müssen, wenn man eigentlich frei hat – das alles macht die Arbeit in Sozial- und Gesundheitsberufen nicht gerade attraktiv. Wenn es nun aber genau darum geht, diese Berufe attraktiv zu gestalten, wie lässt sich dies bewerkstelligen?

> *„Die Arbeitsbedingungen sind im Schichtbetrieb natürlich schwierig. Aus der Nummer kommen wir nicht raus."* [U_m6 76]

Tatsache ist, dass in vielen Bereichen die Schichtarbeit dazugehört und auch weiter dazugehören wird – daran lässt sich nichts ändern. Aber diese Belastung sollte **kalkulierbar** sein:

> *„Also attraktiv ist ein Arbeitsfeld, wenn es insbesondere kalkulierbar ist in Arbeitszeiten und Dienstplänen, das unterschätzt man. Das ist ein großes Problem, warum manche Leute aus der Pflege aussteigen, also weil nie kalkulierbar ist, wann habe ich wirklich frei und die*

Sorge, gezogen zu werden, weil gerade wieder der Dienstplan zusammenkracht, führt schon dazu, dass manche Mitarbeiter irgendwie ihre Telefone abstellen oder so, einfach weil sie da so auch einen Schutzraum auch brauchen. Die Verpflichtung gegenüber dem Arbeitgeber, die muss sehr kalkulierbar und gesichert sein." [U_w4 39]

Hier ließe sich eine Stellschraube identifizieren, an der gedreht werden kann. Zum Teil wird hier bereits mit Zeitarbeitsfirmen gearbeitet, die bei Engpässen einspringen – allerdings scheint dieser Lösungsansatz auch nicht immer mit dem sozialen Image eines Unternehmens vereinbar.

„In der Metallindustrie, habe ich jetzt gelesen, der Einsatz von Zeitarbeit liegt da unterschiedlich zwischen 40-60%. Also 40-60% aller Mitarbeiter in einem großen Stahlwerk sind überhaupt nicht Mitarbeiter dieses Stahlwerks. Bei uns in der Diakonie liegt dieser Prozentsatz im Moment ungefähr zwischen ein und maximal fünf Prozent. Trotzdem ist es gefühlt, als sei es bei uns ganz dramatisch. (...) Dass wir die Zeitarbeit bei uns einsetzen, für Engpässe, wo wir kein Personal mehr haben. Was ich nur noch machen könnte, indem ich einen Mitarbeiter das dritte Wochenende hintereinander arbeiten lasse und ich zu dessen Entlastung es nicht mache und die Zeitarbeit hole, wird dann gar nicht mehr gesehen." [U_m7 31]

Ein weiterer Aspekt, der sich beeinflussen lässt, betrifft die Flexibilität von Arbeitszeiten. Dies ist vor allem im Hinblick auf die Vereinbarkeit von Familie und Beruf sehr wichtig und im Hinblick auf die hohe Frauenquote in Sozial- und Gesundheitsberufen und der Tatsache, dass immer noch meistens Frauen in Elternzeit gehen, doppelt relevant. Hier haben Arbeitgeber im Sozial- und Gesundheitswesen gegenüber anderen Wirtschaftszweigen sogar einen Attraktivitätsvorsprung, wenn sie ihre soziale Verantwortung ernst nehmen.

„...und soziale Arbeitgeber, finde ich auch, haben nach wie vor auch noch ein großes Herz für Familien und sagen okay, wenn das jetzt mit Deiner Familie gerade nicht geht, dann gucken wir, was für ein Arbeitsmodell geht." [U_w5 43]

5.1.2 Entwicklungsperspektiven und Aufstiegschancen

„Die andere [Stellschraube, Anm. d. Verf.] ist mit Sicherheit, welche Entwicklungsmöglichkeiten habe ich im Betrieb. Kann ich mich da weiterentwickeln oder sitze ich auf einer Stelle fest und gibt es keine Alternative mehr. Das gucken sich Mitarbeitende mit Sicherheit sehr genau auch an." [BV_w1 35]

Ein wichtiger Attraktivitätsfaktor ist also, inwieweit mir die Branche im Allgemeinen und die konkrete Einrichtung im Speziellen Entwicklungsmöglichkeiten eröffnet: Macht sie Angebote zur Weiterbildung und Qualifizierung, werden Zielvereinbarungsgespräche geführt und Karrierepfade frühzeitig thematisiert? Und was ist, wenn den (potenziellen) MitarbeiterInnen keine Führungsposition in Aussicht gestellt werden kann, weil es einfach nicht genug adäquate Stellen gibt?

„Alle diese Berufe haben ja praktisch keine Aufstiegschancen. Wenn man Krankenschwester ist, oder Fachkraft für Pflege, dann ist man das. Gut, man kann noch Pflegedienstleitung werden, aber das ist dann noch was anderes. Da spielen dann ökonomische und Manage-

> *mentfragen und so eine Rolle. (...) Aber im Grunde gibt es nicht wirklich Aufstiegsmöglichkeiten."* [BV_m2 59]

Entwicklung muss nicht immer nur Aufstieg bedeuten, sondern es lässt sich auch horizontal Karriere machen, in Stabstellen, Projekten und mit fachlicher Expertise.

> *„...und attraktiver wird Arbeit sicherlich auch dadurch, dass man z.B. auch Chancen hat, aufzusteigen in eine andere Position, in die Breite zu gehen, indem man Stabstellen besetzen kann."* [U_w5 35]

> *„Das Dritte ist, die Personalentwicklung muss so sein, dass sie neben der klassischen Kaminstruktur, also, Aufstiegsstruktur eben viel stärker noch die Fach- und die Projektkarriere beinhaltet. Es gibt schlicht und einfach viel zu wenig Führungsstellen. Also, der Blick nach oben, der ist, wenn er ein allgemeiner Blick nach oben ist, (...) irreführend."* [U_m6 44]

5.1.3 Arbeitsdichte, Arbeitsbelastung

Komplexere Anforderungen, steigende Fallzahlen, Qualitätsdruck – und das alles bei knapper werdenden Ressourcen. Wie kann hier von einem attraktiven Berufsfeld die Rede sein?

> *„...das Andere ist, das ist ja bei allen Trägern gleich, ist einfach, dass die Arbeitsdichte für die Basis-MitarbeiterInnen schon sehr hoch ist und das, was an Verantwortung an die abgegeben wird. Dass man also auch über Personaldecke, auch das, finde ich, ist was, was Arbeit attraktiv machen kann oder eben nicht."* [U_w5 35]

Ob sich an der Personaldecke etwas ändern lässt, wird daran liegen, wie viel Geld künftig ins System kommt. Zwei weitere Lösungsansätze wurden in den Interviews genannt. Erstens: die Schaffung von Angeboten wie Coaching, Supervision und Maßnahmen der betrieblichen Gesundheitsförderung, um die Belastungen abzufangen. Zweitens: die Neuorganisation von Arbeitsprozessen, um Belastungen zu vermeiden.
Auch die Arbeitsorganisation im Team sowie die Funktion des Teams in neuen, dezentralen oder ambulanten Strukturen (Pflegedienste, aufsuchende Sozialarbeit) nimmt eine wichtige Rolle ein:

> *„Insofern ist die ganze Frage der Arbeitsorganisation, welche Rolle spielen da eigentlich Teams, von mir aus auch virtuelle Teams, in dezentralisierten Arbeitsformen oder ambulanteren Arbeitsformen auch eine wichtige Stellschraube."* [WB_m2 53]

An späterer Stelle wird die Sinnhaftigkeit als Attraktivitätsmerkmal für die sozialen Berufe genannt. Hier muss es darum gehen, auch in Zeiten von Leistungsverdichtung, immer noch Räume zu schaffen, die ein Erleben dieser Sinnhaftigkeit ermöglichen:

> *„...und trotzdem muss jemand, der einen sozialen Beruf haben will, der muss auch für sich das Gefühl haben, dass er noch Zeit und Raum hat für Begegnungen und Kontakt. Also wenn die Arbeitsverdichtung so groß ist, dass dafür kein Raum mehr ist, dann, glaube ich, gehen uns die Leute auch verloren, weil das ist ja das Motiv eigentlich: Ich will mit Menschen arbeiten, ich will im Kontakt sein und wenn das durch was auch immer ganz entfällt, dann glaube ich haben wir auch keine guten Karten."* [U_w4 39]

5.1.4 Arbeitsatmosphäre

An dieser Stelle sei noch einmal das Eingangszitat aufgegriffen, das im Original etwas länger ist und im zweiten Teil auch einen Lösungsansatz präsentiert:

> *„Ob man den attraktiver gestalten kann, weiß ich nicht. Ich glaube, das ist Theorie. Also im Pflegeberuf muss man pflegen. Und die alten Leute, egal mit welchen Hilfsmitteln, die sind schwer. Und die Arbeitszeiten sind unattraktiv und es wird auch in absehbarer Zeit nicht der Job sein, wo man reich bei wird. Also, es ist attraktiver als Friseurin oder Verkäuferin, aber ich glaube, dass Unternehmen den Beruf an sich nicht attraktiver machen können, sondern die Art und Weise des Umgangs mit den Mitarbeitern kann man attraktiver gestalten. Man kann eine andere Arbeitsatmosphäre praktizieren."* [WB_m3 31]

Die Arbeitsatmosphäre scheint also eine wesentliche Stellschraube zu sein. Ob man „gerne" seiner Arbeit nachgeht, hängt auch maßgeblich davon ab, wie z.B. der Umgang mit Vorgesetzten und KollegInnen aussieht, ob die geleistete Arbeit anerkannt und wertgeschätzt wird und ob es z.B. betriebskulturelle Angebote gibt, die gemeinsame positive Erlebnisse über den reinen Arbeitskontext hinaus ermöglichen.

5.1.5 Gestaltung des Arbeitsvertrages

Teilzeit oder Vollzeit, befristet oder unbefristet? Sicherheit ist in diesem Zusammenhang ein zentrales Stichwort.

> *„Sicherheit spielt insgesamt eine große Rolle, auch Sicherheit des Arbeitsvertrages. Ich versuche hier im Moment eigentlich in die Köpfe zu kriegen, dass wir nur in einem bestimmten Umfang (...) mit befristeten Arbeitsverträgen umgehen, das braucht man, weil wir einfach auch Leistungsschwankungen und was weiß ich alles haben oder auch mal Maßnahmen wegbrechen. Aber die Stammmannschaft, die muss unbefristet sein, und ich muss da unbefristete Perspektiven anbieten."* [U_w4 39]

Offenbar geht es hierbei aber auch um eine Form von „gefühlter" Sicherheit, die aus Arbeitgebersicht offenbar nicht immer mit den tatsächlichen Gegebenheiten übereinstimmt.

> *„Gefühlt haben ganz viele Mitarbeitende eine hohe Unsicherheit, was ihren eigenen Arbeitsplatz angeht. De facto haben wir, verglichen mit fast allen anderen Branchen, derartig lange Dienstzeiten von Mitarbeitenden, 25, 30, 35 Jahre und auch die Sicherheiten bei Veränderungen, was Kündbarkeit angeht oder was durchsetzbare Veränderungen angeht für den Dienstgeber, da sind die Arbeitsverhältnisse sehr sehr sicher. Da gibt es so ein Paradoxon zwischen de facto Regelungen und der erlebten Wirklichkeit, und das schadet uns im Moment enorm."* [U_m7 25]

Interessant wäre hier, wie diese „gefühlte Unsicherheit" erklärbar ist und was Unternehmen tun können, um ihren Mitarbeitenden das Gefühl von Arbeitsplatzsicherheit zu vermitteln.

5.2 Image

„Also diese Imagefrage ist glaube ich schon von großer Bedeutung. (...) Wir neigen ja sehr dazu, nach außen auch darzustellen, wie schlecht es uns geht. Wir haben kein Geld, die Bedingungen sind unmöglich, alles ist schwierig. So, wenn Sie das jetzt von außen hören oder wenn Sie nur Zeitung und Rundfunk und Fernsehen wahrnehmen, dann weiß ich nicht, ob das Leute motiviert. (...) So und davon müssen wir wegkommen, dass wir sagen, wir bieten attraktive Berufe, das ist jetzt hier nicht so ein Saftladen, sag ich mal ganz platt, in dem man ausgebeutet wird und eine blöde Arbeit machen muss, sondern hier kann man tolle Arbeit machen, die wird auch ordentlich vergütet, fair, so und da kann man was für sich mitnehmen und man kann sich entwickeln." [U_m4 27]

„Das Dritte ist, dass man damit eben auch das Image der Sozialberufe verbessern muss, da ist vielleicht auch eine gesellschaftliche Kampagne nötig, dass man in die Gesellschaft hinein kommuniziert, welche Attraktivität und welche Sinnhaftigkeit das hat. (...) Dass meine Zufriedenheit in meiner Arbeit, einerseits mit Geld und Anerkennung zu tun hat, aber auch mit dem Gefühl, ich mache etwas Sinnvolles, und dass das genau hier passiert." [U_m5 30]

Das Thema Image lässt sich gut von innen nach außen oder von außen nach innen verfolgen: Es geht einerseits um die gesellschaftliche Wahrnehmung und Anerkennung dieser Berufe, aber andererseits darum, wie sich die Branche nach außen darstellt und, wenn man den Blick noch weiter nach innen richtet, auch um das eigene Selbstverständnis und Selbstwertgefühl jedes Einzelnen in diesen Berufen. Diese drei Ebenen bedingen sich gegenseitig und sollen im Folgenden genauer betrachtet werden.

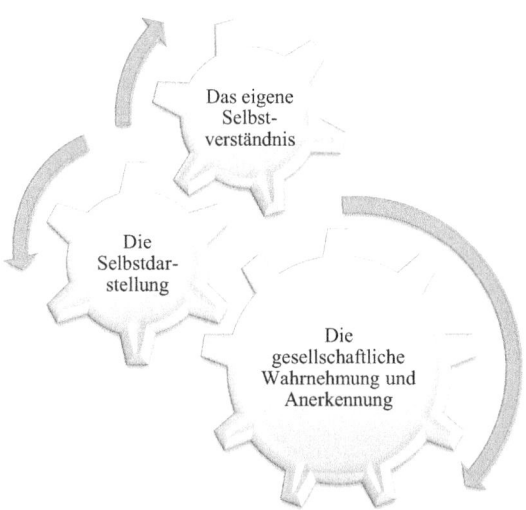

Abbildung 5.1: Drei Ebenen von Image

5.2.1 Das eigene Selbstverständnis

> *„Also wir (...) in der Pflege oder in der sozialen Arbeit neigen oft dazu, uns das Elend des Klientels zu unserem eigenen Elend zu machen.(...) Es gibt bestimmte Felder, die sind sehr gut besetzt, im Krankenhaus auf der Geburtshilfe fühlen sich Mitarbeiterinnen vielleicht gleich viel besser, weil da laufen auch immer wieder fröhliche Leute raus, als in der Palliativstation oder in der Wohnungslosenhilfe oder in ner Fixerstube. Da scheint ein Zusammenhang zu sein und wir kriegen es selbst aus Sicht der Sozialpolitik und der Spitzenverbände nicht hin, unseren Mitarbeitenden ein anderes Selbstwertgefühl zu geben. Da fangen wir (...) langsam mit an. Dass wir sagen, so, lass uns mal die positiven Aspekte betonen, lass uns mal über die Erfolge reden, (...) nicht immer gleich damit anfangen, was belastet euch, sondern womit geht's euch gerade gut. Also das sind so kleine Dinge und ich finde, das ist so ein Teil der Herausforderung, zu gucken, wie kriegen wir Menschen über eine positive Konnotation dieser Berufe dafür auch gewonnen." [U_m3 21]*

Hier sind bereits zwei wichtige Aspekte angesprochen: Das Arbeiten im Sozial- und Gesundheitswesen hat auch mit Krankheit, Tod, Gewalt und Elend zu tun, und für die MitarbeiterInnen bedeutet dies, dass sie einen Umgang damit finden müssen, der eben nicht dazu führt, die erlebte Not zu ihrem eigenen erlebten Elend zu machen. Dafür können Einrichtungen ebenfalls Angebote schaffen. Das Andere ist, dass man sich mehr auf die positiven Aspekte seiner Arbeit konzentrieren sollte und auf die Erfolge – und dies dann auch unter KollegInnen und Vorgesetzten kommuniziert. Ein Experte nennt dazu als Beispiel in Teamsitzungen eine Einstiegsrunde zur Frage „Womit geht es Euch gerade gut?" [U_m3 21]. Ein weiterer Aspekt ist die Frage danach, wie wohl ich mich mit meiner Berufswahl fühle:

> *„Aber das ist natürlich kein Image, das Leute wollen, die so ein bisschen auf Reputation aus sind, die auf einer Cocktail-Party voller Stolz sagen: "Das mache ich", die fremdeln mit solchen Berufen dann eher." [HS_m2 33]*

> *„Die haben eine Umfrage gemacht bei den Auszubildenden in den sozialen Berufen. Ganz einfache Dinge, zum Beispiel, die Frage: Erzählt Ihr Euren Freunden, was Ihr für eine Ausbildung macht? Ungefähr die Hälfte der Auszubildenden in der Altenpflege sagt das nicht. Weil das uncool ist." [BV_m2 35]*

Es geht also auch um eine Form der Darstellung nach außen und um die Unterstützung gerade von jungen und/oder neuen MitarbeiterInnen darin, das eigene Selbstverständnis positiv zu entwickeln.

5.2.2 Die Selbstdarstellung der Branche

Die Selbstdarstellung der Branche hängt natürlich mit der Selbstdarstellung der einzelnen MitarbeiterInnen und damit auch wieder vom persönlichen Selbstverständnis (s.o.) ab – dies ist vor allem im Hinblick auf „warme Kontakte" relevant: Empfehle ich meinen Beruf meiner Nichte, die gerade vor der Berufswahl steht? Empfehle ich einem Bekannten meine Einrichtung als attraktiven Arbeitgeber? Würde ich meine pflegebedürftigen Angehörigen in „meiner" Einrichtung unterbringen?

Daneben geht es sowohl um die Darstellung der einzelnen Einrichtungen und Träger („Arbeitgebermarke") und zum Dritten um die Darstellung der Branche insgesamt.

> *„Also das ist natürlich dieses Thema Arbeitgebermarke, wer sind wir eigentlich, was ist uns wichtig. Ich glaube, dass es für Menschen zukünftig unendlich wichtig sein wird, dass sie einen Teil ihrer Werte ausleben können, im Beruf und dass das wichtig ist. Ich glaube, da haben wir als kirchliche Träger ein absolutes Plus, wenn es uns gelingt, da auch sprachfähig zu bleiben und das gut auch zu kommunizieren. Das bedeutet natürlich, dass wir uns einfach mit dem Thema beschäftigen und dass wir auch sehr authentisch sind, in dem was wir da verkünden. Nichts ist schlimmer als Hochglanzbroschüren und wir leben es nicht, sage ich mal." [U_w2 27]*

Eine Chance liegt hier also in der Schaffung einer Arbeitgebermarke, in der die Besonderheit des sozialen Arbeitsfeldes herausgestellt wird – allerdings nur in Verbindung mit Authentizität und Glaubwürdigkeit:

> *„Wie kriegt man es hin, dass Unternehmen sich nach außen hin so attraktiv gestalten, dass man sagt, es ist toll in diesem Unternehmen zu arbeiten und es macht doch Sinn, Menschen zu pflegen. Also, ich glaube, da müssen Unternehmen aber sehr viel mehr investieren, um sich attraktiv zu machen. Aber das hat mehr was mit Öffentlichkeitsarbeit zu tun. Also, das geht jetzt nicht so sehr auf den Stellschrauben im Innenverhältnis, sondern da ist eine Frage, wie stelle ich mich nach außen mehr dar und wie glaubwürdig bin ich dann auch? Also, nicht nur nach außen verkaufen, dass ich ein soziales Unternehmen bin. Dann aber mich fleißig dran beteiligen, am outsourcen, an allen Schweinereien, die es eigentlich verhindert, dass Menschen vernünftig ihren Job machen können." [WB_m3 39]*

Die Darstellung der Branche insgesamt ist insbesondere auch im Hinblick auf die mediale Darstellung interessant, wobei es hier natürlich nicht zwangsläufig um die (gewollte bzw. gewünschte) Selbstdarstellung geht, sondern darum, was an Nachrichten in die Presse gelangt bzw. was eine Schlagzeile wert ist:

> *„Wir haben nur die große Schwierigkeit, dass die Darstellung in den Medien oft sehr kontraproduktiv ist. (...) Die Pflegenoten werden immer besser, die wir bekommen. (...) Wenn ich das mit Schulzensuren vergleiche, solche Noten hätte ich gerne gehabt. Also, das sind alles ganz hervorragende Noten. Was schreibt der Spiegel? Er schreibt: So und so viel hunderttausend Menschen werden in Deutschland zwangsfixiert und haben Dekubitus, ist ja ganz schrecklich." [U_m8 47]*

Nichtsdestotrotz liegt gerade in der medialen Darstellung eine Chance, die es zu nutzen gilt:

> *„Aber auch in den Medien müssen wir mehr auftauchen und zwar positiv (...). Wir müssen einfach losgehen, wir müssten uns dort auch melden und sagen: Wir haben zu diesem oder jenem Thema etwas zu sagen und wir bitten darum, mit eingeladen zu werden. Also wir müssen als Profession auf uns aufmerksam machen. Und nicht nur eben immer durch Klagen und Leiden und Notstand, sondern durch eine positive Art und Weise." [HS_w2 21]*

Bis hin dazu, mit eigenen Kampagnen Werbung zu machen und mediale Aufmerksamkeit zu erreichen:

> „Wir können auch versuchen, für Akzeptanz und Anerkennung (...) für diese Berufe zu werben. (...) was nach draußen, glaube ich, wichtig ist, diesen Beruf oder diese Berufe attraktiv auch darzustellen und nicht zu sagen, eigentlich ist das auch ein blöder Job, sich um kranke Menschen zu kümmern und dann all das, so. Das ist so eine Image-Frage." [U_m4 23]

> „Wir haben eine Kampagne gemacht, als dieser Zivildienst abgeschafft worden ist. Und wir haben so eine Bewerberlage gehabt, wir haben jetzt auf 60 Plätze, in Hamburg hatten wir 800 Bewerbungen von Menschen, die sich da interessiert haben." [LV_w1 63]

Hier klingt auch noch einmal die Relevanz von „Schnupperangeboten" an – eine realistische und hoffentlich positive Selbstdarstellung erreicht man, indem man die Türen öffnet und sich in die Karten gucken lässt, wie z.B. beim Boys-Day [U_m1 49] oder auch im Projekt Seitenwechsel[31]:

> „Junge Manager kommen zu uns und gehen in eine Flüchtlingswohnung und machen das mal. Und die berichten darüber, auch ihren Kindern. Und dadurch brechen wir, ich sage mal, Sektoren auf." [LV_w1 64]

5.2.3 Die gesellschaftliche Wahrnehmung

Offenbar gibt es ein Gefälle zwischen den realen Bedingungen im Sozial- und Gesundheitswesen und deren gesellschaftlicher Wahrnehmung:

> „Weil wenn man mal Arbeitszeiten, Vergütungen und Belastungen aus dem Einzelhandel oder Ähnlichem vergleicht mit Arbeiten in einer Altenhilfeeinrichtung, dann ist das de facto auch unter AVR-Bedingungen in der Diakonie enorm besser, als das Andere, aber es gibt ein wirkliches Negativ-Image, was viele davon abhält. Das ist, finde ich, auch ein gravierendes Problem für die Zukunft, wenn wir dann Nachwuchs ausbilden wollen und ansprechen wollen, dass es so negativ geworden ist." [U_m7 25]

Das gesellschaftliche Image der Sozialberufe hängt auch stark davon ab, dass diese Arbeit als Tätigkeit verstanden wird, die man als Eltern, pflegende Angehörige oder auch als Mensch mit gesundem Menschenverstand vermeintlich (!) selber verrichten könnte. Das verleiht der Branche ein Image von mangelnder Professionalität.

> „Dann glaube ich, dass es eine Frage ist der Wertschätzung. Zum Teil auf eine sehr subtile Weise, dass eben diese Vorstellung: Na ja, erziehen kann doch jeder, führt dazu, dass das, was in diesem Beruf gemacht wird, oft nicht so gesehen wird." [LV_w2 80]

> „Auch so eine Pflegekraft, glaube ich, hat immer das Problem, dass alle sagen: ‚Naja Gott, was du machst, das würde ich nicht gerne machen, weil ich mich davor ekel, aber schwierig ist das doch nicht.' Das hat kein Image von einem anspruchsvollen Beruf." [HS_m2 31]

Darüber hinaus werden Sozialberufe als „wenig schmückende Frauenberufe" [HS_m2 35] wahrgenommen, was insbesondere auch die Berufswahl junger Männer beeinflussen dürfte.

---

[31] http://www.seitenwechsel.com/

Die gesellschaftliche Wahrnehmung hängt stark von der Selbstdarstellung der Branche ab, d.h. hier muss angesetzt werden:

> *„Dazu ist eben dann auch wichtig, dass wir in der Gesellschaft nochmal informieren darüber, was es mit dem Pflegeberuf eigentlich auf sich hat. Es ist solch ein interessanter Beruf mit so vielen verschiedenen Facetten, aber das Bild, was in der Gesellschaft kursiert von Pflege, ist ein ganz anderes."* [HS_w2 17]

Die Branche selbst muss dafür sorgen, dass sie anders wahrgenommen wird, in dem sie sich anders präsentiert und Lust auf soziale Tätigkeiten vermittelt. Deutlich wird, dass diese drei Ebenen von Image stark zusammenhängen und sich gegenseitig bedingen: Wenn die Gesellschaft meinen Beruf nicht wertschätzt und meine Profession nicht anerkennt, fällt es schwer, ein positives Selbstverständnis und Selbstwertgefühl zu bewahren und auch nach außen zu tragen. Andersherum ändert sich die gesellschaftliche Wahrnehmung nicht, wenn nicht jemand im Freundeskreis von seinen positiven Erlebnissen aus der Sozialarbeit erzählt oder wenn es in den Medien nicht auch positive Berichterstattungen aus der Pflege gibt. Wenn es um konkrete Ansatzpunkte geht, um Veränderungen hinsichtlich des Images von sozialen Berufen zu bewirken, kann man eigentlich nur bei sich selbst anfangen: In der alltäglichen Arbeit die positiven Aspekte verstärkt wahrzunehmen und dies auch in Dienstbesprechungen, im Freundeskreis oder in Pressemitteilungen usw. nach außen zu transportieren. Dies soll keineswegs über die bestehenden Missstände hinweg täuschen, aber darunter sollten auch nicht die vielen positiven Aspekte und Erlebnisse verloren gehen.

5.3 Finanzielle Aspekte

Die Bezahlung bzw. die Vergütung in den Sozial- und Gesundheitsberufen wird von den ExpertInnen im Zusammenhang mit gesellschaftlicher Anerkennung gesehen, hier besteht also ein direkter Zusammenhang zum vorhergehenden Image-Thema.

> *„Das ist sicher die gesellschaftliche Anerkennung und dazu gehört auch eine gerechte Entlohnung."* [U_w3 47]

> *„Wo es unattraktiv ist, ist die Vergütungsstrukturen, das muss man klar sehen."* [HS_m1 45]

Es gibt allerdings auch andere Stimmen zum Thema Vergütung:

> *„Ich glaube, dass es nicht nur über das Geld geht. Also da ärger ich mich sogar manchmal selbst von unseren Spitzenverbänden. Also, wenn ich so eine Sozialexpertin (...) auf einer Trägerveranstaltung immer noch lamentieren höre, wie schlecht Pflegeberufe bezahlt sind, und wie ungünstig die Arbeitszeiten sind - dafür fehlen mir dann die Belege. Also ich glaube wir sind vergleichbar mit unseren Einstiegsgehältern in der Pflege, in der Diakonie, ich rede nicht von anderen Trägern, aber in der Diakonie und in der Caritas liegen wir mit unseren Einstiegsgehältern immer noch ganz gut, vergleichbar auch mit anderen dreijährigen Ausbildungen, vergleichbar auch mit einem Bankkaufmann und mit einem Tischlergesellen usw."* [U_m3 20]

> *„Also, die Bezahlung an sich ist, außer in einigen Bereichen der Altenpflege, aber das wird sich auch ändern, gar nicht mal so schlecht." [BV_m2 35]*

Das Thema wird also sehr unterschiedlich betrachtet, relevant für die Einschätzung zum Thema scheint vor allem die Frage, mit was bzw. mit welchen Berufsgruppen man die Entlohnung im Sozial- und Gesundheitsbereich vergleicht.

> *„Ob sie auch adäquat vergütet sind, das kommt drauf an, mit wem man sich vergleicht. So lange wir jetzt mal im Tariflichen die Vergütung von dreijährig ausgebildeten Krankenschwestern zu dreijährig ausgebildeten Handwerkern nehmen, dann verdienen die Krankenschwestern sehr gut. Wenn ich jetzt aber - das ist das, was ich gerade gesagt habe - wenn ich einen Bachelor Betriebswirtschaft zu einer Bachelor Krankenschwester nehme, wird die Krankenschwester schlecht vergütet." [U_w3 29]*

Ein weiterer Aspekt ist die Frage, ob man über mehr Geld tatsächlich mehr Fachkräfte für den Beruf gewinnen kann – und will:

> *„Aber, also ich sag mal, wer viel Geld verdienen will, der wird doch sagen, ja da muss ich zur Deutschen Bank gehen oder zu BMW oder ich weiß nicht was. (...) Der wird aber nicht auf die Idee kommen in einem Altenheim oder in einem Krankenhaus arbeiten zu wollen (...) Aber ich glaube nicht daran, dass wir, also wir könnten überall was drauflegen und ich glaube nicht, dass wir die besseren Leute gewinnen." [U_m4 29]*

> *„Und was dann immer von den Seiten der Berufsverbände immer kommt, mit dem Geld, das Geld ist das Eine. Aber ich möchte auch nicht Leute haben, die wegen des Geldes in die Pflege gehen." [BV_m2 61]*

Möglicherweise ist die Frage nach der Bezahlung also nicht zwangsläufig ein Entscheidungskriterium bei der Berufswahl, sie ist es aber bei der Wahl der Stelle, wenn zwei Einrichtungen unterschiedlich gut bezahlen:

> *„Es gibt eine Kollegin, die leitet in der Lebenshilfe einen ambulanten Dienst, die sagt ganz klar, sie hat den Fachkräftemangel jetzt schon, und die sagt, ich kann auch Stellen nicht besetzen, weil andere Träger besser zahlen. (...) Weil ich meine, auch ich als junger Mensch würde vielleicht auch irgendeine Stelle nehmen, weil mein Herz da sehr für schlägt, aber wenn ich zwischen zwei gleichwertigen Stellen entscheiden könnte und eine zahlt besser, dann wüsste ich auch, wo ich hingehe." [U_w5 32]*

Egal wie man das Thema betrachtet, offen bleibt die Frage, wo das Geld herkommen soll:

> *„Das ist ein ganz schwieriges Thema, weil ich finde, dass wir grundsätzlich das Problem haben, dass die Gesellschaft nicht bereit ist, die Ressourcen zur Verfügung zu stellen. Also sprich: Wenn wir den Leuten ein vernünftiges Gehalt zahlen wollen, was ja notwendig ist, damit sie ihr Leben bestreiten können, dann muss aber auch die Refinanzierung stimmen. Und wenn die Refinanzierung nicht stimmt, (...) dann können wir auf Dauer keine Rahmenbedingungen aufrecht erhalten, die ehrlicherweise attraktiv sind." [U_m2 52]*

> *„Wir haben eine Personalkostenquote zwischen (...) 70% und 90% im Hospizbereich, in manchen Beratungsstellen 95%. Das heißt: Wir haben vor allen Dingen Personalkosten. In großen Industrieunternehmen betragen die Personalkosten gerade mal 20%. Deshalb sagen die auch, och wenn die 6% mehr (...) fordern, (...) die können wir zahlen. Wir einigen uns*

trotzdem auf 4,5%, weil die können Gehaltssteigerungen immer durch anderes ausgleichen, durch eine neue Maschine und so weiter. Das können wir alles nicht. Und da kommen wir an Grenzen der Finanzierbarkeit. Insofern können wir nicht einfach sagen: Ja, Fachkräfte werden gesucht, dann legen wir halt fünf oder gar zehn Prozent drauf, um sie zu gewinnen für unseren Betrieb. Das wird bei uns nicht gehen." [U_m8 43]

5.4 Sinnhaftigkeit des Tuns

Es ist bereits angeklungen, dass die Bezahlung für die Berufswahl nicht zwangsläufig entscheidend ist, sondern eher die Motivation, Menschen zu helfen, mit Menschen zu arbeiten, etwas Sinnvolles zu tun.

„Die Leute wählen das ja auch bewusst, auch wissend, dass sie sozusagen da weniger verdienen als in anderen Berufen, weil es sinnerfüllend ist, (...) weil das bestimmte soziale Motive besser befriedigt als vielleicht eine Tätigkeit am Fließband. (...) Das wird auch in Zukunft so sein, dass Leute ganz bewusst sagen: Ich möchte einen sozialen Beruf haben, ich möchte anderen Leuten helfen, dienen, gesellschaftlich einen Beitrag leisten." [HS_m2 31]

Spannend zu betrachten ist dann der Moment, was passiert, wenn diese z.T. idealistischen Beweggründe auf die Arbeitsrealität treffen:

„Dieser Idealismus trifft ja auf Wirklichkeit und die Wirklichkeit... wie das einem selber auch mal gegangen ist, ah ich hatte gedacht und dann Berufsleben ist irgendwie ernüchternd, jedenfalls in Teilen (...) Und diesen Ernüchterungsprozess, den kann man vielleicht aufs ganze Leben nicht verhindern, aber gerade bei den Jungen muss man gucken, dass man da sich diese Motivation erhält." [U_m4 29]

Hier zeichnet sich der Zusammenhang zu den Arbeitsbedingungen ab – diese müssen so gestaltet sein, dass Raum und Zeit für die sinnerfüllten Aspekte der beruflichen Tätigkeit vorhanden sind.

Auffallend ist darüber hinaus, dass die Sinnhaftigkeit sehr häufig im Kontext von Darstellung und Wahrnehmung genannt wird: Die Sinnhaftigkeit muss kommuniziert werden, wahrnehmbar sein, um zur Attraktivitätssteigerung der sozialen Berufe beitragen zu können.

„Mit der Sinnstiftung, damit unterwegs zu sein. Dieses immer durch Projekte wieder nach vorne zu tragen, auch in der Öffentlichkeitsarbeit, in der Pressearbeit. Dass man auf sich aufmerksam macht und sagt: Das ist mehr als Geld. Das macht Sinn". [LV_w1 69]

5.5 Gestaltungsspielräume in der Arbeit

„Zweitens finde ich wichtig die Betonung der Eigenständigkeit des Handelns, also das hat ja an sich, finde ich, eine hohe Attraktivität, wenn man den Menschen klar sagt: Du kannst einen Beruf machen, der einerseits auf einer hohen persönlichen Zuwendung beruht und der dir andererseits auch die Möglichkeit gibt, wirklich eigenständig, selbstständig zu handeln, ab einem gewissen Bildungs- und Verantwortungsniveau." [U_m5 30]

> *"Wie gesagt, ich finde es dann vielleicht doch attraktiver im Vergleich der Altenpflegerin zur Bäckereifachverkäuferin, in der Altenpflege zu arbeiten, weil da kriege ich auch ganz bestimmte andere Dinge, die ich vielleicht hinter der Ladentheke nicht kriege, an Selbstverwirklichung, an Gestaltungsspielräumen, an positivem Feedback…"* [U_m3 21]

Gestaltungsspielräume in der Arbeit zu bieten, bedeutet für die Unternehmen, Mitarbeitende auch tatsächlich mehr zu beteiligen. Dies führt zu größerer Zufriedenheit, höherer Motivation und kann somit als wichtiger Aspekt von Mitarbeiterbindung betrachtet werden:

> *"Teilhabe, also Menschen müssen die Möglichkeit haben, ihr Arbeitsfeld mit zu gestalten. (…) Im Sinne von Partizipation, Projekte gestalten, Inhalte zu verändern. Da mehr bei den Zielentwicklungen beteiligt zu sein. Also, der Mensch ist die Stellschraube und da, glaube ich, ist einmal Wertschätzung und Teilhabe, Beteiligung an Prozessen. Das sind, glaube ich, die beiden wesentlichen Stellschrauben."* [WB_m3 35-37]

> *"Und der zweite Punkt, der uns auch immer rückgemeldet wird, ist, dass die Zufriedenheit wächst, wenn das Gefühl größer ist, ich kann auch mitentscheiden. (…) Ich muss mich nicht in einen bürokratischen Ablauf begeben, sondern ich werde noch gefragt, meine Meinung ist wichtig."* [U_m2 54]

> *"Mitarbeitende sind intrinsisch motiviert, wenn sie das Gefühl haben, sie können fachlich etwas bewegen."* [WB_m2 53]

Dazu kommt auch, dass die Sozial- und Gesundheitsberufe sehr vielfältig sind und man hier zwischen sehr verschiedenen Tätigkeitsfeldern wählen kann:

> *"Wenn wir dann aber Auszubildende bspw. auch mal begleiten und besuchen, (…) diese waren jetzt gerade tätig in den Feldern zwischen Entbindungsstation und Dialyse und einer geriatrischen Tagesklinik, also allein welche Felder sie in der Ausbildung besuchen, ambulante Pflege, stationäre, Altenhilfe, also die gesamte Palette eines menschlichen Lebens im Falle von Krankheit und Alter, dürfen sie da erleben."* [HS_w2 17]

Auch hier zeigt sich wieder der enge Zusammenhang zum Image (Werden diese Gestaltungsspielräume, die Vielfältigkeit des Handelns ausreichend nach außen kommuniziert?) und zu den Arbeitsbedingungen (Bietet mir mein Arbeitgeber Möglichkeiten der Mitentscheidung?).

6   Fazit

Der Fachkräftemangel ist in vielen Feldern des Sozial- und Gesundheitswesens bereits angekommen – so das Ergebnis der ExpertInneninterviews. Besonders vom Fachkräftemangel betroffen ist die Pflege. Eine besondere Schwierigkeit in allen Tätigkeitfeldern liegt in der Besetzung von Leitungspositionen und befristeten Vertretungsstellen. Es lassen sich regionale, aber auch einrichtungsspezifische Unterschiede feststellen: wer systematisch und vorausschauend Personalentwicklung betreibt und attraktive Arbeitsbedingungen bietet, findet eher qualifiziertes Personal. Selbstverständlich sind diese Ergebnisse nicht repräsentativ, sondern bilden nur einen kleinen Ausschnitt ab. Sie decken sich aber weitgehend mit anderen Studien (vgl. z.B. Arbeitsgemeinschaft Kinder- und Jugendhilfe, 2011; Bundesagentur für Arbeit, 2012; Heidemann, 2012; Institut für Arbeitsmarkt- und Berufsforschung, 2012). Aus den Interviews mit den ExpertInnen lassen sich folgende Hypothesen formulieren, aus denen auch entsprechende Handlungsempfehlungen zur Fachkräftesicherung abgeleitet werden können:

1. Arbeitsprozesse müssen so organisiert werden, dass die Arbeit auch von weniger Fachkräften und mehr gering qualifiziertem Personal geleistet werden kann.

2. Fachkräfte übernehmen zunehmend Führungsaufgaben, weil sie vermehrt geringer qualifiziertes Personal anleiten müssen. Dafür müssen sie entsprechend qualifiziert werden.

3. Eine wichtige Strategie, um den Fachkräftebedarf auch künftig zu sichern, liegt in der frühzeitigen Ansprache von jungen Menschen, die noch vor der Berufswahl stehen. Nach dem Wegfall des Zivildienstes gewinnen Freiwilliges Soziales Jahr, Bundesfreiwilligendienst und vor allem auch einrichtungsspezifische Angebote an Bedeutung.

4. In der Gewinnung von QuereinsteigerInnen sehen viele ExpertInnen ebenfalls Möglichkeiten, allerdings nur in Kombination mit weiteren Strategien, da diese für sich genommen nicht ausreicht. Interessante Zielgruppe sind Personen (vor allem Frauen) nach der Familienphase, die sich eventuell noch einmal neu orientieren wollen.

5. In der Gewinnung von MigrantInnen sehen die ExpertInnen ebenfalls einen möglichen Ansatz, der aber wiederum nur einer von vielen sein kann. Dieser Ansatz wird als voraussetzungsvoll angesehen: kulturelle Unterschiede, Sprachbarrieren und mangelnde Anerkennungsmöglichkeiten erschweren diese Strategie.

6. Für beide Zielgruppen – QuereinsteigerInnen und MigrantInnen – braucht es Angebote der Nach- und Weiterqualifizierung. Hier spielen Instrumente der Kompetenzerfassung eine zentrale Rolle. Diese könnten in Kooperation mit Hochschulen entwickelt werden.

7. Evangelischen Sozialunternehmen stellt sich die Frage, wie sie ihr diakonisches Profil erhalten können bei gleichzeitiger Öffnung auch für nicht-christliche MitarbeiterInnen.

8. Die Bindung von vorhandenem qualifiziertem Personal ist eine zentrale Aufgabe für die Sozialunternehmen, die über Entwicklungsperspektiven, Möglichkeiten zur Vereinbarkeit von Familie und Beruf, und attraktive Arbeitsbedingungen erreicht werden kann.

9. Für die Gewinnung von qualifiziertem Personal können Kontakte zu Hochschulen eine wichtige Rolle spielen.

10. Personalentwicklung muss systematisch und vorausschauend erfolgen, damit sie nicht nur auf Engpässe reagieren kann, sondern bereits vor dem Entstehen Strategien entwickeln kann, die die Engpässe bestmöglich abwenden können.

11. Die Attraktivität sozialer Berufe zeigt sich in fünf Faktoren: Den Arbeitsbedingungen, dem Image der Branche, der Vergütung, der Sinnhaftigkeit des Tuns sowie in Gestaltungsspielräumen in der Arbeit.

12. Auch wenn die Arbeitszeiten nur bedingt attraktiver gestaltet werden können, gilt es, Planungssicherheit herzustellen und Mitarbeitende soweit wie möglich in die Dienstplangestaltung mit einzubeziehen.

13. Entwicklungsperspektiven und -chancen sind ein zentrales Attraktivitätsmerkmal, das sich Sozialunternehmen zunutze machen können, indem sie eine systematische Personalentwicklung betreiben, die die MitarbeiterInnen fördert, Qualifizierungsbedarfe im Unternehmen erfasst und neben Aufstiegsmöglichkeiten auch horizontale Perspektiven eröffnet.

14. Das Image von Sozial- und Gesundheitsberufen wird auf drei Ebenen beeinflusst: Auf der Ebene der gesellschaftlichen Wahrnehmung und Anerkennung, der Ebene der Selbstdarstellung der Branche und auf der Ebene des Selbstverständnisses jedes einzelnen im Sozial- und Gesundheitswesen Tätigen.

Deutlich geworden ist vor allem die Notwendigkeit systematischer Personalentwicklungskonzepte. Hier bestehen zahlreiche Anknüpfungsmöglichkeiten zu Weiterbildungsträgern und Hochschulen: Nachqualifizierungen können in Kooperation mit Weiterbildungsträgern angeboten werden, Programme zur Qualifizierung von Führungskräften und Instrumente zur Kompetenzerfassung können gemeinsam mit Hochschulen entwickelt werden. Die Chance in dieser Verzahnung von Personalentwicklungsstrategien mit den genannten Bildungsinstitutionen liegt darin, dass die Sozialunternehmen genau die Fachkräfte bekommen, die sie brauchen und bewährte Fachkräfte behalten. Die Durchlässigkeit zwischen beruflicher und akademischer Bildung gewinnt hier eine zentrale Bedeutung und rückt damit höher auf die Agenda der Offenen Hochschulen.

Literaturverzeichnis

Arbeitsgemeinschaft für Kinder- und Jugendhilfe (2011). Fachkräftemangel in der Kinder- und Jugendhilfe. Positionspapier. Zugriff am 23.11.2012 unter http://www.agj.de/pdf/5/Fachkraeftemangel.pdf

Bundesagentur für Arbeit (2011). Perspektive 2025: Fachkräfte für Deutschland. Zugriff am 19.11.2012 unter: http://www.arbeitsagentur.de/zentraler-Content/Veroeffentlichungen/Sonstiges/Perspektive-2025.pdf

Bundesministerium für Bildung und Forschung (2010). Bund-Länder-Vereinbarung gemäß Artikel 91b Absatz 1 Nummer 2 des Grundgesetzes. Zugriff am 19.11.2012 unter: http://www.bmbf.de/en/furtherance/15065.php

Heidemann, W. (2012). Zukünftiger Qualifikations- und Fachkräftebedarf. Handlungsfelder und Handlungsmöglichkeiten. Ein Überblick. Stand Mai 2012. Düsseldorf: Hans Böckler Stiftung. Zugriff am 12.12.2012 unter: http://www.boeckler.de/pdf/mbf_pb_fachkraeftemangel_heidemann.pdf

Helfferich, C. (2011). *Die Qualität qualitativer Daten. Manual für die Durchführung qualitativer Interviews*. Wiesbaden: VS.

Institut für Arbeitsmarkt-und Berufsforschung (2012). Fachkräfte und unbesetzte Stellen in einer alternden Gesellschaft. Problemlagen und betriebliche Reaktionen. *IAB-Forschungsbericht 13/2012*. Zugriff am 12.12.2012 unter: http://doku.iab.de/forschungsbericht/2012/fb1312.pdf

Kuckartz, U. (2005). Computerunterstütze Inhaltsanalyse. In: Mikos, L. & Wegener, C. (Hrsg.), *Qualitative Medienforschung. Ein Handbuch* (445-457). Stuttgart: UTB.

McKinsey Deutschland (2011). Wettbewerbsfaktor Fachkräfte. Strategien für Deutschlands Unternehmen. Zugriff am 23.11.2012 unter: http://www.mckinsey.de/downloads/presse/2011/wettbewerbsfaktor_fachkaefte.pdf

Meuser, M., Nagel, U. (2009). Das Experteninterview – konzeptionelle Grundlagen und methodische Anlage. In S. Pickel, G. Pickel, H.-J. Lauth & D. Jahn (Hrsg.), *Methoden der vergleichenden Politik- und Sozialwissenschaft. Neue Entwicklungen und Anwendungen* (465-479). Wiesbaden: VS.

Implikationen für die Hochschule: Qualifizierungsbedarfe, Barrieren und Anreize, Zukunft von Hochschule. Ergebnisse einer ExpertInnenbefragung im Sozial- und Gesundheitswesen.

Katharina Loerbroks, Miriam Schäfer

Inhaltverzeichnis

1	Einleitung	149
2	Methodisches Vorgehen und Stichprobenbeschreibung	149
3	Qualifizierungsbedarfe und –formen	149
	3.1 Qualifizierungsbedarfe: Kompetenzen und Inhalte	150
	3.1.1 Fachkompetenzen	150
	3.1.2 Personale Kompetenzen	154
	3.1.3 Wissensbereiche	156
	3.2 Qualifizierungsbedarfe nach Form	156
	3.2.1 E-Learning	156
	3.2.2 Inhouse-Schulung	158
	3.2.3 training-on-the-job	160
	3.2.4 Case Studies bzw. Problemorientiertes Lernen	160
	3.2.5 Duales Studium	161
	3.2.6 Länge der Weiterbildung	161
	3.3 Qualifizierungsbedarfe nach Abschluss	162
4	Barrieren und Anreize für Weiterbildung und Studium	165
	4.1 Individuelle Barrieren und Anreize	165
	4.2 Institutionelle Barrieren und Anreize	168
	4.3 Politische Barrieren und Anreize	171
	4.4 Fazit	172
5	Profil der „Hochschule von morgen"	175
	5.1 Hochschulen und Weiterbildungen	175
	5.1.1 Unterschiedliche Profile	175
	5.1.2 Hochschulen als Weiterbildungsanbieter	176
	5.1.3 Konkurrenz vs. Kooperation	177

© Springer Fachmedien Wiesbaden GmbH, ein Teil von Springer Nature 2013
T. Ayan (Hrsg.), *Einsteigen, Umsteigen, Aufsteigen*, Edition KWV,
https://doi.org/10.1007/978-3-658-24716-4_5

	5.1.4	Zwischenfazit 178
	5.2	Hochschulen und (Sozial-)Unternehmen 178
	5.2.1	Austausch 179
	5.2.2	Gemeinsame Entwicklung von Angeboten 179
	5.2.3	Vergabe von Aufträgen 180
	5.2.4	Praxisanteile im Studium 180
	5.3	Profil von Hochschule 180
	5.3.1	Akademische Sozialisation vs. Ausbildung für die Praxis 180
	5.3.2	Hochschule als Ort der Persönlichkeitsentwicklung 182
	5.3.3	Was soll konkret an Hochschulen gelernt werden? 183
	5.3.4	Übergänge gestalten 183
6	**Schlussfolgerungen für Offene Hochschulen** **185**
Literaturverzeichnis **188**

1 Einleitung

In der Bund-Länder-Vereinbarung (gem. Artikel 91b Absatz 1 Nummer 2 GG) über den Wettbewerb „Aufstieg durch Bildung: offene Hochschulen" geht es um die Förderung von Projekten mit dem Ziel, „die Durchlässigkeit zwischen beruflicher und akademischer Bildung zu verbessern, neues Wissen schneller in die Praxis zu integrieren und die internationale Wettbewerbsfähigkeit des Wissenschaftssystems durch nachhaltige Profilbildung im lebenslangen wissenschaftlichen Lernen und beim berufsbegleitenden Studium zu stärken" (Bundesministerium für Bildung und Forschung 2010).

Ziel des im Rahmen des Wettbewerbs geförderten Projekts „Berufsintegrierte Studiengänge zur Weiterqualifizierung im Sozial- und Gesundheitswesen" (BEST WSG) an der Fachhochschule der Diakonie ist u.a. die Entwicklung von neuen Studienmodellen und Studienangeboten, die den Kriterien von Durchlässigkeit und Verzahnung mit beruflicher Bildung entsprechen. Bei der Entwicklung der Curricula geht es also zum einen um Inhalte und Kompetenzen, zum anderen um die Form der Angebote. Um die zu entwickelnden Studienangebote nachfrage- und bedarfsorientiert zu gestalten, wurde zu Projektbeginn eine Bedarfserhebung durchgeführt. Dabei sollten vor allem die Interessen und Sichtweisen der drei in den Fokus genommenen Stakeholder für die Studiengangsentwicklung – Sozialunternehmen, Weiterbildungsanbieter und Hochschule – eingefangen werden, ergänzt durch den Blickwinkel der Bundes- und Landesverbandsebenen und zweier Personalvermittler.

Die Pilotstudie liefert wertvolle Hinweise auf konkrete Qualifizierungsbedarfe im Hinblick auf Inhalt, Form und Abschluss (vgl. Kapitel 3), aber auch auf Barrieren und Anreize für Weiterbildung und Studium (vgl. Kapitel 4), die im Projekt aufgearbeitet werden sollen. Abschließend lassen sich Implikationen für die Zukunft der Hochschule ableiten, die im Projektverlauf immer wieder aufgegriffen werden und in die Weiterentwicklung der Hochschule einmünden sollen (vgl. Kapitel 5).

2 Methodisches Vorgehen und Stichprobenbeschreibung

Die im Folgenden referierten Ergebnisse entstammen den leitfadengestützten ExpertInneninterviews aus der Pilotstudie, die im vorhergehenden Artikel „Strategien zur Gewinnung und Bindung von Fachkräften im Sozial- und Gesundheitswesen" beschrieben ist. Zum methodischen Vorgehen und zur Stichprobenbeschreibung siehe hierzu Kap. 2 und 3.

3 Qualifizierungsbedarfe und –formen

Die ExpertInnen wurden danach gefragt, welche Qualifizierungsbedarfe sie für die Mitarbeitenden im Sozial- und Gesundheitswesen sehen. Dazu wurden zunächst erforderliche Kompetenzen und relevantes Fachwissen erfragt (vgl. Kap. 3.1), im zweiten Schritt wurde dann ermittelt, in welcher Form dies optimalerweise vermittelt werden sollte (vgl. 3.2). In

Kapitel 3.3 wird abschließend die Einschätzung der ExpertInnen bezüglich des Abschlusses referiert: In welchen Fällen ist eine Akademisierung sinnvoll, d.h. in welchen Fällen gibt es einen Bedarf an akademischen Abschlüssen?

3.1 Qualifizierungsbedarfe: Kompetenzen und Inhalte

Bei den inhaltlichen Qualifizierungsbedarfen unterscheiden wir analog dem Deutschen Qualifikationsrahmen (Arbeitskreis Deutscher Qualifikationsrahmen [AK DQR], 2011, S. 4) zwischen den Kompetenzkategorien „Fachkompetenz" und „Personale Kompetenz", ergänzt um Themenbereiche, die als relevant für die Qualifizierungen erachtet werden.

3.1.1 Fachkompetenzen

Methoden und Strategien der Personalentwicklung
Systematische Personalentwicklung war das zentrale Thema in den Gesprächen, wenn es um Strategien gegen den Fachkräftemangel, Weiterbildung im Unternehmen, Mitarbeitergewinnung und -bindung und weitere unternehmensbezogene Herausforderungen ging. Daraus ließe sich bereits ein Qualifizierungsbedarf ableiten: Wenn Personal zu einer immer wichtigeren Ressource und Personalentwicklung in der Sozial- und Gesundheitswirtschaft damit immer zentraler wird, braucht es vermehrt MitarbeiterInnen, die in der Lage sind, eine vorausschauende und systematische Personalentwicklung zu betreiben. Dazu benötigen sie spezifische Kompetenzen.
Strategien der Personalentwicklung wurden aber auch explizit bei der Frage nach konkreten Studieninhalten und benötigten Kompetenzen genannt – hier besteht also ein Qualifizierungsbedarf, den die Hochschule aufgreifen könnte bzw. sollte.

> *„Also man könnte überlegen, dass man das als einen eigenen Studiengang kreiert. Ich kann mal ein Beispiel nennen: Wenn wir jetzt sagen, [Name der Einrichtung, Anm. d. Verf.] will jetzt ein eigenes Personalentwicklungskonzept erarbeiten angesichts dieser Fragen, dann muss man sich fragen, wer kann das? Da braucht man eigentlich einen professionellen Personalentwickler. Da muss ich ganz offen sagen: Den sehe ich unter unseren 3000 Mitarbeitenden im Moment nicht und da müsste man fragen, wo kann man so einen kriegen? (...) Das würde dafür sprechen, dass man vielleicht sogar eigene Ausbildungsgänge für die Entwicklung von Personalentwicklern kreiert."* [U_m5 52]

Zu überlegen wäre, ob sich dafür am besten ein eigenes Qualifizierungsangebot – im Sinne eines eigenständigen Studienangebotes – eignet, oder ob Personalentwicklung ein auszubauender Bestandteil anderer Studiengänge (wie z.B. an der Fachhochschule der Diakonie der Bachelorstudiengang „Management im Gesundheits- und Sozialwesen") sein könnte.
Ein Studienangebot, das Personalentwicklung als Bestandteil hat, sollte in jedem Fall berufsbegleitend angelegt sein und sich an Menschen mit Berufserfahrung richten:

> *"Wenn man das als berufsbegleitenden Studiengang wählt, dann wäre das ja immer ein Add-on in Verbindung zu einer Grundausbildung, da kann ich mir das vorstellen. Wenn man das als grundständigen Studiengang ansieht, dann eher nicht, denn dann wäre es eher eine Frage, wie qualifiziert sich jemand für das Personalwesen selber oder für eine Personalfunktion, das sind aber eben sehr geringe Zahlen von Stellen, die eigentlich nur kämen."* [U_m7 41]

Die Tatsache, dass es derzeit wenig explizite Stellen für die Personalentwicklung in den befragten Unternehmen gibt, wäre evtl. ein Argument dafür, es nicht als eigenständiges Studienangebot anzubieten, sondern als erweiterten Bereich in einem Managementstudiengang, denn:

> *"Personalentwicklung ist nicht Aufgabe der Personalabteilung. Sondern Personalentwicklung ist originäre Führungsaufgabe..."* [WB_m2 31]

> *"...also Personalentwicklung ist in der Regel implementiert in Leitungsfunktionen. Also es gibt da nicht einen speziellen Personalentwickler. Warum? Weil natürlich die Fachbereichsleitung, die Projektleitung, die kennen ihre Leute ja auch am besten, die sind da ja auch sehr nah dran und entwickeln das ja meistens mit denen."* [P_w1 17]

Ein weiteres Argument ist also, dass die einzelnen Leitungsebenen ihre MitarbeiterInnen besser kennen und einschätzen können, und Personalentwicklung daher auch dort angesiedelt sein sollte. Das betont aber noch einmal die Notwendigkeit, dass Personalentwicklung ein Qualifizierungsbedarf auf allen Leitungsebenen, bis hin zu den Leitungen kleinster Einheiten, ist.

Anleitung und Wissensvermittlung

Das Thema Anleitung bzw. Wissensvermittlung ist Bestandteil von Führungsaufgaben, wird aber zunehmend auch auf Fachkraftebene wichtiger: Immer weniger Fachkräfte entfallen auf immer mehr Hilfskräfte, und diese müssen entsprechend angeleitet werden – eine Entwicklung, die sich z.B. in der Pflege voraussichtlich noch weiter verstärken wird.

> *"...dass die Mitarbeitenden mit Fachkraftrolle noch mehr in der Anleitung tätig sein müssen. Also, das ist ein Qualifizierungsbedarf, der da für mich deutlich sichtbarer wird. Je mehr wir mit Hilfskräften oder angelernten Kräften arbeiten müssen in den Arbeitsfeldern, egal in welchen, desto mehr müssen wir die Fähigkeiten der Anleitung, Einarbeitung, Qualifizierung on-the-job durch die Fach- und Führungskräfte verbessern."* [U_m7 37]

Hier braucht es sowohl Handwerkszeug im Hinblick auf Methodik und Didaktik, als auch ein Bewusstsein für die Notwendigkeit von Wissensvermittlung sowie die Bereitschaft dazu. Beides sind Qualifizierungsbedarfe, die die Hochschulen aufgreifen sollten.

> *"Wie gebe ich Wissen, was ich habe, weiter an meinen Kollegen, der gerade neu anfängt? Wie gebe ich Erfahrung weiter und mit welcher Methodik, mit welcher Didaktik mache ich das und (...) wie schaffe ich es, das Wissen, das vorhanden ist, was als Erfahrung vorhanden ist, an die neuen Kollegen weiterzugeben? (...) Dass solche Dinge halt den Menschen an die Hand gegeben werden: Wie gebe ich das weiter? Weil die behalten das ja nicht aus purer*

> *Boshaftigkeit für sich. Sondern es ist ihnen ja gar nicht bewusst, dass sie ihr eigenes Wissen weitergeben müssen." [U_w1 68]*

Weitere Führungs- und Managementkompetenzen

> *„Schon im mittleren Management werden heute sehr hohe Kompetenzen, was Leitung und Führung angeht, erwartet, müssen erwartet werden, um eben verknappende Ressourcen bei erhöhten Ansprüchen adäquat umsetzen zu können, einschließlich des Führungspersonals."*
> *[U_m6 98]*

Neben den genannten Kompetenzen im Bereich Personalentwicklung und Anleitung werden gesundheitliche bzw. gesundheitsbewusste Führungskompetenzen genannt. Das bedeutet erstens, die Gesunderhaltung der MitarbeiterInnen verstärkt in den Blick zu nehmen, zweitens Angebote betrieblicher Gesundheitsförderung zu implementieren, drittens die MitarbeiterInnen dafür zu sensibilisieren, dass sie selbst auf sich achtgeben und frühzeitig signalisieren, wenn sie sich z.B. dauerhaft überlastet fühlen und viertens, auch selbst als Führungskraft eine Vorbildfunktion einzunehmen und das Thema Gesundheit auch für sich selbst ernst zu nehmen.

> *„Also ich glaub in der Sozialwirtschaft ist für mich die Führungskompetenz das A und O. Und dazu gehört ja auch die Vorbildfunktion. (...) ich sag mal: wer nicht auf sich selber achtet, der bringt das auch nicht so stark mit für seine Mitarbeiter. (...) im Moment ist das gesundheitliche Führen, für mich das Oberthema. Wir kämpfen mit einer hohen Krankenquote im Erziehungs- und Pflegebereich. (...) Und ich frage mich im Moment, warum das so ist? (...) Ich finde sie auch erschreckend hoch und bin darauf gestoßen, auf das gesundheitliche Führen, hab mich damit beschäftigt und das hat ganz stark etwas damit zu tun, was ich eben gesagt habe: Gehst du sorgsam mit dir selbst um, so wirst du auch in der Personalführung mehr darauf achten. Und diese Kompetenzen, also ich glaube, wir müssten viel mehr darauf achten zukünftig." [LV_w1 83]*

Weitere genannte Kompetenzbereiche im Bereich Management und Führung von Sozialunternehmen sind:

- Familienfreundliche Führung [U_m1 60]
- Komplexe Zusammenhänge erkennen [BV_w1 54]
- Verbandsarbeit [BV_w1 54]
- Partizipative Managementmodelle [WB_m3 47 &53)
- Leitungsanspruch geltend machen können (Vorgaben machen, Orientierung bieten) [U_w4 79]
- Führung und Persönlichkeit [U_w2 81]
- Politikfähigkeit (vor allem im Bereich der Kommunalpolitik vernetzt und politisch argumentationsfähig zu sein) [HS_m1 47]

Ressourcenorientierung und wirtschaftliches Denken
Sicherlich ließe sich diese Kompetenz auch unter Führungskompetenzen subsummieren, wirtschaftliches Denken ist jedoch nicht nur bei Führungskräften, sondern auch bei Fachkräften erforderlich. Die ExpertInnen wünschen sich hier auf allen Ebenen ein betriebswirtschaftliches Grundverständnis in Verbindung mit ressourcenschonendem Handeln. Letzteres beschränkt sich dabei nicht auf die Ressource Geld:

> *„Also, was mir wichtig ist, dass eben der Blick auf die Fachlichkeit immer ergänzt wird durch den Blick auf die Ressourcen: Geld, Zeit, Kraft. Es hat keinen Sinn, dass wenn die Menschen von den Ausbildungsstätten oder Universitäten oder was weiß ich, von Hochschulen kommen und hohe fachliche Ansprüche haben und ihr Restleben nur frustriert werden dadurch, dass sie nicht optimal umgesetzt werden können. So, und damit vernünftig umzugehen, dass Fachlichkeit immer verbunden ist mit der Frage der Ressourcen, wie ich diese Fachlichkeit einsetzen kann. Das ist mir wichtig, dass das an Hochschulen angeboten wird."* [U_m6 94]

Hier wird deutlich, dass es Aufgabe der Ausbildungsstätten ist, diese Kompetenz zu vermitteln. Ein besonderes Augenmerk sollte hier auf der Forderung liegen, dass dies nicht in separaten BWL-Modulen geschehen sollte, sondern immer schon als Ergänzung zur Vermittlung von Fachlichkeit. Auch hier könnte die Hochschule ansetzen: für eine optimale Verknüpfung der Inhalte bieten sich z.B. Methoden des problembasierten Lernens an. Wirtschaftliches Denken spielt darüber hinaus auch eine große Rolle bei der Akquise von Projekten sowie im Bereich Fundraising; beides sind Themen, die auch während des Studiums eine größere Rolle spielen sollten.

> *„Viele Leute – wenn sich der Arbeitsmarkt jetzt ändert, wird es vielleicht anders – sind befristet beschäftigt und müssen sehen, dass sie praktisch ihr Nachfolgeprojekt akquirieren. (...) dass man in der Lage ist, auch so einen Antrag sinnvoll, auch finanziell sinnvoll, zu stellen und zu begründen (...). Also, ich weiß, gerade in der Sozialen Arbeit ist das verpönt, über Geld zu sprechen, aber natürlich: Geld bewegt die Welt. Und natürlich muss auch die Soziale Arbeit, gerade wenn man mit den vielen Teilzeit- und Projektbeschäftigten sich anschaut, muss jeder sehen, wie er und sie sich verkauft auf diesem Markt."* [BV_m2 93]

Öffentlichkeitsarbeit/ Marketing/ Fundraising/ Social Media
Kompetenzen in den Bereichen Öffentlichkeitsarbeit und Marketing werden ebenfalls als wichtig erachtet, insbesondere in Verbindung mit der Akquise zusätzlicher Mittel.

> *„Man muss Sozialarbeit besser verkaufen. Das heißt auch: eine Kitaleitung, jetzt mal praktisch gesagt, das Thema Öffentlichkeitsarbeit, Fundraising muss viel tiefer gesetzt werden. Sozusagen, wie kann ich aus einem Kinderfest oder irgendwas machen, dass es attraktiv ist? Wie kann ich Netzwerkarbeit, wie verstehe ich Gemeinwesen? (...) Den Sozialraum auch so zu integrieren, dass da so eine Win-Win- Situation draus wird."* [LV_w1 104]

Social-Media-Kanäle sind nicht nur wichtig für die Medienpräsenz der eigenen Einrichtung, sondern auch für eine zielgruppenadäquate Ansprache und Nähe zu den KlientInnen.

> „Wie gehe ich damit um, dass ein Teil der Kommunikation meiner Adressatinnen und Adressaten onlinebasiert ist? Also, wie gehe ich beispielsweise damit um, dass Jugendliche heute zum Teil ihre Kommunikation-, ihre Peergroup-Pflege bei Facebook machen? Das ist ein Medium, was wir in der Sozialen Arbeit nicht außen vor lassen können, weil wir damit auch einen wichtigen Teil der Lebenswelt junger Menschen aus dem Blick verlieren würden." [HS_w1 21]

Fachlichkeit und Methodenkompetenz

Die Anforderungen in den verschiedenen Tätigkeitsfeldern des Sozial- und Gesundheitswesens steigen, was auch mit Leistungsverdichtung, knapper werdenden finanziellen wie personellen Ressourcen und erhöhten bzw. veränderten Bedarfen bei den KlientInnen zusammenhängt. In den Interviews wurden die dafür erforderliche Fachlichkeit und vor allem der fachliche Entwicklungsbedarf in den Fokus gestellt.

Es geht darum, das eigene professionelle Handeln in den sozialen Arbeitsfeldern fachlich begründen und theoretisch fundieren zu können, und es gleichzeitig immer in einem größeren Kontext zu betrachten.

Als wichtigen Bestandteil von Fachlichkeit werden außerdem Methodenkompetenzen genannt:

> „Und was ich ganz wichtig finde, ist, dass sie wirklich methodisch besser aufgestellt werden. Das ist wie mit den Psychologen. Man macht ein Psychologiestudium, ist aber dadurch noch lange kein Therapeut. Die können überhaupt nicht therapeutisch arbeiten, weil sie gar kein Handwerkszeug haben, die haben ja nur rein theoretisches Wissen. Und ich finde es ähnlich, was jetzt die Methodenkompetenz von SozialarbeiterInnen anbetrafft (...) Die haben einen guten Input und da ist ja auch ein hoher Anteil von Reflektion im Studium drin, aber ihnen fehlt methodisches Handwerkszeug" [P_w1 47]

Hier wird deutlich, dass den Studierenden methodisches Handwerkszeug an die Hand gegeben werden muss, das nicht nur theoretisch gelernt, sondern bereits im Studium auch praktisch angewandt werden kann.

Konkret benannt wurden von den ExpertInnen folgende Kompetenzen: Kenntnisse im Bereich des Projekt- und Prozessmanagements (U_m3 50; U_m4 43), der Organisationsentwicklung (LV_w1 117; HS_w1 19) sowie der Konzeptentwicklung (WB_m3 63). Als wichtig werden zusätzlich Kompetenzen im Beratungsbereich (vor allem in der Pflege (HS_w2 43)) sowie aus dem Bereich Coaching und der kollegialen Beratung (U_m1 58; HS_w1 23) erachtet.

3.1.2 Personale Kompetenzen

Hierunter fallen sowohl soziale Kompetenzen wie Persönlichkeitsmerkmale. Konkret benannt wurden die folgenden Kompetenzen für Mitarbeitende im Sozial- und Gesundheitswesen:

Kooperation und Kommunikation auf mehreren Ebenen
D.h. sprachfähig zu sein im Verhältnis mit KundInnen, KollegInnen, Vorgesetzten und im interdisziplinären Kontext (WB_m2 63). Dazu gehören auch grundlegende Kompetenzen wie die Beherrschung der deutschen (Schrift-)Sprache, die aus Sicht der ExpertInnen nicht immer als gegeben vorausgesetzt werden kann (U_m8 97).

Lernbereitschaft
D.h. ein Verständnis davon zu haben, dass Wissen schnell veraltet und man selbst aktiv werden muss, um auf dem neuesten Stand zu sein; die Bereitschaft zum „lebenslangen Lernen" (U_m8 85; HS_w2 17).

„Dilemmatakompetenz"
So beschrieb ein Experte die Fähigkeit zum „Aushalten können", d.h. Mitarbeitende müssen belastbar sein und sich abgrenzen können (HS_m1 49; U_w2 65).

Beweglichkeit bzw. Flexibilität in vielerlei Hinsicht
D.h. sowohl körperlich, räumlich als auch zeitlich beweglich zu sein; sich flexibel auf individuelle Bedarfe einstellen, in den Methoden variieren und vorausschauend arbeiten zu können (U_m5 42; WB_m1 33).

Eigenständigkeit und Eigenverantwortlichkeit
Prozesse und Aufgaben eigenverantwortlich bewältigen zu können, ist vor allem im ambulanten Sektor, in dem häufig allein agiert werden muss, sowie in dezentralen Teamstrukturen zunehmend wichtig (U_w4 65).

Reflektionsfähigkeit
Das beinhaltet sowohl die Fähigkeit zur Selbstreflektion (U_w3 97) als auch eine reflektierte unternehmerische Haltung (U_m7 47).

Selbstsorge
D. h. auch die eigenen Grenzen zu (er)kennen und aktiv zur Gesunderhaltung der eigenen Person beizutragen (LV_w1 93; WB_m2 59).

Haltung bzw. professioneller Habitus
Eine Haltung zur eigenen Person und zur Tätigkeit zu entwickeln in Verbindung mit ständiger Selbstreflexion, aber auch das Selbstbewusstsein, um mit anderen Professionen auf Augenhöhe kommunizieren zu können (BV_m2 111; U_w3 15; U_m4 43).

Selbstorganisation

Darunter fallen selbststrukturierende Fähigkeiten sowie die Kompetenz zum zielgerichteten Arbeiten (P_w1 47; U_w4 65).

3.1.3 Wissensbereiche

Neben fachlichen und personalen Kompetenzen benannten die ExpertInnen noch eine Reihe von Inhalten, die in den Hochschulen verstärkt zu bearbeiten seien:

- Arbeiten in der Kita: von der Betreuungs- zur Bildungsarbeit, Familienzentrumsarbeit, Kleinkindpädagogik (U_m1 30)
- Demenz (HS_w2 43; U_m6 84)
- Palliative Care (U_m6 84)
- Umgang mit Gewalt, vor allem in der Jugendhilfe (U_m6 84)
- Bildung und Bildungspläne (BV_w1 39)
- Umgang mit Eltern; Elternarbeit (LV_w2 38)
- Diakonisches Profil; Weiterentwicklung eines evangelischen Profils in der pluralen Gesellschaft (U_m7 43)
- Werteorientierung; Werteentwicklung (WB_m2 65; WB_m2 59)
- Interkulturalität / Umgang mit Migration (WB_m2 59)
- Technikeinsatz, sowohl als Kommunikationstechnologie in dezentralen Einheiten als auch verstanden als assistive Techniksysteme z.B. in der Pflege (WB_m2 59)
- Dienstleistungs-/ Kundenorientierung (U_w5 43)

3.2 Qualifizierungsbedarfe nach Form

Die ExpertInnen wurden gefragt, welche Formen sie für Qualifizierungsangebote am geeignetsten halten. Konkret gefragt wurde nach folgenden Lehr- und Lernformen: E-Learning, Inhouse-Schulung, training-on-the-job, selbstgesteuertes Lernen, kürzere Weiterbildungen bzw. Kurse, längere Weiterbildungen bzw. Studium. Im Folgenden werden die verschiedenen Einschätzungen wiedergegeben, ergänzt um Formate, die die ExpertInnen zusätzlich nannten.

3.2.1 E-Learning

E-Learning wird für gut befunden, solange es nicht isoliert stattfindet, sondern in Kombination mit face-to-face-Angeboten, wie z.B. Präsenzphasen.

> „Ich halte es [E-Learning, Anm. d. Verf.], ich sage mal, für eher geeignet, unter der Bedingung, dass es nicht exklusiv ist, sondern ähnlich wie bei Fernstudiengängen, es immer wie-

der auch Präsenzphasen gibt, wo ein gemeinsamer Austausch und eine Reflexion stattfindet. Weil das kann ich alleine zuhause vor dem PC eben nicht leisten." [HS_w1 33]

Austausch und Reflexion sind Aspekte, die beim E-Learning (vermeintlich) zu kurz kommen. Dabei könnte man auf der anderen Seite argumentieren, dass erst die technische Unterstützung einen Austausch im Fernstudium und im berufsbegleitenden Studium ermöglicht (Diskussion in Foren, Chats, via Skype etc.). Trotzdem sehen die ExpertInnen im persönlichen Austausch einen besonderen Wert, der nicht zugunsten von reinem E-Learning aufgegeben werden sollte.

Auf die geplanten berufsbegleitenden Studienangebote übertragen bedeuten diese Einschätzungen, dass ein Blended-Learning-Konzept am geeignetsten erscheint. Eine Expertin, die neben ihrer Leitungsfunktion auch berufsbegleitend studiert, gibt darüber hinaus zu bedenken, dass E-Learning am Studienbeginn nur in reduzierter Form vorgesehen werden sollte:

„Und ich glaube einfach, gerade zu Anfang des Studiums viel E-Learning zu haben wäre auch eine Überforderung, weil am Anfang an die Hand genommen zu werden mit Präsenzen war für mich gut." [U_w5 51]

Zu Studienbeginn kommt es also aus Sicht einer Studierenden mehr auf die Präsenzphasen und das persönliche Kennenlernen an. Das kann verschiedene Gründe haben: Erstens ist es möglicherweise einfacher, in der internetbasierten Lernplattform mit Menschen, die man bereits persönlich kennen gelernt hat, ins Gespräch zu kommen; zweitens ist eventuell nicht jeder in der Lage, vor der technischen Einführung das System zu bedienen; und drittens scheint E-Learning auch in anderer Hinsicht voraussetzungsvoll zu sein: Viele ExpertInnen sehen hier die Notwendigkeit von Kompetenzen im Bereich Selbstdisziplin und Selbstorganisation.

Besonders hervorzuheben ist die kontroverse Einschätzung der ExpertInnen, inwiefern E-Learning-Anteile ein Studium familienfreundlicher werden lassen und ob damit tatsächlich eine bessere Vereinbarkeit von Familie, Beruf und Studium erreicht werden kann. Zwar ermöglicht E-Learning eine zeitliche und örtliche Flexibilität:

„...da haben wir in relativ kürzester Zeit 800 Mitarbeiterinnen der Kitas durch diese E-Learning-Kurse geschleust, dort hatten die eine hohe Bereitschaft, das zu machen. Das hängt sicherlich auch mit der besonderen Situation zusammen, dass wir da unheimlich viele Frauen haben, die dann sagen, das kann ich besser abends zu Hause machen und organisieren." [BV_w1 112]

Jedoch scheint die E-Learning-Zeit nicht so leicht unterzubringen und organisierbar zu sein:

„Meine E-Learning-Phasen passieren ja immer in abgeknappster Zeit, also ich muss dann entweder das Wochenende abknappen, den Samstag investieren oder den Sonntag oder abends noch, aber wenn ich Präsenz hab, hab ich Präsenz. Das ist, wie wenn ich arbeiten gehe, geh ich arbeiten." [U_w5 51]

Sich Freiräume für das Lernen zu schaffen, scheint also in festen Strukturen, wie terminierten Präsenzphasen, unter Umständen leichter zu sein, als beim zeitlich flexiblen E-Learning.

Auch hier wird noch einmal deutlich, dass E-Learning verstärkt Anforderungen an die Selbstorganisation stellt. Es wird aber auch deutlich, dass verschiedene Lerntypen unterschiedliche Präferenzen haben. Der Heterogenität der Zielgruppen kann man am besten gerecht werden, indem verschiedene Lernszenarien vorgehalten werden, die variabel ausgewählt werden können.

Im Hinblick auf E-Learning spielt außerdem der zu vermittelnde Inhalt eine zentrale Rolle: Bestimmte Themen können aus Sicht der ExpertInnen über E-Learning besser vermittelt werden als andere; bis hin zu der These, dass bestimmte Inhalte sich dafür gar nicht eignen.

> *„Diese Persönlichkeitsbildung, also ich gucke jetzt mal wirklich mal aus der Personalentwicklungsbrille, da finde ich es eher schwierig, (...) weil es nicht das richtige Forum ist, aber, ich sag mal, wenn es jetzt darum geht, Arbeitsrecht zu lernen oder oder oder, das finde ich gut."* [U_w2 97]

Insbesondere im Sozial- und Gesundheitswesen stellt sich zudem offenbar die Frage der Passung:

> *„...auch E-Learning ist geeignet obwohl es in den Sozialunternehmen eben, tja, ne schwierige Compliance hat. Muss man sagen also anders als in technischen Bereichen, Telekommunikation oder so etwas, deshalb arbeiten wir da ja auch mit Blended Learning und guten Konzepten, die beides miteinander verbinden. (...) Ich glaube in 10 Jahren müssen sich auch Sozialarbeiter oder Pflegekräfte daran gewöhnen, dass sie irgendwie neue Informationen über irgendwelche Online-Einheiten für sich erwerben."* [WB_m2 82]

Studierende im Sozial- und Gesundheitswesen werden voraussichtlich zukünftig nicht darum herum kommen, sich per E-Learning Wissen anzueignen. Bei den nachfolgenden Generationen ist davon auszugehen, dass sie durch das Aufwachsen mit medialen Welten eine höhere Affinität zu den Neuen Medien haben werden. Zudem müssen sich SozialarbeiterInnen auch darüber im Klaren sein, dass sie ihre Zielgruppe u.U. bei Facebook besser erreichen und dass es auch aus unternehmerischer Sicht sinnvoll ist, das eigene Sozialunternehmen im Internet zu präsentieren.

Weitere Nennungen zum Thema E-Learning betreffen den Kostenfaktor (gute E-Learning-Angebote sind teuer [HS_m1 57]) und die unausgereifte Didaktik (E-Learning darf sich nicht auf das Bereitstellen von Folien und Texten beschränken [HS_m1 57]).

3.2.2 Inhouse-Schulung

Inhouse-Schulungen werden offenbar nachgefragt und ihre Bedeutung sowie Angebot und Nachfrage nehmen zu.

Vorteile sehen die Befragten darin, dass die MitarbeiterInnen im Unternehmen selbst verbleiben, so dass lange Anfahrtswege und Ausfallzeiten erspart bleiben. Dies erhöht möglicherweise auch den Anreiz der Teilnahme für die ArbeitnehmerInnen.

> „In dem Moment, wo man sich entschieden hat, dass wir die Qualifizierungsangebote für Mitarbeiter machen müssen, war klar, das muss attraktiv sein, es darf nicht unter Einsatz allzu großer Freizeit passieren bis hin, dass sie innerhalb der Arbeitszeit gemacht werden müssen, auch das ist übrigens dann ein Anreizsystem, das spricht für Inhouse-Seminare, das heißt, es ist nachgewiesen, auch bei uns, dass die Angebote, die Inhouse da sind, auch genutzt werden." [HS_m1 55]

Zudem eignen sich Inhouse-Schulungen besonders dann, wenn das gemeinsame Lernen auch noch weitere Zwecke erfüllen soll:

> „Inhouse-Seminare sind dann interessant, wenn sie von der Führung gleichzeitig genutzt werden zu Teamentwicklungen und der Frage der Beziehungsdynamiken in Organisationen, dann spricht es dafür." [HS_m1 55]

Schließlich eignen sich Inhouse-Schulungen vor allem dann, wenn es darum geht, eine breite Mitarbeiterschaft zu qualifizieren, beispielsweise wenn es um die Einführung einer neuen Richtlinie o.ä. geht, die im Unternehmen implementiert werden soll [WB_m3 75].

Einen Nachteil von Inhouse-Schulungen sehen die Befragten im fehlenden Austausch mit Externen.

> „Inhouse-Schulungen haben den Nachteil, (...) dass halt alle Mitarbeiter eines Unternehmens, eines Arbeitgebers zusammensitzen. Dass da halt wenig Innovation von außen kommt." [U_w1 74]

Das spricht dafür, den Einsatz der Inhouse-Schulung vom zu vermittelnden Inhalt abhängig zu machen und auf der Grundlage zu entscheiden, ob die Qualifikation eher unternehmensintern und möglichst einheitlich für eine breitere Mitarbeiterschaft sein soll, oder ob ein Austausch mit anderen erwünscht und erforderlich ist. Für die Curriculumsentwicklung gilt es also, abhängig von Inhalten und Lernzielen, gemeinsam mit den Unternehmen zu entscheiden, welche Studieninhalte besser „inhouse" vermittelt werden und wie diese Inhouse-Schulungen im Curriculum verankert sein können. Hochschulen könnten hier auch als Anbieter von Inhouse-Maßnahmen auftreten:

> „Inhouse-Schulungen von der Hochschule in den Einrichtungen, das finde ich hoch spannend. Ich könnte mir vorstellen, an der ein oder anderen Stelle, wenn man sagt: "Mensch da fehlt mir jetzt gerade noch ein bisschen Know-How", oder schön mal jemanden von außen zu holen, der bestimmte Themen noch mal mit einem anderen Blick auch reinbringt." [U_w2 107]

Denkbar wäre hier also, dass Lehrende der Hochschule sich mit ihrem Know-How verstärkt in Unternehmen einbringen; das ließe sich aber eventuell auch auf Studierende übertragen, sei es in Praxisprojekten oder auch, dass einzelne Studierende als MultiplikatorInnen im Unternehmen fungieren und ihr im Studium erlerntes Wissen an die KollegInnen weitergeben. So betrachtet würde auch der Theorie-Praxis-Transfer von Hochschule und Unternehmen gestärkt, nicht zuletzt auch dadurch, dass Hochschullehrende mehr Einblick in die aktuellen Themenstellungen der Unternehmen erhalten.

3.2.3 training-on-the-job

Der Theorie-Praxis-Transfer steht beim training-on-the-job stark im Vordergrund: Gelernt wird am Arbeitsplatz, im konkreten Arbeitsalltag.

> *„Ganz wichtig sein wird auch, dass es Weiterbildung gibt, die sagt, die Leute lernen das bei uns, die gehen zurück in die Praxis, die lernen dann eben auch an ihrem Arbeitsplatz, indem sie Sachen anwenden, probieren, Projekte machen, zurückkommen an ihren Lernort, mit anderen darüber diskutieren, was hat funktioniert, warum hat das nicht funktioniert? Dass damit sozusagen auch dieser Rückfluss garantiert ist, der es ja auch für Unternehmen interessant macht erst."* [HS_m2 76]

In der beruflichen Ausbildung spielt training-on-the-job schon immer eine große Rolle in den Praxisphasen.

> *„Wir machen das in der Altenpflegeausbildung, wir versuchen das gerade einzurichten, eine sogenannte Übungsstation, also Auszubildende unter Anleitung und Aufsicht (...) dann für zwei Wochen mal die Verantwortung für die gesamte, also nicht für eine theoretische, virtuelle, sondern für einen richtigen Wohnbereich übernehmen. Also, um sie auch in der Ausbildung mit der Rolle zu konfrontieren und die erleben zu lassen, die sie später übernehmen sollen."* [U_m7 51]

Dieses erfolgreiche Konzept der beruflichen Ausbildung, bei dem an zwei Orten, im Betrieb und in der Ausbildungsstätte, gelernt wird, ließe sich auch auf die Hochschule anwenden, indem z.B. training-on-the-job-Module entwickelt werden, bis hin zur Vision eines dualen Studiums, wie sie Koch und Meerten (2010, S. 12) im Sinn haben: Dual bezieht sich hier nicht auf den Erwerb zweier Abschlüsse (Kombination von Ausbildung und Studium), sondern darauf, dass das Studium an zwei Lernorten stattfindet: in der Hochschule und im Betrieb. Die Frage des adäquaten Lernortes wird daher zentral sein bei der Curriculumsentwicklung.

3.2.4 Case Studies bzw. Problemorientiertes Lernen

Um die bereits oben angesprochene gewünschte Verzahnung von Hochschule mit der Personalentwicklung in Sozialunternehmen aufzugreifen und den Theorie-Praxis-Transfer zu stärken, würden sich Case Studies mit konkreten, realen Fragestellungen aus der Praxis der Unternehmen anbieten.

> *„Also Fachkräftemangel zum Beispiel, da müsste man in so einem Studiengang, glaube ich, immer drauf Bezug nehmen. Was bedeutet das eigentlich, was müssen Unternehmen können, um in so einem Wettbewerb bestehen zu können? Und dann, während eines Studiums, dann können natürlich noch mal individuell Problemstellungen des Unternehmens mit einfließen. (...). Warum nicht aus dem Unternehmen die Fragestellung, wir haben hier mehrere Stellen nicht besetzt oder wir haben hier gesehen, (...) wir haben eine hohe Fluktuation in einer bestimmten Abteilung, das als Problemstellung, die Studierenden analysieren das in Gruppen oder als Einzelperson, entwickeln Lösungen unter Nutzung wissenschaftlicher Erkenntnisse und es wird gleich transferiert und genutzt?"* [HS_m2 88]

3.2.5 Duales Studium

Ein duales Studium (im herkömmlichen Sinne: die Verknüpfung von Studium und Ausbildung) war ebenfalls ein Wunschmodell bei den Befragten:

„Wo ich immer noch von träume, sind so duale Studiengänge in Sachen Sozialarbeit, Sozialpädagogik, das fände ich ziemlich genial, wenn man sowas hinkriegt." [U_w2 89]

3.2.6 Länge der Weiterbildung

Kürzere Weiterbildungen sind offenbar für die Unternehmen besser tragbar als längere:

„Das ist ein überschaubares Bildungsangebot, wo man ein Jahr lang an sechs verlängerten Wochenenden aushäusig sein muss und dann mit eigenem Studium das parallel noch mal vertiefen muss. Und dann ist die Maßnahme nach einem Jahr abgeschlossen, man kriegt ein Zertifikat, also das halte ich für gut machbar. Bei längerfristigen Weiterbildungen muss man in der Regel schon viel mehr organisieren und das kann man wirklich nur handverlesen machen." [U_m5 58]

„...kürzere Workshops werden noch akzeptiert. Die größte Schwierigkeit ist es bei längerfristigen Weiterbildungen, bei Studium, da gibt es einige Wenige, die machen das, die machen auch ein Studium nebenbei. Aber, auch bei Menschen, die ich persönlich angesprochen habe, weil ich da Entwicklungspotenzial sehe, sagen: Ach, zurzeit passt es noch nicht, vielleicht mal in zwei oder drei Jahren. Also diese längerfristige Bindung, das ist schwierig." [U_m8 116]

Die Aufnahme eines Studiums kann also aus Unternehmersicht nur Wenigen ermöglicht werden. Hier können die Hochschulen ansetzen, indem sie:
- Weiterbildungen und Berufserfahrung anrechnen und somit eine Verkürzung der Studienzeit ermöglichen.
- Eine möglichst große Flexibilität bieten, indem z.B. Module einzeln buchbar sind und so auch über einen längeren Zeitraum in individuellem Tempo sukzessive ein akademischer Abschluss erlangt werden kann.
- Präsenzzeiten so gestalten, dass sie bestmöglich mit der Berufstätigkeit vereinbar sind.
- Duale Angebote und trainings-on-the-job anbieten, so dass Studierende auch am Arbeitsplatz lernen können.
- Nachholmöglichkeiten für verpasste Präsenzen (z.B. wenn aufgrund der beruflichen und/oder familiären Belastung keine Teilnahme möglich war) anbieten (indem z.B. die Veranstaltung aufgezeichnet und in der Lernplattform bereitgestellt wird).

3.3 Qualifizierungsbedarfe nach Abschluss

Die ExpertInnen wurden nach dem Stellenwert von wissenschaftlicher Weiterbildung und der Notwendigkeit von akademischen Abschlüssen gefragt. Die Antworten fielen unterschiedlich aus: Zwar wünschen sich die meisten, dass Führungspositionen mit akademisch qualifizierten Personen besetzt werden:

> *„Also akademische Ausbildung halte ich vor allen Dingen im Leitungsbereich für erforderlich, ob das die Kitaleitung ist, also die braucht Fähigkeiten, die sozusagen in der Fachschulausbildung, die sozusagen sehr praxisorientiert ist, nicht vermittelt werden. Das sind dann natürlich eher auch so Managementkompetenzen, Vernetzungskompetenzen."* [BV_w1 62]

Als *hinreichend* wird ein akademischer Abschluss jedoch auch nicht gesehen. Die Berufserfahrung nimmt hier einen mindestens ebenso großen Stellenwert ein. Führungspositionen werden dem Anforderungsprofil entsprechend kompetenz- und nicht (zwingend) abschlussorientiert besetzt.

> *„(...) auf formale Bildungsabschlüsse zu reduzieren halte ich für schwierig. Den Ansatz zu fragen: Welche Kompetenzen braucht es an welcher Stelle, halte ich dort für weitaus zielführender. Denn eine Kompetenz ist ja nicht unbedingt nur durch eine formale Qualifikation gegeben. Ich nehme (...) das Beispiel vom Autofahren. Mit dem Führerschein haben wir zwar gezeigt, dass wir da formal einen sehr konkreten Weg durchlaufen können, einen Weg der Bildung, den wir mit einem formalen Abschluss beenden. Aber dieser formale Abschluss bedeutet ja noch lange nicht, dass wir gute Autofahrer sind. Das ist doch eher die Frage der Kompetenz und da spielen dann die Konzepte des lebenslangen Lernens eine Rolle. Da spielt Erfahrung eine große Rolle und ich glaube, es macht auch Sinn, auch bei solchen Stellen vermehrt nach Kompetenzen zu fragen, wobei ich natürlich schon eine Professionalisierung für deutlich, ja willkommen halte und auch für sehr wichtig halte."* [P_m1 36]

Trotzdem ist die Hochschule offenbar der Ort, an dem viele die Vermittlung von notwendigem Wissen verorten, so dass ein akademischer Abschluss für manche auch als Garant für die notwendigen Kompetenzen gilt.

> *„Oder auch bei den leitenden Funktionen, Geschäftsbereichsleitung und so weiter, braucht man eine akademische Ausbildung. Weil dort eben halt das Reflexionsniveau und auch das Fachniveau vermittelt wird, was benötigt wird und wo man Menschen hat, die dann auch später in ihrem beruflichen Alltag sich selbst kundig zu machen wissen, weil sie wissen, wie das geht, wie man sich über Entwicklungen auf dem Laufenden hält, weil sie das Lernen gelernt haben."* [U_m8 104]

> *„Da bin ich überzeugt, dass wir nur mit akademisch Qualifizierten kommen, weil das auch eine Kompetenz ist, die (...) auch mit wissenschaftlicher Expertise, mit Diagnostik zu tun hat und so weiter und bisher auch nur an den Hochschulen so vermittelt wird."* [HS_m1 53]

> *„Wir brauchen Akademiker in diesen Bereichen weil wir eben auch diese Frage der Metaperspektive, die ich eben auf die Hochschulen beschrieben habe, die brauchen wir auch in den Unternehmen. Wir brauchen Leute, die auch auf abstrakterem Niveau reflektieren können, auch Arbeitsprozesse reflektieren können, Themen hinterfragen können, Mitarbeitende

hinterfragen können, beraten können, wir brauchen diese Kompetenzen im umfassenden Sinne." [WB_m2 79]

Es gibt also Kompetenzen oder Kompetenzniveaus, die nach Einschätzung der Befragten vornehmlich an Hochschulen vermittelt werden, was für die Bedeutung eines akademischen Abschlusses in bestimmten Positionen, vor allem in Führungspositionen, spricht. Dazu kommt, gerade im Hinblick auf Führungspositionen, ein entsprechendes Erfahrungswissen, das nur über Berufserfahrung erlangt werden kann. Mit berufsbegleitenden Studiengängen, die sich explizit an Menschen mit Berufserfahrung richten, wird beiden Bedarfen – nach akademischem Abschluss und nach Berufserfahrung – Rechnung getragen.

Die Frage, ob bestimmte Berufe wie Pflegefachkräfte und ErzieherInnen akademisiert werden sollten, wurde kontrovers betrachtet. Zwar weisen die ExpertInnen darauf hin, dass diese Berufe in anderen europäischen Ländern bereits akademisch sind, als Argument für eine durchgängige Akademisierung auch in Deutschland betrachtet ein Experte dies jedoch nicht:

„Man muss ja auch sagen, die Berufsausbildung in Deutschland, die ist eben auch auf einem sehr hohen Niveau, (...) viele südeuropäische Länder, da gibt es so Vergleichsstudien auch, da ist natürlich deren Studium oft gar nicht eine bessere Qualifikation als eine Fachkraft, die hier eine dreijährige Ausbildung gemacht hat." [HS_m2 49]

Eine zentrale Frage bei der Akademisierung ist die nach adäquaten Stellen und adäquater Vergütung:

„Wenn man sagt: volle Akademisierung der Pflege, okay, dann muss man sehen, wer macht nachher was und auch, seien wir realistisch, wer bezahlt das denn? Wer in das Studium geht, wer sagt ich bin jetzt hier hervorragend ausgebildet, der wird sich mit der Vergütung (...) ja nicht zufrieden geben, der wird sagen, ja, ich möchte jetzt natürlich auch entsprechend bezahlt werden. Und ich möchte entsprechende Aufgaben bekommen, ich möchte nicht eingesetzt werden, wie eine x-beliebige Krankenpflegekraft." [U_m4 41]

Im Zusammenhang mit dem zunehmenden Fachkräftemangel wurde auch die Frage aufgeworfen, ob eine Akademisierung dieser Berufe die Problematik noch verschärft:

„Wir haben eine Skepsis gegenüber beispielsweise, dass Pflege jetzt in der Ausbildung akademisiert werden soll, weil dann die Eingangsvoraussetzung noch höher gemacht wird, als sie jetzt schon ist und dann werden wir noch weniger Pflegefachkräfte kriegen, das wird so sein." [U_m8 101]

„...aber man wird jetzt nicht erwarten können, dass jetzt alle Pflegefachkräfte eine akademische Ausbildung machen. Da produziert man eher so seinen eigenen Fachkräftemangel." [U_m1 73]

Weitere Aspekte, die im Hinblick auf eine Akademisierung für die ExpertInnen relevant schienen, werden im Folgenden schlagwortartig referiert – verbunden jeweils mit einer Handlungsempfehlung für die Hochschulen:

„am Bedarf vorbei qualifizieren"
Am Bespiel der Elementarpädagogik weist ein Experte auf die Gefahr hin, am Bedarf vorbei zu qualifizieren [HS_m2 3]. Hier sollten die Hochschulen im Kontakt mit den Unternehmen und Verbänden regelmäßig prüfen, ob ihre Studienangebote bedarfsgerecht sind, und ob die AbsolventInnen auch ausbildungsadäquate Stellen nach Studienabschluss finden. Regelmäßige Alumnibefragungen und Verbleibstudien wären hier sinnvolle Instrumente.

Abwertung nicht-akademischer Abschlüsse
Eine Akademisierung darf nicht dazu führen, dass andere nicht-akademische Abschlüsse abgewertet werden [HS_m2 49]. Eine Kooperation mit Fachschulen und Berufskollegs, die Karrierepfade mit ganz unterschiedlichen Abschlüssen ermöglichen, könnte dem entgegen wirken.

Abwertung/Inflation akademischer Abschlüsse
Eine zunehmende Akademisierung könnte sich inflationär auswirken und akademische Abschlüsse entwerten [LV_m1 67]. Hier ist die Hochschule gefordert, ihren Anspruch und ihre Qualität regelmäßig zu überprüfen. Ein integriertes Qualitätsmanagement ist angezeigt.

Lebenslanges Lernen
Es reicht heute nicht, mit dem Wissensstand der Erstausbildung bis zum Eintritt des Rentenalters zu arbeiten. Insofern nimmt der Stellenwert von beruflicher und auch von wissenschaftlicher Weiterbildung im Sinne des lebenslangen Lernens zu. Hier sind Hochschulen gefragt, Weiterbildungsangebote zu schaffen, die berufsbegleitend studiert werden können, und die sowohl mit Zertifikat, als auch mit akademischen Graden abgeschlossen werden können [HS_m2 47; HS_m1 3].

(Fehlende) Praxisnähe
Bestimmte Kompetenzen können möglicherweise durch Fachschulen oder Weiterbildungsanbieter besser vermittelt werden als an Hochschulen, da dort mehr Praktiker agieren [HS_m2 47; U_m8 107] und die Praxisnähe in den Bachelor- und Masterstudiengängen z.T. zu kurz kommt [LV_w1 106-107]. Hier sind Kooperationen von Hochschule sowohl mit Fachschulen und Weiterbildungsträgern als auch mit Unternehmen sinnvoll. Solche Kooperationen könnten z.B. vorsehen, dass Praktiker an der Hochschule unterrichten oder bestimmte Module gemeinsam entwickelt und angeboten oder gar an andere Bildungsinstitutionen ausgelagert werden.

Masterstudienplätze
Masterstudienplätze für die Soziale Arbeit sind rar und müssen z.T. teuer bezahlt werden [HS_w1 21]. Es müsste geprüft werden, ob hier tatsächlich ein Bedarf besteht, den die

Hochschulen mit entsprechenden Angeboten decken könnten. Auch die Studiengebühren sind hier noch einmal auf den Prüfstand zu stellen.

Studienorganisation und -aufwand
Für QuereinsteigerInnen sind akademische Qualifizierungsangebote oftmals nicht interessant, weil sie zu aufwändig sind [WB_m3 65]. Hier könnten Hochschulen durch Modularisierung und Flexibilisierung von Studienangeboten einzelne Module (nicht nur) für QuereinsteigerInnen öffnen, so dass der Einstieg in die Hochschule niedrigschwellig gestaltet und der Aufwand überschaubar ist, die Option auf ein sukzessives „Weitermachen", ggf. bis zum akademischen Abschluss, aber gegeben ist.

Es spricht also in den Augen der ExpertInnen vieles gegen eine durchgängige Akademisierung in Pflege und Kita. Sinnvoll erscheint es aber, dass diejenigen, die in Bereichen von Konzeptarbeit, Anleitung, Forschung oder Management tätig sind, eine akademische Ausbildung durchlaufen. Hier gibt es also für die Hochschulen eine wichtige Zielgruppe von Menschen mit Berufsausbildung und Berufserfahrung, die mit einem berufsbegleitenden, evtl. auch dualen Studium, weiterqualifiziert werden könnten und sollten.

4 Barrieren und Anreize für Weiterbildung und Studium

Für die Entwicklung neuer berufsbegleitender Studiengänge ist die Frage, welche Barrieren und Anreize für Mitarbeitende der Sozialwirtschaft im Hinblick auf Weiterbildungsmaßnahmen existieren, von großer Bedeutung. Daher lag ein Fokus in den ExpertInnengesprächen auf den Fragen: Unter welchen Bedingungen sind Mitarbeitende motiviert, sich fortzubilden und welche Bedingungen sind erfahrungsgemäß eher hinderlich? Aus den bisherigen Erfahrungen und Einschätzungen wurden von Seiten der Befragten Empfehlungen und Ideen entwickelt, wie und welche Anreize zukünftig geschaffen und wie Barrieren abgebaut werden sollten.
Die Einschätzungen der Befragten lassen sich in drei Ebenen einordnen:

> *„Das heißt, es gibt eine politische Barriere, es gibt eine institutionelle Barriere, die dann stark wettbewerblich bedingt ist, sprich Teilnahmegebühren und Ähnliches und es gibt eine individuelle Barriere, die eher sagt: ich weiß ja gar nicht, was dann da wirklich (...) gemacht wird."* [HS_m1 22]

4.1 Individuelle Barrieren und Anreize

Als erster wichtiger individueller Anreiz fungiert die persönliche Neugier, das Interesse an zusätzlicher Qualifikation, an fachlicher Professionalisierung.

> *„Anreize sind dann natürlich erst mal, für mich zuallererst, neue Dinge lernen zu können. Ich gehe davon aus, dass der Mensch auch ein Interesse und eine Neugier hat, immer Neues zu entdecken und das bietet so eine Bildungsmaßnahme ja." [U_m5 22]*

Ein zweiter Anreiz, sich weiterzubilden, ist eng mit der individuellen Berufsbiographie und der persönlichen Karriereplanung verbunden, und mit den Vorstellungen des einzelnen Mitarbeitenden, welche Ziele erreicht werden sollen, welche Funktionen und Positionen angestrebt werden und was der Einzelne benötigt, um seine Ziele zu erreichen und seinen eigenen Ansprüchen zu genügen. Das betrifft sowohl individuelle Ansprüche als auch die Ansprüche, die mit der Wahrnehmung immer anspruchsvollerer Aufgaben im Berufsleben verbunden sind.

> *„...oder eben sie tatsächlich ganz konkrete Entwicklungsziele haben, eine höhere Vergütung, eine andere Funktion oder eine Vertiefung bestimmter Kenntnisse, Methoden, Ausbildungen als Zusatz zur Grundausbildung oder eine Spezialisierung, die eine eigene Entwicklung ermöglicht." [U_m7 13]*

Die eigene Motivation von Mitarbeitenden hängt aus Sicht der Experten eng mit den persönlichen fachlichen Ansprüchen an den Job sowie der individuellen Zufriedenheit, die mit dem Beruf und der Tätigkeit verbunden ist, zusammen. Hieraus ergibt sich ein dritter Anreiz: Weiterbildung, um die Fachlichkeit im Unternehmen weiter zu entwickeln.

> *„also Mitarbeitende (...) wollen sich weiterentwickeln, das hat auch die aktuelle Mitarbeitendenbefragung gezeigt, fachorientiert, aufgabenorientiert, und die wollen, dass sich da etwas tut. Also dass neue fachliche Erkenntnisse in die Praxis kommen, dass sie mit neuen Ideen und Methoden die Arbeit anreichern und weiterentwickeln können. Dass sie vielleicht auch bestimmte Prozesse optimieren können. Dass sie eine gute Führung, das Unternehmen voranbringen können. Also wir erleben sehr motivierte Menschen, die fachlich Beiträge zur Weiterentwicklung bringen wollen, und die sich selbst damit auch weiterentwickeln möchten." [WB_m2 37]*

Was für den Einen ein Anreiz ist, kann für den Anderen jedoch eine Barriere sein: Der Vorteil von Weiterbildung, den Mitarbeitende für sich sehen und erleben, löst bei Anderen gleichzeitig Befürchtungen aus, verbunden mit einer potenziellen „Weiterbildungsmüdigkeit", die wiederum mit nicht aufeinander abgestimmten Maßnahmen und Inhalten zusammenhängen kann.

> *„Die zweite Barriere ist, dass (...) oftmals Leute wieder von vorne anfangen oder bestimmte Sachen zum dritten Mal hören, wenn man jetzt eine Erzieherin hat, die dann noch eine Pflegeausbildung macht, dann studiert, und dann noch eine Weiterbildung macht zur Leitung, die hat bestimmte Sachverhalte dreimal oder viermal, und dann ist die Bereitschaft zur Weiterbildung dann auch begrenzt." [HS_m1 17]*

Individuell ist die Frage nach Anreiz oder Barriere häufig mit der Frage nach finanziellen Vorteilen und Entwicklungsmöglichkeiten verbunden.

> *„Was mit Sicherheit auch eine Barriere ist (...) sie kriegen deswegen nicht mehr Gehalt und auch keine andere Stelle, dass es dann zu wenig Entwicklungsmöglichkeiten dann gibt. Also*

> *der Anreiz ist nicht so groß, sich weiter zu qualifizieren, weil auch wenn man weiterqualifiziert ist, kann man das möglicherweise nicht gewinnbringend einsetzen."* [BV_w1 9]

Eine weitere Barriere auf der individuellen Ebene sind die im Zusammenhang mit einer Weiterbildung entstehenden Kosten und finanziellen Einbußen (z.B. durch Stellenreduktion).

> *"Ja und als Barrieren: Keine Freistellung, keine Kostenübernahme und auch: Ja, wenn ich das alles selber finanzieren muss, wenn ich meine eigene Freizeit dafür aufgeben muss, dann ist man da auch eher zurückhaltend.* [U_w1 24]

Hier spielen Fördermöglichkeiten durch den Arbeitgeber sowie andere Formen der finanziellen Unterstützung (BAföG, Stipendien usw.) eine zentrale Rolle, um finanzielle Barrieren zu überwinden.

Für einen bestimmten Personenkreis kann gerade die Anforderung, an einer Weiterbildungsmaßnahme teilzunehmen, als zusätzliche, ganz persönliche Belastung empfunden werden. Diese Barrieren sind aus Sicht der ExpertInnen eng mit bereits gemachten schlechten Erfahrungen aus der Schul- und/oder Ausbildungszeit verbunden: Lernen bedeutet zusätzlicher Druck: die Angst zu versagen und zu bewältigende Prüfungen lösen große Befürchtungen aus.

> *"Es ist die Angst vor Neuem, die Sorge, sich eingestehen zu müssen, dass ich nicht mehr in allem 100%ig fit bin, ob ich das dann auch beherrsche, ob damit dann Erwartungen verknüpft sind in der Organisation, was ich jetzt anders oder besser machen möchte."* [U_m6 30-32]

> *"Als Barrieren erlebe ich häufig aus der eigenen schulischen, familiären, beruflichen Sozialisation heraus gemachte Erfahrungen, also dass Menschen Scheu vor Bildung haben oder erst mal das Gefühl da ist, sie müssen eine Barriere überwinden, um irgendwo teilzunehmen. Das überrascht mich persönlich immer wieder, wie ausgeprägt das tatsächlich ist, obwohl ja eigentlich der Bereich der Fortbildung sehr freies Lernen ist und gar nicht automatisch mit Prüfung verbunden oder mit Druck oder mit einer Beweispflicht und das überrascht und erschreckt mich, wie häufig dort doch solche Barrieren erst mal zu überwinden sind."* [U_m7]

Als weitere Barriere wird zusätzlich die fehlende Motivation einiger MitarbeiterInnen gesehen, sich weiterzuentwickeln und an ihrer erreichten beruflichen Situation etwas verändern zu wollen.

> *"Die Menschen haben sich oft eingerichtet in Nischen, also so der typische Satz eines Langzeitmitarbeiters, einer Kraft im Werkstattbereich: ‚Ich möchte mit meinen Beschäftigten berentet werden'. Also ‚Lasst mich doch in Ruhe. Hier bin ich und hier bleib' ich" und "Ich will auch keine neuen Konzepte mehr kennenlernen' oder so ‚Das was ich kann, mach ich, aber den Rest, lasst mich doch mal zufrieden'."* [U_m2 23]

Auf der individuellen Ebene können dieselben Gründe und Bedingungen für die Einen als Anreiz, für die Anderen als Barriere empfunden werden. Die Notwendigkeit, für Fort- und

Weiterbildungen woanders hinzureisen, ist für einige Personen beispielsweise durchaus verlockend, für andere wiederum eher hinderlich.

> *„Eine Barriere ist für viele (....) sicher oft die Anreise (...), die Abwesenheit von zu Hause (...), ich will jetzt mal ein Klischee bedienen: Frau, im schlimmsten Fall alleinerziehend, zwei Kinder in einer niedrigen Lohngruppe in der Hauswirtschaft. (...) Dann ist das glaube ich schon eine Barriere, also die weite Reise, fern von zu Hause, die Kinderbetreuung sicherstellen usw. (...). Es gibt eine Gruppe von Mitarbeitenden, die sind froh weg zu kommen und es zu genießen, auch mal von der Familie weg zu sein. Dann ist Fortbildung auch ein bisschen Erholung von der Familie."* [U_m3 15]

> *„Was ich auch glaube, was kommen muss, einfach um als Ausbildungsbereich attraktiv zu sein, ist viel mehr Kompatibilität zur Familie. Weil sehr auffällig ist: meine Kinder sind groß, manche haben keine Kinder, die dazwischen, die kleine Kinder haben, die fehlen. Und da glaub ich einfach, da muss man nochmal andere Systeme denken."* [U_w5 43]

Die Frage, wann ein günstiger Zeitpunkt für die Inanspruchnahme einer Weiterbildung im Verlauf der Berufsbiographie ist, hängt stark von den individuellen Lebensphasen ab. So wird von den ExpertInnen wahrgenommen, dass jüngere Mitarbeitende, die z.B. aufgrund des Alters ihrer Kinder privat sehr gefordert sind, seltener zu Weiterbildungen bereit sind, als diejenigen, die die Familienphase bereits hinter sich haben.

Es gibt einige Überlegungen, wie diese Barrieren auf der individuellen Ebene durch besondere Angebote seitens der Unternehmen überwunden werden können.

> *„Das wird man im Fachkräftemangel sicher noch mal (...) gerade wenn Kinder da sind und so weiter, wie man die ganze Sache familienfreundlicher gestaltet, ob es nicht sinnvoll ist, eigene Kindertagesstätten oder Plätze zumindest einkaufen oder Hortplätze oder weiß der Himmel was. Das sind sicher Sachen, über die wir auch noch nachdenken müssen."* [U_m6 76]

Speziell zu dieser möglichen Barriere gibt es im Landesverband eines Wohlfahrtsverbandes ebenfalls erste Ideen und konkrete Angebote.

> *„Also wir selber haben ja den Elternservice. Bundesweit bieten wir den ja anderen Unternehmen an: Falls ihr ein Problem habt, wenn ihr Personal auf Dienstreise schicken wollt, wenn ihr Personal in Fortbildung schicken wollt usw., dann organisieren wir für euch, dann machen wir Verträge, wir für euch: die Kinderbetreuung. Das bietet [Name des Wohlfahrtsverbands, Anm. d. Verf.] bundesweit an, daran sind wir auch (...) beteiligt und haben eben namenhafte, riesige Firmen hier an Bord, für die wir das organisieren. Und umgekehrt bieten wir das natürlich auch für unsere Mitarbeiter an"* [LV_w1 20]

4.2 Institutionelle Barrieren und Anreize

Aus Sicht mehrerer ExpertInnen ist die Fragestellung nach Barrieren und Anreizen eng mit den strukturellen Bedingungen in den Institutionen verbunden. Mitarbeitende sind eher bereit, sich weiterzubilden, wenn ihnen konkrete Entwicklungsperspektiven und Aufstiegschancen innerhalb der Einrichtung oder bei demselben Träger in Aussicht gestellt werden, die sich dann auch in einer besseren Vergütung ausdrücken.

> *"Dann davon abgeleitet natürlich auch die Möglichkeit der beruflichen Zusatzqualifikation und dadurch auch eventuell von Aufstiegschancen oder zumindest Veränderungschancen, dass man eben nicht 30 Jahre den gleichen Job machen muss, sondern mal gucken kann durch die Zusatzqualifikation, welche andere Tätigkeit kann ich ausüben, vielleicht sogar welche hierarchisch betrachtete höherwertige Tätigkeit, die sich auch in Vergütung dann ausdrückt. Also das ist dann ein echter Anreiz sowas zu machen." [U_m5 22]*

Diesem Anspruch auf Aufstieg und bessere Vergütung können die Unternehmen nicht immer oder nicht sofort entsprechen:

> *"Wir haben auch die andere Schwierigkeit, dass Menschen von sich aus eine Fortbildung machen, und damit den Anspruch erheben, sie müssten gleich eine höherwertige Stelle bekommen. Wir haben jetzt in unseren Fort- und Weiterbildungsvereinbarungen, die wir getroffen haben, wo wir die Finanzierung und Freistellung geregelt haben, auch auf Wunsch der Mitarbeitervertretung, ausdrücklich den Satz drin, dass eine erfolgreiche Absolvierung einer solchen Fortbildung nicht automatisch zu einer höheren Gruppierung oder zu einer Veränderung des Arbeitsplatzes führt. Was in der Vergangenheit doch manchmal Irritationen gegeben hat." [U_m8 19]*

Die Unterstützung durch den Arbeitgeber, die Möglichkeit, Fortbildungsbedarf offen anzusprechen und zu wissen, dass der Arbeitgeber die Teilnahme für die Institution als Gewinn sieht, spielt als Anreiz eine entscheidende Rolle.

> *"(...) dass Mitarbeiter bei uns auf Grund ihres Praxiskontaktes relativ schnell wissen, wann sie auch einen Fortbildungsbedarf haben und auch wissen, dass sie dieses Bedürfnis dann äußern können. Sie werden bei uns in hohem Maße dann dadurch unterstützt (...) durch eine finanzielle Förderung durch den Arbeitgeber, durch entsprechende Freistellung für die Fortbildung und auch durch inhaltliche Ermutigung." [BV_m1 23]*

> *"Zu einer guten Unternehmenskultur gehört eben auch, dass man Möglichkeiten schafft, Fort- und Weiterbildungen dann auch als einen Bestandteil der Personalentwicklung zu etablieren, was aber eben bedeutet, dass man eventuell auch Mitarbeiterinnen und Mitarbeiter selber motivieren muss, dieses Angebot auch wahrzunehmen. (...) Manche gehen ja auch hin, im Rahmen der leistungsorientierten Vergütung, solche Dinge mit in die Leistungsvereinbarung und Zielvereinbarungen mit den Kolleginnen und Kollegen zu dokumentieren." [HS_w1 9]*

Strukturelle und individuelle Barrieren hängen eng zusammen, und es ist nicht immer eindeutig nachvollziehbar, wo die Barriere tatsächlich entsteht. Der auf der individuellen Ebene genannte „Weiterbildungsunwille" könnte seine Wurzeln auch auf institutioneller Ebene haben – z.B. dann, wenn Mitarbeitende die Erfahrung gemacht haben, dass das in einer Weiterbildung Gelernte nicht im Unternehmen auf Resonanz und Interesse stößt und es keine Möglichkeiten gibt, dieses in den Arbeitsalltag einfließen zu lassen.

Eine weitere Barriere sehen die ExpertInnen in fehlender Personalentwicklung und -planung und im gestiegenen Arbeitsdruck:

"Der dritte Punkt ist, dass (...) in der Regel Qualifizierungspläne in den Einrichtungen fehlen, so dass auch bei der Einstellung schon nicht gesagt wird: wir erwarten von Ihnen in drei, vier, fünf Jahren das bzw. in fünf, sechs, sieben Jahren werden die Stellen frei. Können Sie sich das vorstellen? Was bringen Sie mit? (...) also diese Kompetenzscreenings, um es mal ein bisschen technisch zu sagen, die werden bisher kaum vorgenommen." [HS_m1 17]

"Also wichtige Barrieren, die wir wahrnehmen hier im Unternehmen, sind schon der enorm gestiegene Arbeitsdruck aufgrund der Arbeitsverdichtung. Also die Rahmenbedingungen im Sozial- und Gesundheitswesen sind ja viel zitiert, die sind eng und wir gehen davon aus, dass sie in Zukunft noch enger werden. (...) Und insofern gibt es bei vielen Mitarbeitenden Barrieren überhaupt einen Fortbildungsantrag zu stellen oder einen Weiterbildungsantrag zu stellen, weil sozusagen die kollegiale Verpflichtung - ich kann ja jetzt nicht fehlen oder kann mich hier nicht rausziehen oder so etwas - also der Druck da ist erheblich gestiegen." [WB_m2 33]

Insbesondere in kleineren Einrichtungen sind die Spielräume für die Teilnahme an Weiterbildung begrenzt:

"Wir haben ein hohes Maß an Mitgliedsorganisationen, die eher klein sind, die fünfzehn bis zwanzig Mitarbeiter haben und da lassen sich natürlich Ausfälle, gerade wenn es längere Ausfälle sind, von einzelnen Mitarbeitern schwer kompensieren, so dass das eine Barriere schon für eine Wahrnehmung von Fortbildung ist. Finanzielle Hinderungsgründe sind das andere. Viele kleine Organisationen knapsen da sehr in ihrer finanziellen Ausstattung und da sind die finanziellen Spielräume für solchen Fortbildungen auch einfach gering." [BV_m1 25]

Aus dem vorhandenen Arbeitsdruck kann sich auch die Notwendigkeit bestimmter Fortbildungsarten ergeben, um den Aufwand für Mitarbeitende wie Unternehmen möglichst niedrig zu halten.

"Der Druck in der Sozialen Arbeit ist so groß, dass eben nur ein gewisser Prozentsatz von Menschen noch ein Studium z.B. aufnimmt. Was wir brauchen, sind niederschwellige Weiterbildungen, fachwissenschaftlich fundierte Schulungen, möglichst vor Ort, und wenn es nicht für ein Werk ist, dann für zwei, drei zusammen." [U_m6 38]

Der Blick darauf, welche Erwartungen und Bedenken innerhalb des Unternehmens mit Teilnahme an Weiterbildungen verbunden sind, scheint von großer Bedeutung. Es ist demnach auch entscheidend, welche Form von „Weiterbildungskultur" in einem Unternehmen vorherrscht.

"Eine zweite Barriere ist durchaus, (...) dass solche Bildungsmaßnahmen im Umfeld durchaus auch skeptisch gesehen werden können. Also ist der Mitarbeiter nicht ausgelastet, dass der sich jetzt auch noch weiterbilden will? Und welche zusätzliche Belastung kommt da auf die Kollegen zu, wenn der da irgendwelche Seminare macht, und wieso wird sozusagen gerade der mit so einer Fortbildung beglückt und ich selber mache seit fünfzehn Jahren das Gleiche, und so weiter und so fort. (...) Ich kann das ja nur verantworten als Chef jemanden in so eine Bildungsmaßnahme zu schicken, wenn ich gleichzeitig sicherstellen kann, dass der Mensch in der ordentlichen Arbeitszeit auch seine Arbeit macht. Das ist ja meine prioritäre Verantwortung und das sind sozusagen Barrieren, die man genau austarieren muss, wenn man so eine Bildungsmaßnahme startet" [U_m5 22]

> „Also, wenn jemand kommt, der sich fortbilden will, kriege ich immer noch mit, auch von
> Kursteilnehmern, ist das für die Unternehmen eher lästig. Also, Unternehmen motivieren
> nicht ihre Mitarbeiter, möglichst viele Angebote anzunehmen, sondern eher neutral oder
> hinderlich. Das ist so. Also, die haben noch nicht erkannt, den Vorteil, oder die Notwendig-
> keit von Bildung im Zusammenhang mit der demographischen Entwicklung, Fachkräfte-
> mangel..." [WB_m3 11]

4.3 Politische Barrieren und Anreize

Von einigen Befragten wurde auf ein weiteres strukturelles Hindernis auf politischer Ebene hingewiesen: Die Frage der Anrechenbarkeit von bereits erworbenen Kenntnissen und Kompetenzen aus Weiterbildungen auf Angebote, die zu einem zusätzlichen (akademischen) Abschluss führen, verbunden mit der Frage, inwieweit Weiterbildung bei einem Weiterbildungsträger mit Angeboten von Hochschulen abgestimmt wird und kompatibel sein kann. Die Attraktivität von Weiterbildungsmaßnahmen kann z.B. dadurch erhöht werden, dass sie als Module in Verbindung mit ECTS-Punkten angerechnet werden können, um die Ausbildungszeit zum Abschluss zu verkürzen und die Übergänge flexibler zu gestalten. Dazu existieren bereits vereinzelt Kooperationsvereinbarungen zwischen Weiterbildungsträgern und Hochschulen; diese Vereinbarungen sind aber nicht allgemeingültig.

> „Ja das ist jetzt auch so ein bisschen eine Gratwanderung. Also einmal gibt es ja spätestens
> seit Bologna die Möglichkeit, das auch kleinteiliger zu organisieren, also tatsächlich ECTS
> Punkte zu sammeln und so weiter, und damit am Ende einen kompletten Studienabschluss
> hinzukriegen, und das reduziert ja, sag ich mal, das eigentliche Kernstudium dann von ehe-
> mals 180 oder 240 auf vielleicht 60 oder 90 Punkte, das finde ich auch sozusagen aus
> Dienstgebersicht sinnvoll, ich finde es auch aus Ausbildungssicht nicht falsch, weil das dann
> sozusagen ein kontinuierliches Lernen mit einer starken Durchsetzung durch Praxis för-
> dert." [U_m5 60]

> „Und daran anschließt sich eigentlich automatisch, dass man so ein gestuftes Modell von
> Qualifizierung braucht, um Menschen dann in dieser Form weiter zu fördern." [U_m7 37]

Diese Vorgehensweise käme gleichzeitig den unterschiedlichen Möglichkeiten von Mitarbeitenden im Laufe ihrer Berufstätigkeit entgegen.

> „(...) das würde, glaube ich, auch den Lebensbiographien der Meisten entsprechen, (...) ich
> bin jetzt an einem bestimmten Punkt, ich muss natürlich auch meinen Lebensunterhalt ver-
> dienen, ich bin im praktischen Feld, ich sammle Bausteine, und irgendwann kann ich was
> damit machen und dann kann ich dann nämlich irgendwann auch switchen und sagen, dann
> mache ich die Ausbildung und arbeite nebenberuflich noch als Erzieherin oder so, mit einer
> reduzierten Stundenanzahl oder wie auch immer, weil das muss man ja dann auch finanzie-
> ren können. Und es verkürzt sich, weil ich bestimmte Sachen auch begleitend erworben ha-
> be." [LV_w2 150]

Ein wichtiger Aspekt bei dieser Thematik betrifft die engere Verzahnung von Hochschule und Praxis, von der alle Beteiligten profitieren könnten, wie das folgende Beispiel zeigt:

> *„Politisch ist es durchaus vorstellbar, weil zum Beispiel Baden-Württemberg die bisherigen Berufsakademien zur dualen Hochschule umgewandelt hat, wo nämlich genau das passiert. Also, das heißt, ein Drittel der auf einen Bachelorstudiengang anrechenbaren Leistungen, werden im Betrieb erbracht."* [HS-m1 13]

Der Blick auf das deutsche Bildungssystem macht deutlich, dass im Bereich flexibler Lernwege und Durchlässigkeiten noch einige Barrieren bestehen:

> *„Also, man muss ein Abitur haben, man muss einen Hochschulabschluss haben, man muss nicht einfach was können. (...) Also, ein Hauptproblem besteht sicherlich darin, dass Deutschland ein Bildungssystem hat, das stark lernwegabhängig ist. Dass es schwierig ist, Qualifikationen von Fachschulen und Hochschulen zu kombinieren oder jedenfalls systematisch, auf individueller Ebene funktioniert das zum Teil, dass Leute mit Qualifikationen aus anderen Bildungssystemen auch Schwierigkeiten haben, hier anerkannt zu werden."* [BV_m2 15]

Zwar liegt mit dem Deutschen Qualifikationsrahmen erstmals ein Rahmen vor, „der bildungsbereichsübergreifend alle Qualifikationen des deutschen Bildungssystems umfasst" (AK DQR, 2011, S. 3) und in dem es explizit heißt: „Wichtig ist, was jemand kann, und nicht, wo es gelernt wurde" (ebd., S. 5), ein wirkliches Umdenken hin zu einer Kompetenzorientierung vollzieht sich jedoch nur langsam.

4.4 Fazit

Barrieren und Anreize für die Teilnahme an Weiterbildung lassen sich auf individueller, institutioneller und politischer Ebene identifizieren. Es gilt, die Barrieren genau zu analysieren und Strategien für deren Überwindung zu entwickeln und im Gegenzug die Hinweise auf Anreize dazu zu nutzen, Weiterbildungs- und Studienangebote attraktiv zu gestalten. Das Projekt BEST WSG an der Fachhochschule der Diakonie und Hochschulen allgemein können hier an verschiedenen Stellen ansetzen:

Individuell:
- Das genannte Interesse an fachlicher Professionalisierung können Hochschulen vor allem im Marketingbereich aufgreifen und Studienangebote differenziert und transparent bewerben. Schnupperangebote oder „Tage der Offenen Tür" stellen darüber hinaus niedrigschwellige Angebote zur Öffnung dar, um Weiterbildungsinteressierte über die Angebote der Hochschule zu informieren.

- Hinsichtlich der Karriereoptionen bieten sich ebenfalls Informations- und Beratungsmöglichkeiten seitens der Hochschule an. In diesem Rahmen können z.B. auch Karrierepfade von AbsolventInnen nachgezeichnet werden.

- Bezüglich der Befürchtung, bestimmte Inhalte zum wiederholten Mal zu hören, können individuelle Kompetenzerfassungen und Möglichkeiten der Anerkennung von bereits besuchten Weiterbildungen bis hin zur Anerkennung von informell erworbenen Kompetenzen (Berufserfahrung) angeboten werden. Diese Angebote sollten ebenfalls aktiv von den Hochschulen kommuniziert werden (z.B. im Internetauftritt der Hochschule an prominenter Stelle)

- Den mit Weiterbildungen verbundenen Kosten und finanziellen Einbußen kann auf verschiedenen Wegen begegnet werden: Zum einen kann durch ein berufsbegleitendes Studienangebot eine möglichst hohe Vereinbarkeit von beruflicher Tätigkeit und Studium gewährleistet werden, die ein Studium auch ohne (oder nur mit geringer) Stellenreduktion ermöglicht. Zum anderen erscheint eine Kostenübernahme durch den Arbeitgeber dann eher möglich, wenn Hochschulen und Unternehmen kooperieren und Studienangebote in die Personalentwicklung der Unternehmen integriert sind.

- Die Versagensangst bzw. die Frage: „Kann ich mir ein Studium überhaupt zutrauen?" beruht auf einem Gefühl der Unsicherheit bezüglich der eigenen Studierfähigkeit. Hier können Hochschulen mit Angeboten des Self-Assessments, der Beratung und weiteren Kompetenzfeststellungsverfahren, die dem Studium vorgelagert sind, einen Beitrag dazu leisten, Unsicherheiten zu beseitigen. Angebote, wie Vor- und Brückenkurse, können ggf. fehlende Kompetenzen ausgleichen.

- Die Barriere „Abwesenheit von Zuhause" kann in einem berufsbegleitenden Studienangebot, das nicht nur auf Präsenzphasen, sondern auch auf E-Learning-Phasen, Selbststudium, regionalen Lerngruppen und der Möglichkeit virtueller Seminare basiert, gemindert werden. Hochschulen können sich so als familienfreundlich präsentieren, ggf. auch über weitergehende Angebote, wie Hochschul-Kita und Elternservice.

Institutionell:
- Fehlenden Entwicklungsperspektiven im Unternehmen kann durch eine strategische Verzahnung von Hochschulen und Personalentwicklung entgegen gewirkt werden. Dabei sollten auch horizontale Entwicklungsmöglichkeiten in den Blick genommen werden.

- Die Verzahnung von Hochschulen und Personalentwicklung kann darüber hinaus zu einer höheren Bereitschaft des Arbeitgebers führen, das Studium mitzufinanzieren. Wichtig erscheint hier einerseits eine Transparenz darüber, was das Studium dem Unternehmen bringt, andererseits sind konkrete Angebote erforderlich, die den Theorie-Praxis-Transfer fördern und wissenschaftliche Erkenntnisse unmittelbar in das Unternehmen einmünden lassen. Hier bieten sich u.a. Praxisprojekte an, aber auch training-on-the-job etc.

- Die zunehmende Arbeitsdichte und -belastung ist eine Barriere für Weiterbildungen: Die Teilnahme an Weiterbildungen wird als „nicht-machbar" erlebt. Hier scheint zum einen eine Transparenz bzgl. des Workloads von Vorteil zu sein, die eine realistische Einschätzung ermöglicht, zum anderen sollten Studienangebote so modular und flexibel gestaltet sein, dass Auszeiten im Studium möglich sind bzw. das Studium individuell an die Arbeitsbelastung angepasst werden kann. Möglichkeiten der Anrechnung können zu einer Verkürzung des Studiums und somit zu einer geringeren Belastung führen. Angebote wie training-on-the-job und Inhouse-Module, bei denen das Lernen am Arbeitsplatz auch eine Studienleistung darstellt, können ebenfalls dazu beitragen, die zusätzliche Belastung überschaubar zu gestalten.

Politisch:

- Mit dem Beschluss der Kultusministerkonferenz (2002) "Anrechnung von außerhalb des Hochschulwesens erworbenen Kenntnissen und Fähigkeiten auf ein Hochschulstudium" wurde erstmals in Deutschland geregelt, dass auch außerhalb der Hochschule erworbene Kompetenzen auf ein Hochschulstudium angerechnet werden können. Durch eine Reihe von Initiativen (allen voran: ANKOM) sind die Weichen gestellt: Bis zu 50% eines Hochschulstudiums können angerechnet werden. Allerdings ist der KMK-Beschluss nicht rechtlich bindend (vgl. Freitag, 2009, S. 33), es gibt länderspezifische Unterschiede bei der Umsetzung (vgl. ebd., S. 31f) und die letztendliche Entscheidung darüber, „ob Anrechnung durch z.B. hochschul- und fachspezifische Prüfungsordnungen ermöglicht und praktiziert wird, hängt […] in hohem Maße von der Einstellung der Hochschulleitung, der Studiengangsverantwortlichen und der Hochschullehrenden ab" (ebd., S. 33). Hier gilt es für die Hochschule, Möglichkeiten der Anrechnung zu prüfen, vorzuhalten und transparent an Studieninteressierte zu kommunizieren.

- Gerade im Hinblick auf die Anerkennung informell erworbener Kompetenzen gibt es noch Entwicklungsbedarf, wenngleich die Modellprojekte der Initiative ANKOM erste Ansätze dazu liefern (vgl. Freitag, 2009; Freitag, Hartmann, Loroff, Stamm-Riemer, Völk, Buhr, 2011). Hier sollte seitens der Hochschule geprüft werden, welche Verfahren eingesetzt werden können und wie diese möglicherweise im Curriculum verankert werden können (z.B. in Form eines Moduls, das die Erstellung eines Kompetenzportfolios zur Erfassung der vor Studium erworbenen Kompetenzen vorsieht, wie dies an der Universität Oldenburg vorgesehen ist (vgl. Hartmann-Bischoff & Brunner, 2012, S. 123).

- Die Entwicklung neuer Studienangebote sollte nachfrageorientiert und bedarfsgerecht erfolgen. Hochschulen sollten sich also bei der Entwicklung neuer Studiengänge in den Dialog mit der Praxis begeben und für die Curriculumsentwicklung Vertreter aus Unternehmen und Weiterbildung gewinnen. Möglichkeiten der Kooperation werden im folgenden Kapitel näher beleuchtet.

5 Profil der „Hochschule von morgen"

Die ExpertInnen wurden abschließend nach ihren Wünschen und Erwartungen an die „Hochschulen von morgen" befragt. Dabei bestand ein Schwerpunkt auch in der Positionierung von Hochschulen im Hinblick auf andere Weiterbildungseinrichtungen und Unternehmen. Im Folgenden geht es also sowohl um Profile und Unterschiede der verschiedenen Institutionen als auch um mögliche Kooperationen.

5.1 Hochschulen und Weiterbildungen

5.1.1 Unterschiedliche Profile

Die meisten Expertinnen haben auf die Frage nach den Unterschieden bzw. Vor- und Nachteilen von Hochschulen bzw. Studium und Weiterbildung(-strägern) erwartbare Antworten gegeben, deren Geltung allerdings zu prüfen wäre:

Tabelle 5.1: Hochschule und Weiterbildungsträger

Hochschule	Weiterbildungsträger
Längere Dauer [U_m5 58]	Kürzere Dauer [U_m5 58]
Generalistisch [P_m1 40]	Spezialisiert [P_m1 40]
Breiter/tiefer [U_m6 122]	Spezifisch [P_m1 40]
Akademischer Abschluss [BV_m2 125]	Zertifikat/TN-Bescheinigung [BV_m2 101]
Betriebs- bzw. praxisfern [HS_m1 63-64; WB_m3 69]	Praxisnah [U_w3 105]
Vermittlung von Theorie [U_w1 90]	Vermittlung von Praxis [U_w1 90]
Festes Personal [BV_m2]	Wechselndes Personal [BV_m2]
Wissenschaftlich [U_w1 90]	Praktisch [U_w1 90]
Unflexibel [WB_m1 45]	Flexibel und bedarfsorientiert [WB_m1 45]
Nicht service- und kundenorientiert [WB_m1 45]	Service- und kundenorientiert [WB_m1 45]
Freiheit von Forschung und Lehre [U_w4 15; U_m5 2]	Unternehmensbedarfe/Angebot und Nachfrage [U_w4 89]
Professoren [WB_m3 69]	Praktiker [WB_m3 69]
Höheres Image [U_m3 64; HS_w1 35]	Geringeres Image [U_m3 64; BV_m2 101; HS_w1 35]

Auch wenn diese Gegenüberstellung einige Gemeinplätze oder Vorurteile reproduziert, lohnt es sich, genauer hinzuschauen: Die Wahrnehmung von Weiterbildungsanbietern und Hochschulen unterscheidet sich also vor allem im Hinblick auf die Dauer ihrer Qualifizierungsangebote, ihren Abschluss, ihr Renommee und ihre Nähe bzw. Distanz zur Praxis. Dies deckt sich auch mit einer Expertise zu wissenschaftlicher Weiterbildung von Faulstich und Oswald (2010, S. 13): „Ansonsten verhalten sich Weiterbildungsprogramme von öffentlichen und privaten Einrichtungen überwiegend komplementär zueinander. Während bei stark berufspraktischen und wirtschaftsnahen Programmen außerhochschulische Anbieter dominieren, bietet die Hochschulweiterbildung eine größere Autonomie, einen direkten Forschungsbezug und die Vergabe von akademischen Graden". Es liegt nahe, dass die Entscheidung für oder gegen eine Weiterbildung bzw. ein Studium sich auch nach diesen Kriterien vollzieht. Diese Entscheidung wird im Fall von berufstätigen WeiterbildungsinteressentInnen vermutlich auch durch den Arbeitgeber beeinflusst. Ein Experte aus der Hochschule meint dazu:

> „...die Vor- und Nachteile der Weiterqualifizierung an der Hochschule hängt auch davon ab, das bestätigen Arbeitgeber, dass es maßgeblich damit zu tun hat, ob ich Mitarbeiter fördere, also erwarte und auch fördere, die eher (...) kritisch reflektiert sind, da sagen die bislang: am besten an der Hochschule. Oder ob ich Mitarbeiter erwarte, die eher, sage ich mal, im Sinne von Top-Down Geschichten marschieren und eher auftragserfüllend sind. Es hat viel mit Klima, also mit der Frage welches Innovations- und damit verbundenes Lernklima herrscht dann in der Organisation." [HS_m1 63-64]

Die oben genannten Unterschiede von Hochschulen und Weiterbildungsträgern verschwimmen spätestens dann, wenn Hochschulen als Weiterbildungsanbieter auftreten.

5.1.2 Hochschulen als Weiterbildungsanbieter

Immer mehr Hochschulen treten auch als Anbieter von Weiterbildungen auf, sowohl im Bereich berufsbegleitender Studiengänge, die mit einem akademischen Abschluss verbunden sind, als auch im Bereich von zertifizierten Angeboten wissenschaftlicher Weiterbildung. Das hat aus Sicht der ExpertInnen folgende Vorteile:

- Teilbereiche von Hochschulstudiengängen können als Weiterbildung angeboten werden (P_m1 50); das schafft mehr Durchlässigkeit und vereinfacht die Anrechnung von Kompetenzen.

- Hochschulen können ihr Angebot diversifizieren und erweitern (P_m1 44).

- Die Qualität der Weiterbildungsangebote wird gesteigert (U_w2 81, 103).

- Als Weiterbildungsanbieter können Hochschulen flexibler auf bestimmte Bedarfe reagieren, da Weiterbildungen schneller zu konzipieren und anzubieten sind als ganze Studiengänge (HS_m2 88).

- Hochschulen verfügen mit Weiterbildungen über eine zusätzliche Einnahmequelle (HS_w1 39).

- Weiterbildungen an Hochschulen können als „Einflugschneise" in ein Studium dienen (U_w2 87) und somit den Hochschulen neue Studierende zuführen.

In dem Maße, in dem Hochschulen sich für Weiterbildung öffnen, müssen sie sich auch anders aufstellen: Sie müssen kundenorientierter, bedarfsgerechter, flexibler und praxisnäher agieren. Gelingt das, können sie zu einer ernsten Konkurrenz für die anderen Weiterbildungsträger werden, weil das Renommee eines Zertifikates der Hochschule offenbar die anderen Zertifikate und Nachweise weiterhin überwiegt:

> „...aber wenn ich eine Bewerbungsmappe kriege, und da steht dann Teilnahmebescheinigung von der Veranstaltung, Teilnahmebescheinigung von einer anderen Veranstaltung, hat das nicht den gleichen Stellenwert, wie wenn ich im Grunde genommen ein Zertifikat oder ein Zeugnis von einer Hochschule mit den entsprechenden Stempeln und Unterschriften habe." [HS_w1 35]

5.1.3 Konkurrenz vs. Kooperation

Eine Konkurrenzsituation von Hochschulen und anderen Weiterbildungsanbietern liegt also nahe. Allerdings lassen sich eingefahrene Strukturen oft nur langsam aufbrechen; Hochschulen wirken hier häufig recht unbeweglich. Kooperationen von Hochschulen und Weiterbildungsträgern könnten hier eine sinnvolle Alternative sein. Ein Experte aus dem Weiterbildungsbereich weist darauf hin, dass eine inhaltliche Verbindung in den Aufgaben von Hochschulen und Weiterbildungsträgern sinnvoll ist, die Rollenverteilung der verschiedenen Systeme jedoch erhalten bleiben sollte: Durchlässigkeit sollte nicht dazu führen, dass die Profile der beiden Systeme gänzlich verschwimmen, sondern dass jeder Bereich auch an seinen Kernkompetenzen festhält, diese aber in sinnvoller Weise miteinander verzahnt (WB_m2 67).

> „Wenn die Hochschulen uns als Unternehmen und als Weiterbildungsträger mit Verbandsnähe in der Kooperation suchen, sehe ich da durchaus große Potenziale, also gerade auch in der Verknüpfung der jeweiligen Vorteile, den Hochschulen bzw. freie Weiterbildungsträger mitbringen. Das könnte unter Umständen ein zukunftsträchtiges Modell sein." [WB_m1 49]

Die Kunst liegt darin, eine Win-Win-Situation für beide zu schaffen: beide Partner müssen von einer Kooperation profitieren. Denkbare Vorteile einer solchen Kooperation wären:

- Sind Weiterbildungsleistungen auf ein Hochschulstudium anrechenbar, können beide Institutionen zusammen möglicherweise eine größere Zielgruppe erreichen, als jede einzelne für sich: Weiterbildungen werden attraktiver, weil sie anschlussfähig sind und Optionen in Richtung Studium aufweisen; ein Studium wird attraktiver, weil sich durch die Anrechnung die Studiendauer möglicherweise verkürzt [BV_m2 121].

- Entwickeln Hochschulen, Weiterbildungsträger und Unternehmen gemeinsame Angebote, wird eine einseitige Orientierung vermieden und eine Anschlussfähigkeit in alle Richtungen geschaffen [U_m7 59]. Dies kann zum Beispiel durch ein gemeinsames Bildungscontrolling im Sinne eines gemeinsamen Kundenbetreuungssystems sein, wodurch Unternehmensbedarfe gemeinsam ermittelt werden [WB_m2 95].

- Durchlässigkeiten zwischen Hochschulen und Weiterbildungsträgern tragen zum lebenslangen Lernen bei [WB_m3 73].

- Teile eines Studiums könnten von Weiterbildungsträgern angeboten werden [P_m1 50], so dass die Hochschulen von der Praxisnähe der Weiterbildungsträger profitieren und umgekehrt die Weiterbildungsträger einen festen Bestandteil im Hochschulcurriculum haben, so dass eine Nachfrage durch die Studierenden garantiert ist. Durch die Modularisierung in den Bachelor- und Masterstudiengängen können Module einfach „ausgelagert" werden.

Eine naheliegende Form der Kooperation ist ein Kooperationsvertrag zwischen Hochschulen und Weiterbildungsanbietern, in dem Anrechnung und Durchlässigkeit nach entsprechender Prüfung festgehalten werden. Allerdings ist die Kooperation dann immer auf den speziellen Anbieter beschränkt – das macht Durchlässigkeit zwischen beiden Systemen alles andere als selbstverständlich:

> „Nur bei Kooperationen, da bin ich auch etwas zurückhaltend, weil im Augenblick ist eben die Zusammenarbeit wirklich durch Kooperationsverträge geregelt. Und die finde ich eigentlich schon zu viel. Das müsste eigentlich normaler sein, dass man das nicht mit Kooperationsverträgen regelt, sondern das System müsste eigentlich normaler sein. Dass man das nicht braucht." [WB_m3 95]

5.1.4 Zwischenfazit

Mit Blick auf die eingangs beschriebenen Unterschiede (vgl. Tab. 1) scheint eine Verzahnung von Hochschulen und Weiterbildungen sinnvoll, um die Vorteile beider Systeme auszuschöpfen. So ließe sich also die Praxis besser mit der Theorie verzahnen, Dauer sowie Abschluss flexibler gestalten, generalistische mit spezialisierten Anteilen verbinden, Curricula bedarfsgerechter und flexibler gestalten und damit auch kurzfristige Anpassungen ermöglichen. Was die Form der Kooperation angeht, sind Kooperationsverträge mit einzelnen Einrichtungen ein erster wichtiger Schritt; von einer Durchlässigkeit zwischen den Systemen kann aber erst die Rede sein, wenn diese übergreifend hergestellt werden kann und nicht auf einzelne Kooperationsverträge beschränkt bleibt. Eine andere Form der kontinuierlichen Durchlässigkeit zwischen Weiterbildung und Hochschule könnte dadurch erzielt werden, dass Weiterbildungsinstitutionen von vorneherein und dauerhaft an der Studiengangsentwicklung beteiligt werden.

5.2 Hochschulen und (Sozial-)Unternehmen

Hier sprechen sich die ExpertInnen einhellig für eine engere Kooperation von Hochschulen und Unternehmen aus, um so den Theorie-Praxis-Transfer zu stärken. Mögliche Kooperationsformen werden im Folgenden näher beleuchtet.

5.2.1 Austausch

Für die Curriculumsentwicklung sollten Anforderungsprofile aus den Unternehmen berücksichtigt werden (U_m5 44), Unternehmen sollten in diesem Zusammenhang (Markt-)Anforderungen an die Hochschulen kommunizieren (U_w4 87), und andersherum sollten Hochschulen regelmäßig Unternehmensbedarfe ermitteln und aufgreifen (HS_w1 5, U_m4 73). Hochschulen sollten Räume für ein gegenseitiges Kennenlernen schaffen, damit Berührungspunkte und Ideen zur Zusammenarbeit entstehen können (LV_w1 142), denn: Kooperation erfordert Nähe (U_m4 75). Um einen kontinuierlichen Austausch von Hochschulen und Unternehmen zu ermöglichen, könnte ein entsprechendes regelmäßig stattfindendes Forum eingerichtet werden (U_m6 124, 24; U_m2 80). Dabei könnte es auch um die Sichtbarmachung der Effekte des Studiums gehen (U_m1 73): Welche Kompetenzen zeichnen eine/n AbsolventIn aus? In diesem Kontext könnte auch eine Jobbörse etabliert werden, um die AbsolventInnen in die Unternehmen zu vermitteln (U_m5 52).

Die Schaffung von Kooperationsverbünden ist auch deshalb von zentraler Bedeutung, weil so Anrechnung, Durchlässigkeit und lebenslanges Lernen befördert werden kann (HS_m1 66). Dabei sollten Kooperationen möglichst institutionalisiert werden und nicht von einzelnen Personen abhängen (U_m1 99).

Wichtig erscheint auch, dass Kooperationen sich nicht auf ein gegenseitiges Informieren beschränken, sondern es sollten konkrete Anlässe zur Zusammenarbeit (LV_w1 140) und zur gemeinsamen Entwicklung von Angeboten geschaffen werden.

5.2.2 Gemeinsame Entwicklung von Angeboten

Unternehmen sollten an von Anfang an direkt an der Curriculumsentwicklung beteiligt werden (HS_m1 13); duale Studienmodelle (Lernort: Unternehmen und Lernort: Hochschule) könnten so entstehen (HS_w1 39). Ebenso könnten gemeinsam Konzepte z.B. im Bereich der Personalentwicklung (U_m9 124) entwickelt werden: Unternehmen können im Rahmen strategischer Personalentwicklung gezielt Menschen, die sie für bestimmte Positionen und Aufgaben vorsehen (HS_m2 86), ins berufsbegleitende Studium schicken. Dazu sollte die Führungskräfteentwicklung mit Managementstudiengängen abgestimmt werden (U_w4 9). Das Studium sollte im Optimalfall in interne Unternehmensprozesse eingebettet sein, damit der Theorie-Praxis-Transfer planvoll und begleitet und mit der Unterstützung durch die/den Vorgesetzte/n stattfinden kann (HS_w2 11).

Der Übergang von der Hochschule in den Beruf könnte von beiden Akteuren neu gestaltet werden, in dem bei der Qualifizierung von Berufseinsteigern strategisch zusammengearbeitet wird (BV_m1 93). Interessant könnte in diesem Zusammenhang auch die gemeinsame Entwicklung von kompetenzorientierten Prüf- und Einstellungsverfahren für Hochschulen und Unternehmen sein (HS_m1 6).

5.2.3 Vergabe von Aufträgen

Unternehmen können klare Aufträge an die Hochschulen vergeben, bspw. können Themen für Abschlussarbeiten (HS_w2 61, U_w2 107) oder Evaluationsaufträge an Studierende vergeben werden (U_m3 68, 70). Die Hochschulen könnten von den Unternehmen mit Beratungs-, Lehr- und Forschungsaufgaben beauftragt werden (LV_w1 142, U_m1 99, U_w5 107-109). Andersherum können VertreterInnen der Unternehmen als PraktikerInnen Lehraufträge in den Hochschulen übernehmen.

5.2.4 Praxisanteile im Studium

Praxisanteilen im Studium wird eine wichtige Bedeutung zugemessen, um einen kontinuierlichen Theorie-Praxis-Transfer zu gewährleisten. Dazu bieten sich Praktika (U_m9 124), Praxissemester (HS_m1 66) und Projektstudien (HS_m1 66, U_m1 22, HS_m2 76) an, die jeweils durch einen reflexiven Anteil an der Hochschule ergänzt werden sollten. Wichtig sind Feedbacksysteme, so dass auch die Hochschullehrenden gespiegelt bekommen, wie die/der Studierende in der Praxis agiert (HS_m1 66). In einem berufsbegleitenden Studium sind die Studierenden zwar kontinuierlich in der beruflichen Praxis tätig, es bedarf aber guter didaktischer Konzepte, um einen Transfer sowohl von der Praxis in die Hochschulen als auch von den Hochschulen in die Praxis zu gewährleisten.

5.3 Profil von Hochschule

Im Folgenden werden die Ansprüche, Wünsche und Visionen der ExpertInnen an Hochschulen zusammengefasst: Auch hier zeigen sich scheinbar gegensätzliche Ansprüche – ein Gegensatz, den es im Rahmen des Projekts zu bearbeiten gilt.

5.3.1 Akademische Sozialisation vs. Ausbildung für die Praxis

Die ExpertInnen hatten deutlich unterschiedliche Meinungen in Bezug darauf, ob ein Studium für die Praxis ausbilden und sich entsprechend an den Bedarfen der Praxis ausrichten sollte, oder ob ein Studium nicht eher der Entwicklung einer freien Geisteshaltung dienen und das Lernen somit zweckfrei erfolgen sollte.
Aus der Perspektive eines Weiterbildungsträgers:

> *„Also auch wenn das ein bisschen romantisch klingt, ich finde schon seriöse Wissenschaft zu betreiben, Forschung zu betreiben, Theorie als Theorie zu vermitteln, die eine gute Theorie, auch eine gute Praxis nach sich ziehen wird, und eine gewisse wissenschaftliche, theoriegeleitete Metaperspektive zu erhalten. Also Distanz zu dem (...) Unternehmen und der Erhalt einer echten wissenschaftlichen Metaperspektive, also als Hochschulen, aber auch die Vermittlung im Grunde dieser wissenschaftlichen Perspektive, des Hinterfragens, des Befragens, des hermeneutischen Arbeitens, des wissenschaftlichen Arbeitens (...). Auch bei*

aller Gestaltung von Durchlässigkeiten bin ich ein Fan davon, dass die Hochschulen diesen Teil von Kompetenz in jedem Fall erhalten und sicherstellen müssen. Und der ist wichtiger als punktgenaue Auftragserfüllung der Unternehmen. Das muss anders geschehen, die Hochschulen können nicht die verlängerte Werkbank der Unternehmen werden." [WB_m2 67]

Aus der Perspektive eines Sozialunternehmens:

„Der eine Wunsch ist unerfüllbar, nämlich das Selbstverständnis von Hochschule, wir bilden für die Praxis und die Wirklichkeit aus und nicht für unser eigenes System. Ich kann es nicht so auf die Fachhochschule der Diakonie beziehen aber auf andere Hochschulen, wo ich wirklich so auch im Kontakt mit Professoren wieder mitgekriegt habe, (...) da war wirklich so diese Arroganz oder dieses Unverständnis, wieso - was haben wir mit der Praxis zu tun? Wir haben den Auftrag wissenschaftlich auszubilden. (...) Dann aber diesen Steinwurf, wir bilden für die Praxis aus, und das ist der Bezugspunkt und nicht die Hochschule." [U_w4 89-90]

Auf den ersten Blick scheinen diese Ansprüche gegensätzlich, aber sind sie auch unvereinbar? Können und müssen Hochschulen nicht beides bieten?

„Ich glaube, es geht darum, dass man eine gute Balance findet. Also die alten Studiengänge, die noch Diplome verliehen haben und sich kaum mit der Frage befasst haben: „Was brauchen die Leute eigentlich in der Praxis?", das war sicherlich auch ein problematischer Weg. Wenn das jetzt umschwenkt auf die andere Seite des Pendels und man sagt, wir studieren nur noch das, was man direkt in der Praxis brauchen kann, dann ist das glaube ich auch keine gute Entwicklung, sondern es braucht eine Abwägung zwischen wirklicher Berufsorientierung des Studiums, auch gut vernetzt mit anderen Ausbildungsinhalten, die man schon in Fachausbildungen und so weiter erwerben kann und die anrechenbar sind, aber dabei muss immer auch ein Teil erhalten bleiben, der sozusagen die Freiheit des Geistes fördert. Dass ein Mitarbeiter die Freiheit des Geistes für sich entdeckt hat, das ist für mich ein ganz hoch einzuschätzendes Kriterium in der Praxis. Das heißt ein bisschen paradox, man muss die Leute freigeben im Studium, damit sie sich nicht nur um Praxisinhalte kümmern müssen, sondern auch frei denken können, und gerade diese Fähigkeit entfaltet dann in der Praxis wieder eine ganz besondere Wirkung." [U_m5 4]

In der im Projekt angestrebten Curriculumsentwicklung soll immer beides mitgedacht werden: der Praxisbezug und die Möglichkeit zum freien und zweckfreien Denken. Das heißt, es sollen Module geschaffen werden, die einen unmittelbaren Praxisbezug haben bzw. in der Praxis oder von PraktikerInnen angeboten werden, es muss aber auch weiterhin Raum für zweckfreies, theoretisch-abstraktes, nicht unmittelbar verwertbares (HS_m286) Lernen geben. Um beides zu ermöglichen, bieten sich in besonderem Maße die Verzahnung von Hochschulen, Unternehmen und Weiterbildungsträgern an sowie der konsequente und systematische Mix von verwertbarem Wissen und wissenschaftlich-theoriegeleiteter Metaperspektive.

5.3.2 Hochschule als Ort der Persönlichkeitsentwicklung

> *„Ich halte es für unverzichtbar, dass man auch an einem bestimmten Punkt bei etwas, was sich Studium nennt, und einen Studienabschluss erwirbt, wirklich mal raus kommt und mal, und sei es auch nur eine begrenzte Zeit, sich wirklich eigene Gedanken macht und nichts von dem sieht, was man sonst immer sieht und in gewisser Weise auch als ein veränderter Mensch dann aus dem Studium in den Beruf zurück kommt."* [U_m5 60]

Von einem Studium wird erwartet, dass es die Personen verändert, ihnen eine freie Geisteshaltung ermöglicht, mit der sie künftig an alles herangehen (U_m5 6). Es braucht daher Raum für Diskussionen, für ein Sich-verorten, für die Entwicklung einer gewissen Haltung, für Reflexion. Dieser Raum sollte zum einen selbstverständlich in allen Modulen seinen Platz haben, indem die Lehrenden Diskussionsbedarfe erkennen und aufgreifen und die Studierenden immer wieder zur persönlichen Auseinandersetzung mit bestimmten Fragestellungen anregen. Zum anderen wäre zu überlegen, ob eventuell eigene Module dazu entwickelt werden. Im Zusammenhang mit einer Kompetenzfeststellung, die auch in Fragen der Anrechnung interessant wäre, könnte ein Modul zur Reflexion des bisherigen und aktuellen beruflichen Handelns bei berufsbegleitenden Studierenden interessant sein. Aber auch die angestrebten Praxismodule (s.o.) bieten hier viele Möglichkeiten.

Für eine Persönlichkeitsentwicklung sind neben Möglichkeiten zur Selbstreflexion auch Feedbackschleifen entscheidend.

> *„...also ich finde es gut, wenn Hochschule da auch stärker in eine Feedbackkultur geht, (...) was ich auch immer mal wieder höre von denen, die ich jetzt auch selbst hier begleite und betreue auch als Masterstudenten, die jetzt hier ihre Abschlussarbeiten machen, dass den meisten ein Feedback fehlt. Denen gibt keiner Bescheid, wie sie wirken, was sie, wo sie noch an sich arbeiten könnten und diese vornehme Zurückhaltung, die tut nicht gut, das, finde ich, ist eine Anforderung auch an Hochschulen."* [U_w4 69]

> *„Ich lerne ganz viel über: Wie leitet man, theoretisch, aber keiner guckt: Ja wie machst Du es denn?"* [U_w5 77]

Feedback sollte nicht nur hochschulseitig, sondern auch aus der Praxis erbracht werden. Dazu sollten in der Entwicklung der Praxismodule Konzepte und Instrumente entwickelt werden, indem z.B. konkrete Ansprechpartner als PraxisbegleiterInnen oder -anleiterInnen fungieren, die den Studierenden eine Rückmeldung geben können. Eine andere Variante wäre, dass auch Hochschullehrende in die Unternehmen gehen und dort Praxisprojekte besuchen, begleiten und Feedback geben. Eine dritte Variante bestünde wiederum in der Verzahnung von Hochschule, Unternehmen und Weiterbildung: So wäre z.B. ein Modul denkbar, dass hochschulseitig angeboten wird, im Lernort Unternehmen stattfindet und von einem kooperierenden Weiterbildungsträger in Form von Coaching begleitet wird.

5.3.3 Was soll konkret an Hochschulen gelernt werden?

Auch hier eröffnet sich die Frage nach Theorie und/ oder Praxis.

> *„Ich halte immer viel von so ganz praxisnahen Weiterbildungen, wo man eben auch selbst gefordert ist und in Arbeitsgruppen sich selbst sein Wissen, natürlich begleitet durch einen guten Dozenten, erarbeiten kann. Ich glaube, da bleibt letztendlich mehr für die Praxis in der Arbeit mehr hängen, als in so einer sehr theoriebezogenen Weiterbildung." [U_m1 74]*

> *„Was wir brauchen ist, da bin ich mit vollem Herzen Theoretiker, die bestmögliche Theorie und die kann nur die Hochschule liefern, das kann kein anderer." [U_m5 72-73]*

Eine Sichtweise wäre, dass Theorie die unverzichtbare Basis für die Praxis ist, und Theoriebildung andersherum wieder die Fragestellungen aus der Praxis aufgreifen muss. Insofern sind Theorie und Praxis untrennbar verbunden, und dieses Bild sollte auch leitend sein im Studium, indem z.B. Praxisaufgaben theoriegeleitet beantwortet werden und die Vermittlung von Theorie mit praktischen Beispielen angefüttert und in der Praxis zur Anwendung gelangt.

Ein weiterer Aspekt zum Lernen an Hochschulen betrifft das „Lernen lernen" (U_w3 103, U_m1 93). Dies ist zum einen für den Studieneinstieg wichtig: Hier müssen vor allem die verschiedenen Zielgruppen genauer betrachtet werden, die z.B. schon länger aus dem formalen Bildungssystem raus sind und u.U. spezielle Unterstützungsbedarfe haben. Zum anderen ist „Lernen lernen" eine Haltung und Kompetenz des lebenslangen Lernens: Der Abschluss des Studiums darf nicht als Abschluss und Ende des Lernens begriffen werden, und das muss auch den Studierenden vermittelt werden.

Unter dem Punkt „Lernen lernen" ließe sich auch die Frage subsummieren, wo denn basale Kompetenzen gelehrt und gelernt werden, die Unternehmen offenbar auch bei Hochschulabsolventen vermissen:

> *„Aber es wird kritisiert, dass sie basale Dinge nicht beherrschen, dass sie keinen vernünftigen Bericht schreiben können. Da sagen die Hochschulen, das ist doch nicht unsere Aufgabe, das hätten die Schulen schon machen müssen." [BV_m2 91]*

Um der Heterogenität der Zielgruppen gerecht zu werden, bieten sich z.B. studienvorbereitende Angebote, z.B. in Form von Vorbereitungskursen, an (vgl. Hartmann-Bischoff, 2012, S. 127ff; Hanft, Maschwitz, Hartmann-Bischoff, 2012, S. 115f).

5.3.4 Übergänge gestalten

Übergänge umfassen sowohl den Übergang ins Studium als auch den Übergang vom Studium in den Beruf. Hier sehen die ExpertInnen die Hochschulen in der Pflicht, diese zu begleiten.

Übergang in die Hochschule

Neben den oben erwähnten zusätzlichen Unterstützungs- und Vorbereitungsangeboten wird noch eine vorgelagerte Ebene benannt:

Es muss auch darum gehen, auf der Ebene der Entscheidung für oder gegen ein Studium aktiv zu werden, indem Barrieren reduziert und Anreize für ein Studium geschaffen werden (vgl. auch Kapitel 4). Dies kann über eine andere Form der Modularisierung passieren, die hier so verstanden wird, dass Module auch einzeln buchbar sind und man sich nicht direkt für ein ganzes Studium verpflichten muss. Die „flexible Gestaltung von Studienangeboten mit unterschiedlichen, auf das gesamte Jahr verteilten Programmen, deren Belegung auf individuelle zeitliche Budgets zugeschnitten werden kann", sehen auch Hanft und Brinkmann (2012, S. 141) als zentralen Aspekt für eine Hochschulkultur des lebenslangen Lernens. Hier lohnt ein Blick in andere Hochschulsysteme wie Kanada oder Finnland (vgl. ebd., S. 135ff). Eine weitere Option ist die gezielte Einrichtung von Schnupperangeboten, um die Hochschule und die Anforderungen eines Studiums kennen zu lernen. Dies kann auch der Überprüfung der eigenen Studierfähigkeit dienen, genauso wie bestimmte (Self-)Assessment-Tools, die einige Hochschulen bereits anbieten.

Übergang aus der Hochschule

Noch zentraler scheint für die ExpertInnen der Übergang von Studierenden in die berufliche Praxis zu sein.

> *„Das Examen ist der Beginn des Lernens und nicht das Ende. Und da muss man dann natürlich auch wieder als Bildungsverantwortliche gucken: Wie kann das geschehen? Also denken Sie nicht bis zum Examen, sondern denken Sie weit darüber hinaus! Also: Wie können wir die Leute ausstatten und begleiten, dass sie das, was sie im Examen mitgenommen haben, und das ist hoffentlich diese freie Geisteshaltung, dass die im Laufe der Berufstätigkeit auch erhalten bleiben kann und gefördert wird - und zunimmt?" [U_m5 64]*

Die Frage ist also zum einen, wie der Transfer in die Praxis nicht nur von gelerntem Wissen, sondern auch von einer bestimmten Haltung gelingen kann, und zum anderen, wie man Studierende auf die berufliche Praxis und den Berufseinstieg optimal vorbereiten kann.

Beides lässt sich u.E. dadurch erreichen, dass die Studierenden nicht erst nach Abschluss des Studiums in Kontakt mit der Praxis kommen, sondern bereits im Studium durch Praxisphasen auf die berufliche Praxis vorbereitet werden und ihr in der Hochschule gelerntes Wissen und ihre Haltung zur Anwendung bringen. Darüber hinaus könnte man in Kooperation mit Unternehmen auch über Trainee-Konzepte o.ä. für den Übergang Hochschule-Beruf diskutieren. McKinsey Deutschland (2011) spricht im Zuge der Umstellung auf Bachelorstudiengänge davon, dass Unternehmen es „nicht mehr mit fertigen Fachexperten, sondern eher mit vielseitig lernfähigen Potenzialkandidaten zu tun haben, die durch Nachqualifizierung zusammen mit dem Unternehmen wachsen können" (S. 33). An dieser Stelle liegen große Potenziale in der Kooperation von Hochschule, Unternehmen und Weiterbildungsträgern. Darüber hinaus sollte in diesem Zusammenhang auch über die verstärkte

Entwicklung dualer Studiengänge, im Sinne der beiden Lernorte Hochschule und Unternehmen (vgl. Koch & Meerten, 2010), nachgedacht werden.

6 Schlussfolgerungen für Offene Hochschulen

Die individuellen und betrieblichen Zukunftschancen im Sozial- und Gesundheitswesen werden immer stärker davon abhängen, wie Hochschulen, Weiterbildungsträger und Sozialunternehmen die neuen Bildungsherausforderungen annehmen und bewältigen. Hochschulen werden zukünftig immer mehr gefordert sein, bedarfsgesteuerte und nachfrageorientierte Studiengänge zu konzipieren und zu implementieren. Verbunden hiermit ist der institutionelle Anspruch, dass sich Hochschule zu einem flexiblen Lernort mit vielfältigen Schnittstellen zu heterogenen Bildungsbiographien und zu einer sich rasch wandelnden Wissensgesellschaft weiterentwickelt. Die Basis haben bereits jene Hochschulen gelegt, die Durchlässigkeit in ihren Strukturen verfolgen und gemeinsam im Dialog mit Praxispartnern praktische Informationsangebote für nichttraditionelle Studierende sowie Unterstützungsmöglichkeiten durch Anerkennung und Anrechnung bisher erworbener Kenntnisse anbieten. Aus den vorliegenden Erkenntnissen lassen sich weitergehende Implikationen zur Modellentwicklung und Implementierung von „Offener Hochschule" ableiten:

1. Die Arbeitsanforderungen und die Arbeitsdichte im Sozial- und Gesundheitswesen nehmen zu, fachliche Kompetenzen und das Methodenrepertoire sind ständig zu erweitern und im Kontext des Lebenslangen Lernens zu betrachten. Für die Hochschule ist es daher unumgänglich, einerseits eng mit der Praxis zusammen zu arbeiten, und andererseits den Studierenden das „Lernen lernen" auch über das Studium hinaus zu vermitteln.

2. Die Möglichkeit, Feedback zu erhalten und die Kompetenz, Feedback zu geben, sollte im Hochschulkontext einen größeren Stellenwert einnehmen, um eine spezifische Haltung und einen professionellen Habitus zu entwickeln und die Reflexionsfähigkeit zu stärken.

3. „Schnupperangebote" von Hochschulen sind ein wichtiges Gestaltungselement für Offene Hochschule: Hochschule wird bereits vor der Entscheidung für oder gegen ein Studium erlebbar.

4. Instrumente zur Überprüfung der eigenen Studierfähigkeit und der vorhandenen individuellen Kompetenzen können eingesetzt werden, um individuelle Barrieren abzubauen und zielgruppen- und bedarfsgerechte Unterstützungsangebote zu unterbreiten.

5. Individuell abgestimmte Vorkurse und Brückenkurse sowie eine gute Einführung in das Studium und in das wissenschaftliche Arbeiten können dazu dienen, der Heterogenität der Studierenden gerecht zu werden.

6. Um eine Vereinbarkeit von Familie, Beruf und Weiterbildung/Studium zu gewährleisten, eignen sich berufsbegleitende Studienangebote mit einer überschaubaren Anzahl an Präsenzphasen. E-Learning kommt hier eine wichtige Bedeutung zu.

7. Inhouse-Schulungen gewinnen an Bedeutung, da sie für die Unternehmen mit weniger Aufwand verbunden sind. Hochschulen können und sollten sich hier verstärkt einbringen.

8. E-Learning für sich genommen hat in den Sozial- und Gesundheitsberufen noch keinen leichten Stand: Es bedarf einer Kombination mit Präsenzphasen, die insbesondere im Hinblick auf Austausch und Reflexion als unersetzbar betrachtet werden, sowie einer guten Einführung in den Umgang mit dem Medium und in Methoden der Selbstorganisation und guter didaktischer Konzepte, um das E-Learning zu gestalten.

9. Das Sozialunternehmen muss als Lernort begriffen werden, der neben dem Lernen in der Hochschule und zu Hause auch mit Credit Points vergütet werden kann. Trainings-on-the-job und Praxisaufgaben bieten hier gute Ansatzpunkte.

10. Unternehmen unterstützen dann die Weiterbildung ihrer MitarbeiterInnen, wenn sie selbst einen Qualifizierungsbedarf decken wollen. Der „Return" muss für das Unternehmen kurzfristig sichtbar werden. Dieser Anforderung können Hochschulen Rechnung tragen, indem sie entsprechende Lehr-/Lernmethoden wie z.B. Case Studies (mit realen Fragestellungen aus der Praxis) gezielt einsetzen.

11. Studienangebote sollten so modular und flexibel aufgebaut sein, dass Module auch einzeln buchbar sind und das Studium und die Studiendauer so an die individuellen Bedürfnisse angepasst werden können. Neben einem akademischen Abschluss sollten auch Zertifikatsabschlüsse angeboten werden.

12. Hochschulen müssen ihr Angebot sehr transparent nach außen darstellen, sowohl bezogen auf Inhalte, Workload, Beratungs- und Unterstützungsangebote und Möglichkeiten von Anrechnung von außerhochschulisch erworbenen Kompetenzen. Diese Informationen sind nicht nur für Studieninteressierte relevant, sondern auch für die Unternehmen als Arbeitgeber.

13. Wissenschaftliche Weiterbildung gelingt am besten in der Kooperation von Hochschulen, Weiterbildungsträgern und Sozialunternehmen: So können die Stärken der einzelnen Partner bestmöglich ausgeschöpft werden und die Angebote bedarfsgerecht gestaltet werden. Curricula sollten daher in Kooperation miteinander entwickelt wer-

den. Ausgehend von den Inhalten kann gemeinsam ermittelt werden, was wo am besten gelehrt und gelernt werden kann.

14. Hochschulen müssen einerseits die unmittelbaren Bedarfe der Praxis berücksichtigen, andererseits müssen sie aber auch die Freiheit der Lehre erhalten und Raum für die zweckfreie Entfaltung des Geistes wahren. Es gilt, die unterschiedlichen Kulturen von Unternehmen und Hochschulen zusammenzubringen. Weiterbildungsträger können hier als verbindendes Element fungieren.

15. Die Übergänge in die Hochschule und aus der Hochschule hinaus bedürfen einer genaueren Betrachtung und Gestaltung. Auch hier kann Hochschule in Kooperation mit Unternehmen und Weiterbildungsträgern entsprechende Angebote schaffen.

Damit einher geht auch ein Paradigmenwechsel: Hochschulen werden zu Offenen Hochschulen und zu Institutionen des lebenslangen Lernens (vgl. Wolter, 2012, S. 273). Diese Entwicklung soll im Projekt BEST WEG an der Fachhochschule der Diakonie in Bielefeld in den nächsten Jahren weiter vorangetrieben werden. Die Ergebnisse dieser Pilotstudie münden darin ein.

Literaturverzeichnis

Bundesministerium für Bildung und Forschung (2010). Bund-Länder-Vereinbarung gemäß Artikel 91b Absatz 1 Nummer 2 des Grundgesetzes. Zugriff am 19.11.2012 unter: http://www.bmbf.de/en/furtherance/15065.php

Arbeitskreis Deutscher Qualifikationsrahmen (2011). Deutscher Qualifikationsrahmen für lebenslanges Lernen. Zugriff am 20.11.2012 unter: http://www.deutscherqualifikationsrahmen.de/de?t=/documentManager/sfdoc.file.detail&fileID=1347453494007

Hanft, A. & Brinkmann, K. (2012). Lifelong Learning als gelebte Hochschulkultur. In: M. Kerres, A. Hanft, U. Wilkesmann & K. Wolff-Bendik (Hrsg.), *Studium 2020. Positionen und Perspektiven zum lebenslangen Lernen an Hochschulen* (135-144). Münster: Waxmann.

Hanft, A., Maschwitz, A. & Hartmann-Bischoff, M. (2012). Beratung und Betreuung von berufstätigen Studieninteressierten und Studierenden zur Verbesserung des Studienerfolgs. In: A. Hanft & K. Brinkmann (Hrsg.), *Offene Hochschulen. Die Neuausrichtung der Hochschulen auf Lebenslanges Lernen* (110-119). Münster: Waxmann.

Hartmann-Bischoff, M. (2012). Kreditpunkte außerhochschulisch erwerben. In: A. Hanft & K. Brinkmann (Hrsg.), *Offene Hochschulen. Die Neuausrichtung der Hochschulen auf Lebenslanges Lernen* (127-136). Münster: Waxmann.

Hartmann-Bischoff, M. & Brunner, S. (2012). Studieren mit beruflicher Qualifikation – Beratung, Vorbereitung und Begleitung. In: A. Hanft & K. Brinkmann (Hrsg.), *Offene Hochschulen. Die Neuausrichtung der Hochschulen auf Lebenslanges Lernen* (120-126). Münster: Waxmann.

Faulstich, P. & Oswald, L. (2010). Wissenschaftliche Weiterbildung. Arbeitspapier 200 der Hans Böckler Stiftung. Zugriff am 22.11.2012 unter http://www.boeckler.de/pdf/p_arbp_200.pdf

Freitag, W. (Hrsg.) (2009). *Neue Bildungswege in die Hochschule. Anrechnung beruflich erworbener Kompetenzen für Erziehungs-, Gesundheits- und Sozialberufe*. Bielefeld: Bertelsmann

Freitag, W., Hartmann, E., Loroff, C., Stamm-Riemer, I., Völk, D. & Buhr, R. (Hrsg.) (2011). *Gestaltungsfeld Anrechnung. Hochschulische und berufliche Bildung im Wandel*. Münster: Waxmann.

Koch, J. & Meerten, E. (2010). Berufsorientierte Weiterbildung in Bachelorstudiengängen realisieren. Ein struktureller Ansatz zur Optimierung der Durchlässigkeit zwischen Berufsbildung und Hochschule. *BWP, 2,* 10-13.

Kultusministerkonferenz (2002). Anrechnung von außerhalb des Hochschulwesens erworbenen Kenntnissen und Fähigkeiten auf ein Hochschulstudium. Zugriff am 21.11.2012 unter http://www.kmk.org/fileadmin/veroeffentlichungen_beschluesse/2002/2002_06_28-Anrechnung-Faehigkeiten-Studium-1.pdf

McKinsey Deutschland (2011). Wettbewerbsfaktor Fachkräfte. Strategien für Deutschlands Unternehmen. Zugriff am 10.09.2012 unter http://www.mckinsey.de/downloads/presse/2011/wettbewerbsfaktor_fachkaefte.pdf

Wolter, A. (2012). Studium neben dem Beruf. In: M. Kerres, A. Hanft, U. Wilkesmann & K. Wolff-Bendik (Hrsg.), *Studium 2020. Positionen und Perspektiven zum lebenslangen Lernen an Hochschulen* (271-284). Münster: Waxmann.

Autoreninformationen (alphabetische Reihenfolge)

Türkan Ayan ist seit September 2007 Professorin für Psychologie an der HdBA. Im Frühjahr 2011 hat Türkan Ayan für das Verbundvorhaben BEST WSG die inhaltliche Antragstellung an der Hochschule der Bundesagentur für Arbeit (HdBA) übernommen. Seit Oktober 2011 zählt die HdBA im Verbund mit der Fachhochschule der Diakonie (FHdD) zu den 15% geförderten Projektnehmern. Frau Ayan leitet das Teilvorhaben an der HdBA, welches schwerpunktmäßig die drei Themenfelder Qualifikationsanerkennung, berufliche Weiterbildung und Potenzialentfaltung im Sozial- und Gesundheitssektor abdeckt.

Katharina Loerbroks, Diplom- Sozialpädagogin, ist wissenschaftliche Mitarbeiterin im Projekt Berufsintegrierte Studiengänge zur Weiterqualifizierung im Sozial- und Gesundheitswesen (BEST WSG) an der Fachhochschule der Diakonie in Bielefeld. Schwerpunkte ihrer Tätigkeit liegen in der Koordinierung der Zusammenarbeit mit den Kooperationspartnern des Projektes (Bundesakademie der Diakonie, Bundesakademie der AWO, Paritätische Bundesakademie, Deutscher Verein für öffentliche und private Fürsorge), sowie in der Mitgestaltung der kooperativen Curriculumsentwicklung der Studiengänge.

Eva Müller ist promovierter Volkswirtin und arbeitet seit August 2012 als wissenschaftliche Mitarbeiterin im BEST WSG-Projekt an der Hochschule der Bundesagentur für Arbeit in Mannheim. Ihre Forschungsschwerpunkte liegen in der Analyse von strukturellen und personellen Hürden, die eine Integration in den Arbeitsmarkt für Migrantinnen und Migranten erschweren oder erleichtern können. Derzeit bereitet sie eine quantitative Datenerhebung unter Migrantinnen und Migranten vor, um die Erfahrungen dieser Personengruppe hinsichtlich der Beratung zur Anerkennung und des Verfahrens zur Anerkennung ihrer ausländischen Bildungsabschlüsse zu eruieren.

Miriam Schäfer, Diplompädagogin, ist wissenschaftliche Mitarbeiterin im Projekt Berufsintegrierte Studiengänge zur Weiterqualifizierung im Sozial- und Gesundheitswesen (BEST WSG) an der Fachhochschule der Diakonie in Bielefeld. Schwerpunkte ihrer Tätigkeit liegen in der Entwicklung und Implementierung von Verfahren zur Anrechnung außerhochschulisch erworbener Kompetenzen sowie im Aufbau von Kooperationsstrukturen im Hinblick auf eine von Hochschule, Weiterbildung und Sozialunternehmen gemeinsam gestaltete Curriculumsentwicklung.

Stefanie Sosa y Fink befasst sich als Wirtschaftspsychologin im Kontext des Projekts BEST WSG mit den Themen Führung, Diversity und ganzheitlicher Potenzialentfaltung von Frauen. Seit November 2011 ist sie wissenschaftliche Mitarbeiterin der Hochschule der Bundesagentur für Arbeit, ihre Dissertation in diesem Themenfeld erfolgt in Kooperation mit der TU Darmstadt. Anstehende Erhebungen fokussieren Anforderungen an Führungskräfte des Gesundheits- und Sozialwesens, gendersensibles Personalmanagement und den Erwerb von Aufstiegskompetenz.

© Springer Fachmedien Wiesbaden GmbH, ein Teil von Springer Nature 2013
T. Ayan (Hrsg.), *Einsteigen, Umsteigen, Aufsteigen*, Edition KWV,
https://doi.org/10.1007/978-3-658-24716-4

Jürgen Zieher ist promovierter Historiker und Politologe. Seit Ende 2011 ist er als wissenschaftlicher Mitarbeiter im BEST WSG-Projekt an der Hochschule der Bundesagentur für Arbeit in Mannheim tätig. Sein Forschungsschwerpunkt liegt in der Gewinnung und Qualifizierung von Arbeitsuchenden/Arbeitslosen und Quereinsteigern für das Sozial- und Gesundheitswesen. Derzeit bereitet er quantitative Datenerhebungen unter Quereinsteigern auf Fachkraft- und Hochschulebene vor, um Beweggründe, Erfahrungen und Perspektiven dieser Zielgruppe zu ermitteln.

The manufacturer's authorised representative in the EU is Springer Nature Customer Service Centre GmbH, Europaplatz 3, 69115 Heidelberg, Germany. If you have any concerns regarding our products, please contact ProductSafety@springernature.com

Printed and bound by CPI Group (UK) Ltd, Croydon, CR0 4YY

23/03/2026

02076740-0009